中国地理365问

陈孝广 主编

①北方地区

编写人员：李洪萍　陈晓峰
王　锐　张梦薇

时代出版传媒股份有限公司
安徽科学技术出版社

图书在版编目(CIP)数据

中国地理365问 / 陈孝广主编. -- 合肥：安徽科学技术出版社，2025.3（2025.5重印）. -- ISBN 978-7-5337-9250-3

Ⅰ. K92-49

中国国家版本馆CIP数据核字第202504B776号

中国地理365问

ZHONGGUO DILI 365 WEN

陈孝广 主编

出 版 人：王筱文　　选题策划：高清艳　周璟瑜　　特约策划：王秀才　陈　云
责任编辑：周璟瑜　程羽君　李梦婷　　责任校对：李　茜　　责任印制：廖小青
出版发行：安徽科学技术出版社　　http://www.ahstp.net
（合肥市政务文化新区翡翠路1118号出版传媒广场，邮编：230071）
电话：(0551)63533330
印　　制：武汉鑫佳捷印务有限公司　　电话：(027)87531181
（如发现印装质量问题，影响阅读，请与印刷厂商联系调换）

开本：889 × 1194　1/24　　印张：28　　字数：600千
版次：2025年3月第1版　　印次：2025年5月第2次印刷

ISBN 978-7-5337-9250-3　　**定价：100.00元（全4册）**

本书部分图片由千目网、千图网、摄图网提供。

目录

MULU

目录

MULU

目录

MULU

目录
MULU

形形色色的地貌

北方大地多宽广，
平原高原都不少。
人人都夸北方美，
漫山遍野好风光。

01 北方地区的范围是什么？

我国国土面积辽阔，跨纬度较广，气候类型复杂多样，不同地区之间的自然环境差异很大。为了体现这些差异，科学家参照一定的标准将我国划分为四大区域，划分界线时往往会参照高大的山川和宽广的河流。其中，北方地区大致位于大兴安岭、青藏高原以东，内蒙古高原以南，秦岭—淮河以北。

北方地区的面积约占我国总面积的 20%。从省

qū de jiǎo dù lái kàn wǒ guó běi fāng dì qū bāo kuò běi jīng
区的角度来看，我国北方地区包括北京

shì tiān jīn shì hé běi shěng shān dōng shěng liáo níng shěng
市、天津市、河北省、山东省、辽宁省、

jí lín shěng hēi lóng jiāng shěng shān xī shěng de quán bù dì qū
吉林省、黑龙江省、山西省的全部地区，

yǐ jí jiāng sū shěng hé nán shěng ān huī shěng shǎn xī shěng
以及江苏省、河南省、安徽省、陕西省、

gān sù shěng níng xià huí zú zì zhì qū hé nèi měng gǔ zì zhì
甘肃省、宁夏回族自治区和内蒙古自治

qū de jú bù dì qū cóng dì xíng de jiǎo dù lái kàn běi
区的局部地区。从地形的角度来看，北

fāng dì qū de zhǔ yào dì xíng bāo kuò huá běi píng yuán huáng tǔ
方地区的主要地形包括华北平原、黄土

gāo yuán hé dōng běi píng yuán
高原和东北平原。

▲秦岭山下

秦岭—淮河线是区分中国北方地区和南方地区的地理分界线。在此线的北面和南面，气候条件、地理风貌、农业生产及居民生活习俗均有明显不同。

02 黄土高原上的黄土从何而来？

zài wǒ guó běi fāng dì qū yǒu yī gè shì jiè shang zuì dà de huáng tǔ duī jī
在我国北方地区，有一个世界上最大的黄土堆积
qū huáng tǔ gāo yuán huáng tǔ gāo yuán dōng zhì tài háng shān xī zhì wū shāo lǐng
区——黄土高原。黄土高原东至太行山，西至乌鞘岭，
běi zhì gǔ cháng chéng nán zhì qín lǐng zuò wéi wǒ guó sì dà gāo yuán zhī yī tā
北至古长城，南至秦岭。作为我国四大高原之一，它
shì wéi yī yī gè yòng tǔ rǎng míng chēng lái mìng míng de gāo yuán
是唯一一个用土壤名称来命名的高原。

guān yú huáng tǔ de lái yuán mù qián cún zài hěn duō shuō fǎ qí zhōng shòu dào
关于黄土的来源，目前存在很多说法，其中受到
guǎng fàn rèn kě de shuō fǎ shì fēng chéng shuō jí huáng tǔ shì bèi fēng cóng měng gǔ
广泛认可的说法是“风成说”，即黄土是被风从蒙古
gāo yuán zhōng yà jí wǒ guó xī běi nèi lù dì qū chuī lái de nà lǐ qì hòu gān
高原、中亚及我国西北内陆地区吹来的。那里气候干

zào dì biǎo yán shí zài fēng huà zuò yòng xià bù duàn pò suì
燥，地表岩石在风化作用下不断破碎，
xíng chéng dà xiǎo bù děng de kē lì zài xī běi fēng de zuò
形成大小不等的颗粒。在西北风的作
yòng xià jiào dà de kē lì liú zài le yuán dì xíng chéng gē
用下，较大的颗粒留在了原地，形成戈
bì jiào dà de shā lì gǔn luò dào jìn chù xíng chéng le shā
壁；较大的沙粒滚落到近处，形成了沙
mò jiào xì de chén tǔ zé bèi fēng chuī dào le gèng yuǎn de dì
漠；较细的尘土则被风吹到了更远的地
fang zhī hòu shòu dào shān mài de zǔ dǎng biàn jiàng luò dào dì
方，之后受到山脉的阻挡，便降落到地
miàn jīng guò jǐ bǎi wàn nián biàn xíng chéng le huáng tǔ gāo yuán
面。经过几百万年，便形成了黄土高原。

▲黄土高原上的窑洞

黄土高原是中华民族古代文明的发祥地之一，产生了以窑洞为代表的特色民居和以信天游、安塞腰鼓为代表的民间文艺。

03 为什么黄土高原千沟万壑？

wǒ guó huáng tǔ gāo yuán de dì biǎo gōu hè zòng héng zhī lí pò suì sù yǒu qiān
我国黄土高原的地表沟壑纵横、支离破碎，素有“千
gōu wàn hè zhī chēng jù tǒng jì duō shù dì qū de gōu gǔ mì dù wéi qiān
沟万壑”之称。据统计，多数地区的沟谷密度为3～5千
mǐ píng fāng qiān mǐ yǒu de qū yù shèn zhì dá dào qiān mǐ píng fāng qiān mǐ
米/平方千米，有的区域甚至达到10千米/平方千米。

huáng tǔ gāo yuán qiān gōu wàn hè zhǔ yào shì shuǐ tǔ liú shī zào chéng de shuǐ
黄土高原千沟万壑主要是水土流失造成的。水
tǔ liú shī shì zhǐ zài shuǐ lì zhòng lì fēng lì děng zuò yòng xià shuǐ tǔ zī yuán hé
土流失是指在水力、重力、风力等作用下，水土资源和
tǔ dì shēng chǎn lì zāo shòu pò huài hé sǔn shī bāo kuò tǔ dì biǎo céng qīn shí hé shuǐ
土地生产力遭受破坏和损失，包括土地表层侵蚀和水
tǔ sǔn shī shuǐ tǔ liú shī de fā shēng zhǔ yào yǔ tǔ rǎng jiàng shuǐ zhí bèi děng
土损失。水土流失的发生主要与土壤、降水、植被等
yīn sù yǒu guān
因素有关。

shǒu xiān huáng tǔ gāo yuán shang de huáng tǔ kē lì xì
首先，黄土高原上的黄土颗粒细
xiǎo tǔ zhì bǐ jiào shū sōng róng yì bèi yǔ shuǐ chōng zǒu
小，土质比较疏松，容易被雨水冲走；
qí cì wǒ guó xià jì jiàng shuǐ bǐ jiào duō ér qiě duō bào
其次，我国夏季降水比较多，而且多暴
yǔ yī bān qíng kuàng xià jiàng shuǐ qiáng dù yuè dà duì tǔ
雨，一般情况下，降水强度越大，对土
rǎng de chōng shuā lì dù jiù yuè dà zuì hòu zhí bèi kě yǐ
壤的冲刷力度就越大；最后，植被可以
bǎo hù tǔ rǎng dàn huáng tǔ gāo yuán bù fen dì qū dì biǎo quē
保护土壤，但黄土高原部分地区地表缺
shǎo zhí bèi de bǎo hù zhè yě dǎo zhì huáng tǔ gāo yuán shang
少植被的保护，这也导致黄土高原上
shuǐ tǔ liú shī bǐ jiào yán zhòng
水土流失比较严重。

▲种植梭梭树

目前，我国出台了退耕还林还草等政策，投入了大量资金，采取植树种草、修建堤坝等措施，使黄土高原又重新披上了“绿衣”。

04 你知道我国最大的平原是哪个吗？

dì xíng zhǐ de shì dì biǎo de gāo dī qǐ fú zhuàng kuàng cháng jiàn de dì xíng
地形指的是地表的高低起伏状况，常见的地形
bāo kuò shān dì gāo yuán píng yuán qiū líng hé pén dì píng yuán dì xíng de tè diǎn
包括山地、高原、平原、丘陵和盆地。平原地形的特点
shì píng jūn hǎi bá gāo dù xiǎo yú mǐ qǐ fú jiào xiǎo wǒ guó dì yù liáo
是平均海拔高度小于200米，起伏较小。我国地域辽
kuò dì xíng fù zá duō yàng píng yuán de miàn jī yuē zhàn wǒ guó lù dì zǒng miàn jī
阔，地形复杂多样，平原的面积约占我国陆地总面积
de dōng běi píng yuán huá běi píng yuán hé cháng jiāng zhōng xià yóu píng yuán shì wǒ
的12%。东北平原、华北平原和长江中下游平原是我
guó de sān dà píng yuán qí zhōng dōng běi píng yuán shì wǒ guó zuì dà de píng yuán
国的三大平原，其中东北平原是我国最大的平原。

dōng běi píng yuán yòu chēng guān dōng píng yuán sōng liáo píng yuán wèi yú wǒ guó dōng
东北平原又称关东平原、松辽平原，位于我国东

běi bù yóu sān jiāng píng yuán sōng nèn píng yuán hé liáo hé píng
北部，由三江平原、松嫩平原和辽河平
yuán zǔ chéng dì kuà hēi lóng jiāng shěng jí lín shěng liáo níng
原组成，地跨黑龙江省、吉林省、辽宁
shěng hé nèi měng gǔ zì zhì qū dì chǔ dà xīng ān lǐng xiǎo
省和内蒙古自治区，地处大兴安岭、小
xīng ān lǐng hé cháng bái shān mài zhī jiān nán běi cháng yuē
兴安岭和长白山脉之间，南北长约1000
qiān mǐ dōng xī kuān yuē qiān mǐ miàn jī dá wàn
千米，东西宽约400千米，面积达35万
píng fāng qiān mǐ dōng běi píng yuán hái fēn bù zhe zhòng duō de
平方千米。东北平原还分布着众多的
hé liú shì wǒ guó zhǔ yào de liáng shi chǎn qū yīn cǐ
河流，是我国主要的粮食产区。因此，
rén men cháng yòng shān huán shuǐ rào wò yě qiān lǐ lái xíng
人们常用“山环水绕、沃野千里”来形
róng dōng běi píng yuán
容东北平原。

▲东北平原

东北平原位于北温带，属于温带大陆性季风气候。冬季积雪严重，第二年春天积雪融化，雪水便成为春种的水源，并且夏季的日照时间较长，有利于农作物生长。

05 一望无际的华北平原是怎么形成的？

zài wǒ guó běi fāng dì qū chú le yǒu zuì dà de píng yuán dōng běi píng
在我国北方地区，除了有最大的平原——东北平
yuán hái yǒu wǒ guó dì èr dà píng yuán huá běi píng yuán huá běi píng yuán běi
原，还有我国第二大平原——华北平原。华北平原北
qǐ yān shān nán lù nán dá dà bié shān běi cè xī yǐ tài háng shān fú niú shān
起燕山南麓，南达大别山北侧，西倚太行山—伏牛山，
dōng lín bó hǎi hé huáng hǎi kuà yuè běi jīng shì tiān jīn shì hé běi shěng shān dōng
东临渤海和黄海，跨越北京市、天津市、河北省、山东
shěng hé nán shěng ān huī shěng jiāng sū shěng gè shěng jí xíng zhèng qū
省、河南省、安徽省、江苏省7个省级行政区。

华北平原地势平坦，总面积约30万平方千米，占中国陆地总面积的3.1%。距今约1.3亿年前，地壳运动导致太行山脉抬升，东部地区相应下陷。许多河流如黄河、淮河、海河等水系经过此地入海。由于中上游水土流失严重，这些河流往往会挟带大量的泥沙，导致泥沙淤积在河口两岸，久而久之，就形成了华北平原。因此，华北平原又被称为“黄淮海平原”。

▲北京天安门

历史上，华北平原一直是华夏文明的中心，人口集中，工业和农业都很发达，同时拥有众多的历史古城。我国的首都北京就位于华北平原。

06 为什么说太行山是“抗战堡垒”？

tài háng shān yòu chēng wǔ xíng shān wáng mǔ shān nǚ
太行山，又称“五行山”“王母山”“女
wā shān wèi yú huáng tǔ gāo yuán yǔ huá běi píng yuán zhī jiān
娲山”，位于黄土高原与华北平原之间，
chéng dōng běi xī nán zǒu xiàng quán cháng duō qiān mǐ kuà
呈东北—西南走向，全长400多千米，跨
běi jīng shì hé běi shěng shān xī shěng hé nán shěng tā bù jǐn
北京市、河北省、山西省、河南省。它不仅
shì huáng tǔ gāo yuán de dōng bù jiè xiàn yě shì wǒ guó dì shì dì
是黄土高原的东部界线，也是我国地势第
èr jiē tī hé dì sān jiē tī de fēn jiè xiàn zhī yī
二阶梯和第三阶梯的分界线之一。

tài háng shān běi duàn gāo nán duàn dī xǔ
太行山北段高、南段低，许
duō dì fang dōu shì xuán yá qiào bì kàng rì zhàn
多地方都是悬崖峭壁。抗日战
zhēng bào fā hòu zhōng gòng zhōng yāng yǐ héng shān
争爆发后，中共中央以恒山、
lǚ liáng shān hé tài háng shān děng wéi zhàn lüè jī dì
吕梁山和太行山等为战略基地，
jiāng bā lù jūn sān gè shī fēn sàn bù shǔ kāi zhǎn
将八路军三个师分散部署，开展
yóu jī zhàn zhēng zài tài háng shān mài kāi pì le jìn
游击战争，在太行山脉开辟了晋
chá jì jìn jì lǔ yù děng kàng rì gēn jù dì
察冀、晋冀鲁豫等抗日根据地。

zài zhōng guó gòng chǎn dǎng de jiān qiáng lǐng dǎo xià jūn mín yī
在中国共产党的坚强领导下，军民一
xīn qián pū hòu jì wán qiáng pīn bó zuì zhōng jiāng rì jūn
心，前仆后继，顽强拼搏，最终将日军
gǎn chū le tài háng shān tài háng shān yīn cǐ bèi chēng wéi kàng
赶出了太行山。太行山因此被称为“抗
zhàn bǎo lěi
战堡垒”。

tài háng shān yě bèi chēng wéi tiān xià zhī jǐ tài
太行山也被称为“天下之脊”。太
háng shān de rén mín zé shì zhōng guó gé mìng zhī jǐ tā men
行山的人民则是“中国革命之脊”，他们
wèi gé mìng de shèng lì mín zú dú lì hé rén mín jiě fàng zuò
为革命的胜利、民族独立和人民解放作
chū le jù dà de gòng xiàn
出了巨大的贡献。

▲王屋山

寓言故事《愚公移山》中提到的王屋山就位于太行山的南端。王屋山上的野生动植物资源丰富，具有很高的观赏和研究价值。

07 华山为什么被称为“奇险天下第一山”？

华山，古称“西岳”，雅称“太华山”，为中国著名的五岳之一，位于陕西省华阴市境内，东西长约15千米，南北宽约10千米，总面积约148平方千米。华山是第一批国家重点风景名胜区、国家5A级旅游景区、全国重点文物保护单位、国家地质公园。

《水经·渭水注》中记载："其高五千仞，削成而四方。"这句话形容华山很高，呈四方形，就像被刀削斧劈过的一样。

"上华山之难，难于上青天。"上山的人好不容易爬到了山腰，抬头一看，前方光秃秃的石壁上悬挂着两根铁链，中间是狭窄得仅容一个人通过的阶梯。缺乏胆量和力气的人看到这骇人的天梯，难免会感到心惊胆战。而华山上还有很多险峻的地方，因此被称为"奇险天下第一山"。

▲华山

华山风景秀丽，有许多名胜古迹，如玉泉院、下棋亭等，人们可以尽情游览。

08 长白山天池从何而来？

长白山，狭义上指长白山脉的主峰和主脉，广义上指长白山系。长白山系北起乌苏里江河畔的完达山，南至渤海边的老铁山，绵延了1300多千米。

长白山天池是我国最大的火山口湖，也是我国最深的湖泊，其南北长约4400米、东西宽约3370米。其储水量相当于15个西湖的储水量。长白山地区年降

shuǐ liàng jiào duō qiě bīngchuān róng shuǐ dì xià shuǐ zī yuán fēng
水量较多，且冰川融水、地下水资源丰
fù zhè wèi tiān chí de shuǐ yuán bǔ jǐ tí gōng le bǎo zhàng
富，这为天池的水源补给提供了保障。

cháng bái shān tiān chí de xíngchéng yǔ yán jiāng huó dòng yǒu hěn
长白山天池的形成与岩浆活动有很
dà guān xì shǐ shū shang jì zǎi gōng yuán nián cháng bái
大关系。史书上记载，公元946年，长白
shān huǒ shān bào fā le qiān nián dà pēn fā huǒ shān pēn fā
山火山爆发了“千年大喷发”，火山喷发
zhù gāo yuē qiān mǐ huǒ shān bào fā zhǐ shù dá jí cháng
柱高约25千米，火山爆发指数达7级，长
bái shān yě yīn cǐ bèi chēng wéi zhōngguó huǒ shān zhī wáng ér
白山也因此被称为“中国火山之王”。而
cháng bái shān tiān chí jiù shì yóu huǒ shān pēn fā xíngchéng de zhuàng
长白山天池就是由火山喷发形成的壮
lì jǐng guān
丽景观。

▲长白山天池

长白山天池湖水湛蓝，清澈如镜，四周雪峰环绕，分外美丽。这里全年雾日有 200 多天，宛如人间仙境。

09 长白山火山“睡着”了吗？

科学家通过研究，将地球上的岩石圈分为六个大板块和若干个小板块。板块运动会对地表产生深远的影响，比如导致火山喷发。长白山位于太平洋板块和亚欧板块交界处，受两大板块运动的影响，长白山火山活动比较频繁。

从历史资料来看，长白山火山曾发生过数次大规模的喷发，最近一次喷发是在1702年4月14日，长白山火山目前已度过300多年的休眠期。虽然火山的爆发人类很难控制，但是在山区周围，科学家们放置了众多的监测设备，通过观测，一旦出现异常，人类将争取更多的时间，减轻灾害的影响。

▲长白山

按活动情况，火山可分为活火山、死火山和休眠火山三种。长白山火山就属于休眠火山，保存有完好的火山锥形态，仍具有火山活动能力。

10 五大连池火山群是怎么形成的？

五大连池火山群位于黑龙江省黑河市境内，地处小兴安岭向松嫩平原的过渡地带，是中国著名的火山地貌区域之一。五大连池火山群占地面积广阔，约1060平方千米，以其独特的火山地质景观和五个相连的湖泊而闻名。

据资料记载，公元1719—1721年，火山喷发导致河道堵塞，形成了五个相互连接的串状湖泊及周围

de zuò huǒ shān zhuī wǔ dà lián chí hú qū bāo kuò lián
的 14 座火山锥。五大连池湖区包括莲
huā hú yān shān hú bái lóng hú hè míng hú hé rú yì
花湖、燕山湖、白龙湖、鹤鸣湖和如意
hú gè gè hú pō jiān yǒu àn hé xiāng tōng bǐ cǐ jiāo róng
湖，各个湖泊间有暗河相通，彼此交融，
xíng chéng le dú tè de shān shuǐ jǐng guān
形成了独特的山水景观。

wǔ dà lián chí huǒ shān qún shì wǒ guó dì yī gè huǒ
五大连池火山群是我国第一个火
shān qún zì rán bǎo hù qū dì zhì yí jì zhǒng lèi fēng fù
山群自然保护区，地质遗迹种类丰富。
jié rì qī jiān dà liàng yóu kè dào cǐ guān guāng gǎn shòu dà
节日期间，大量游客到此观光，感受大
zì rán de shén qí mèi lì
自然的神奇魅力。

▲火山堰塞湖

火山喷发时会溢出岩浆，如果岩浆流入河流中，便会凝固成为岩石，岩石会将上游河水挡住，于是形成湖泊，这种湖泊被称为火山堰塞湖。

11 你知道“八百里秦川”的说法是怎么来的吗？

shǎn xī shěng wèi yú wǒ guó xī běi bù kuà huáng hé cháng jiāng liǎng dà liú yù
陕西省位于我国西北部，跨黄河、长江两大流域，
shì zhōng huá mín zú de zhòng yào fā xiáng dì zhī yī jiǎn chēng shǎn huò qín cóng
是中华民族的重要发祥地之一，简称“陕”或“秦”。从
běi dào nán àn zhào dì lǐ huán jìng de chā yì kě huà fēn wéi sān gè qū yù shǎn
北到南按照地理环境的差异，可划分为三个区域：陕
běi guān zhōng shǎn nán shǎn běi yōng yǒu diǎn xíng de huáng tǔ dì mào shǎn nán zhǔ
北、关中、陕南。陕北拥有典型的黄土地貌，陕南主
tǐ shang shì qín lǐng shān dì nán běi zhī jiān de shì guān zhōng píng yuán
体上是秦岭山地，南北之间的是关中平原。

“八百里秦川”则是关中平原的别名。关中平原是渭河、泾河、洛河等河流形成的冲积平原及谷地，东端从函谷关东面的潼关开始，到平原西端的宝鸡，东西长约八百里（400千米），因此就有了“八百里秦川”的说法。这里自古以来就是一块富庶之地，肥沃的土壤、发达的水系、较湿润的气候，使原始农业得以发展，从而孕育了中华古代文明。我国著名的古城西安就坐落于此。

▲西安钟楼

西安市，古称长安，是陕西省省会，1981年被联合国教科文组织确定为“世界历史名城”。

12 你知道“鲤鱼跳龙门”中的龙门在哪里吗？

我国古代有一个民间传说——“鲤鱼跳龙门”。《辛氏三秦记》中写道：“河津一名龙门，禹凿山开门，阔一里余，黄河自中流下，而岸不通车马。每逢春之际，有黄鲤鱼逆流而上，得过者便化为龙。”相传黄河的鲤鱼逆流而上，历经艰难险阻，越过龙门就会变成龙。因此，“鲤鱼跳龙门”常用来比喻逆流前进，奋发向上。很多人认为，龙门是人们想象出来的地方，但其实，龙门在现实中是存在的，你知道它在哪里吗？

▲禹门口

禹门口两岸峭壁夹峙，形如门阙，水势浩大，十分壮观。由于其地理位置特殊，禹门口在历史上也是军事要地之一。

龙门，又称“禹门口”，位于山西省河津市西北的黄河峡谷中。黄河从上游流经此地，黄河以西是陕西省，黄河以东是山西省。黄河在山西省河津市和陕西省韩城市之间形成了一个宽阔的地带，看上去像一个狭长的湖泊，现实中的龙门就在那里。

13 壶口瀑布的水会流光吗?

壶口瀑布东临山西省临汾市吉县壶口镇，西临陕西省延安市宜川县壶口镇，为两省共有景区。此处河床形如一个巨大的茶壶，收尽奔腾不息的黄河水，呈现“千里黄河一壶收”的景观。壶口瀑布是我国第二大瀑布，也是世界上最大的黄色瀑布。瀑布的水一直流，会流光吗？

xiǎng zhī dào zhè
想知道这
ge wèn tí de dá àn
个问题的答案，
wǒ men xū yào zhī dào
我们需要知道
shén me shì shuǐ xún huán
什么是水循环。
hǎi yáng de shuǐ zài tài
海洋的水在太
yáng zhào shè xià huì zhēng
阳照射下会蒸
fā dào dà qì zhōng qí zhōng yǒu yī bù fen huì zài lù dì shàng kōng xíng chéng jiàng shuǐ
发到大气中，其中有一部分会在陆地上空形成降水。
jiàng shuǐ luò dào dì miàn hòu yǒu yī bù fen huì huì jù dào
降水落到地面后，有一部分会汇聚到
hé liú zhōng zuì zhōng liú rù hǎi yáng shuǐ cóng hǎi yáng dào
河流中，最终流入海洋。水从海洋到
lù dì zài cóng lù dì dào hǎi yáng shì shuǐ xún huán zhōng
陆地，再从陆地到海洋，是水循环中
zhòng yào de yī bù fen suǒ yǐ zhèng cháng qíng kuàng xià hú
重要的一部分，所以正常情况下，壶
kǒu pù bù de shuǐ shì bù huì liú guāng de rú guǒ rén men
口瀑布的水是不会流光的。如果人们
bù zhù yì jié yuē yòng shuǐ hé liú jiù kě néng chū xiàn duàn
不注意节约用水，河流就可能出现断
liú xiàn xiàng suǒ yǐ jí shǐ shuǐ huì bù tíng de xún huán
流现象。所以，即使水会不停地循环，
wǒ men hái shi xū yào jié yuē shuǐ zī yuán
我们还是需要节约水资源。

▲水循环示意图

水循环是指地球上各种形态的水，在太阳辐射、地球引力等的作用下，通过水的蒸发、水汽输送、凝结降落、下渗和径流等环节，进行周而复始的运动。

14 你知道“中流砥柱”这个成语是从哪里来的吗？

“中流砥柱”这一成语常用来比喻能担当重任，在艰难环境中起支柱作用的集体或个人。你知道这个成语是从哪里来的吗？

《晏子春秋·内篇谏下》中有一句：“吾尝从君济于河，鼋衔左骖，以入砥柱之中流。”其中“砥柱之中流”后来就演变为成语“中流砥柱”。

相传大禹治水时，曾挥神斧将黄河下游一处高山劈成“人门”“神门”“鬼门”三道峡谷，引黄河之水

tāo tāo dōng qù sān mén xiá yóu cǐ dé míng zài sān mén xiá
滔滔东去，三门峡由此得名。在三门峡
dà bà xià fāng de jī liú zhī zhōng yǒu yī zuò dà jiāo shí bèi
大坝下方的激流之中有一座大礁石，被
chēng wéi dǐ zhù shí dōng jì huáng hé shuǐ jiào shǎo de shí hou
称为砥柱石。冬季黄河水较少的时候，
tā lù chū shuǐ miàn yī èr shí mǐ xià jì xùn qī dào lái
它露出水面一二十米；夏季，汛期到来，
shuǐ wèi shàng zhǎng tā zhǐ lù chū yī gè jiān dǐng kàn shàng qù
水位上涨，它只露出一个尖顶，看上去
hǎo xiàng mǎ shàng jiù yào bèi hóng shuǐ tūn mò qiān bǎi nián lái
好像马上就要被洪水吞没。千百年来，
wú lùn miàn duì kuáng fēng hái shi bào yǔ tā yī zhí yì lì
无论面对狂风还是暴雨，它一直屹立
yú huáng hé zhī zhōng bù dòng sī háo yě yīn cǐ bèi yù wéi
于黄河之中，不动丝毫，也因此被喻为
zhōng huá mín zú jīng shén de xiàng zhēng
中华民族精神的象征。

▲黄河中的砥柱石

相传，砥柱是大禹治水时留下的镇河石柱。唐太宗李世民曾来到这里，并写下了“仰临砥柱，北望龙门；茫茫禹迹，浩浩长春”的诗句。

15 我国最大的沼泽区在哪里？

yī bān lái shuō zhǎo zé shì zhǐ dī wā jī shuǐ zá cǎo cóng shēng de dà piàn
一般来说，沼泽是指低洼积水、杂草丛生的大片
ní nào qū nǐ zhī dào wǒ guó zuì dà de zhǎo zé qū zài nǎ lǐ ma
泥淖区。你知道我国最大的沼泽区在哪里吗？

wǒ guó dōng běi dì qū hé liú zhòng duō qí zhōng hēi lóng jiāng wū sū lǐ
我国东北地区河流众多。其中，黑龙江、乌苏里
jiāng sōng huā jiāng jiāo huì hòu chōng jī xíng chéng le sān jiāng píng yuán sān jiāng píng yuán xī
江、松花江交汇后冲积形成了三江平原。三江平原西
nán bù fēn bù zhe zhǎo zé dì qí miàn jī zhàn le sān jiāng píng yuán miàn jī de yī bàn
南部分布着沼泽地，其面积占了三江平原面积的一半
yǐ shàng shì wǒ guó zuì dà de zhǎo zé qū zhè lǐ yuán xiān rén jì hǎn zhì yīn
以上，是我国最大的沼泽区。这里原先人迹罕至，因

cǐ bèi chēng wéi běi dà huāng běi dà huāng yōng yǒu féi wò
此被称为“北大荒”。“北大荒”拥有肥沃
de tǔ rǎng fēng fù de shuǐ yuán děng shì yí nóng yè fā zhǎn de
的土壤、丰富的水源等适宜农业发展的
tiáo jiàn wǒ guó zài shì jì nián dài duì qí jìn xíng le
条件。我国在20世纪50年代对其进行了
dà guī mó kāi kěn shǐ běi dà huāng biàn chéng le rú jīn de
大规模开垦，使“北大荒”变成了如今的
běi dà cāng yīn wèi cháng qī gēng zuò zhè lǐ de huán jìng
“北大仓”。因为长期耕作，这里的环境
chū xiàn le yī dìng chéng dù de è huà wèi le gǎi biàn zhè zhǒng
出现了一定程度的恶化。为了改变这种
xiàn xiàng guó jiā kāi shǐ jiā dà duì zhǎo zé de bǎo hù lì dù
现象，国家开始加大对沼泽的保护力度。
suí zhe shēng tài zhú jiàn huī fù zhè lǐ bèi píng wéi zhōng guó shí
随着生态逐渐恢复，这里被评为中国十
dà xīn tiān fǔ zhī yī
大“新天府”之一。

▲沼泽边的苍鹭

沼泽不仅有土地资源，还有宝贵的泥炭资源和丰富的生物资源，因此具有巨大的生态价值，所以我们应该在保护好生态环境的基础上对其合理开发利用。

16 为什么秦岭那么重要？

zài wǒ guó de zhòng duō shān mài zhōng qín lǐng jì bù shì zuì gāo de yě bù
在我国的众多山脉中，秦岭既不是最高的，也不
shì miàn jī zuì dà de dàn shì wèi shén me qín lǐng zài wǒ guó huì yōng yǒu nà me
是面积最大的。但是，为什么秦岭在我国会拥有那么
zhòng yào de dì wèi ne
重要的地位呢？

zài dì zhì fā zhǎn shǐ zhōng zuì gǔ lǎo de shí qī qín lǐng yī dài céng shì yī
在地质发展史中最古老的时期，秦岭一带曾是一
piàn wāng yáng dà hǎi hòu lái shòu duō cì dì qiào yùn dòng de yǐng xiǎng shān tǐ jiā
片汪洋大海。后来，受多次地壳运动的影响，山体加
sù tái shēng zuì zhōng xíng chéng le xiàn zài de qín lǐng
速抬升，最终形成了现在的秦岭。

qín lǐng shì wǒ guó dōng bù chéng dōng xī zǒu xiàng de shān mài shì cháng jiāng liú
秦岭是我国东部呈东西走向的山脉，是长江流
yù yǔ huáng hé liú yù de fēn shuǐ lǐng shì yà rè dài yǔ nuǎn wēn dài de qì hòu fēn
域与黄河流域的分水岭，是亚热带与暖温带的气候分
jiè xiàn yě shì wǒ guó háo mǐ nián děng jiàng shuǐ liàng xiàn hé
界线，也是我国800毫米年等降水量线和
yuè děng wēn xiàn de yī bù fen
1月0℃等温线的一部分。

sān qiān lǐ dà qín lǐng wǔ qiān nián zhōng huá shǐ zhè
“三千里大秦岭，五千年中华史”这
jù huà miáo shù le qín lǐng zài wǒ guó lì shǐ wén huà shang de zhòng
句话描述了秦岭在我国历史文化上的重
yào dì wèi yuǎn gǔ shí qī rén men jiù zài qín lǐng jiǎo xià
要地位。远古时期，人们就在秦岭脚下
gēng zuò fán yǎn hòu lái yǒu shù shí gè wáng cháo zài cǐ jiàn lì
耕作、繁衍，后来有数十个王朝在此建立
zhèng quán càn làn de zhōng huá wén míng zài zhè lǐ fán róng fā zhǎn
政权，灿烂的中华文明在这里繁荣发展。

▲金丝猴

除了拥有迷人的自然风景，秦岭还有著名的“秦岭四宝”，分别是朱鹮、大熊猫、金丝猴和羚牛这四种珍稀动物。

17 渤海为什么是我国的内海？

wǒ guó bù jǐn lù dì miàn jī liáo kuò hǎi yáng de miàn jī yě bù xiǎo jìn
我国不仅陆地面积辽阔，海洋的面积也不小，近
hǎi de hǎi yù bāo kuò bó hǎi huáng hǎi dōng hǎi děng
海的海域包括渤海、黄海、东海等。
qí zhōng bó hǎi shì wǒ guó zuì běi bian de jìn hǎi
其中，渤海是我国最北边的近海。
cóng dì tú shang kàn bó hǎi bèi liáo dōng bàn dǎo shān dōng
从地图上看，渤海被辽东半岛、山东
bàn dǎo hé huá běi píng yuán huán rào bó hǎi de yān hóu
半岛和华北平原环绕。渤海的“咽喉”
shì miào dǎo qún dǎo miào dǎo qún dǎo yóu nán wǔ dǎo hé
是庙岛群岛。庙岛群岛由南五岛和
běi wǔ dǎo jí qí tā wú rén xiǎo dǎo zǔ chéng zhè xiē dǎo
北五岛及其他无人小岛组成，这些岛
yǔ zhī jiān de jù lí dōu bǐ jiào jìn zuì yuǎn de jù lí
屿之间的距离都比较近，最远的距离
yě xiǎo yú guó jì shang guī dìng de lǐng hǎi kuān dù yīn cǐ
也小于国际上规定的领海宽度，因此
bó hǎi chéng wéi wǒ guó de nèi hǎi
渤海成为我国的内海。

▲渤海候鸟栖息地

中国渤海候鸟栖息地内有湖泊、岩石海岸和岛礁等自然资源，景观极其丰富，是世界上富饶的海岸之一，为候鸟的繁殖和越冬提供了绝佳条件。

北方气候与水文

寒冷干燥的冬天，
高温多雨的夏天，
奔腾不息的河流，
这是独一无二的北方。

18 温带季风气候有哪些特点？

qì hòu shì zhǐ yī gè dì qū dà qì de duō nián píng jūn zhuàng kuàng zhǔ yào
气候是指一个地区大气的多年平均状况，主要
bāo kuò qì wēn hé jiàng shuǐ děng qíng kuàng zài wěi dù wèi zhì hǎi lù fēn bù dà
包括气温和降水等情况。在纬度位置、海陆分布、大
qì huán liú dì xíng děng yīn sù de yǐng xiǎng xià kē xué jiā jiāng shì jiè qì hòu dà
气环流、地形等因素的影响下，科学家将世界气候大
zhì fēn wéi rè dài yǔ lín qì hòu rè dài cǎo yuán qì hòu yà rè dài jì fēng qì
致分为热带雨林气候、热带草原气候、亚热带季风气
hòu dì zhōng hǎi qì hòu gāo yuán shān dì qì hòu hé wēn dài jì fēng qì hòu děng
候、地中海气候、高原山地气候和温带季风气候等。

wǒ guó běi fāng dà bù fen dì qū shǔ yú wēn dài jì fēng qì hòu xià jì
我国北方大部分地区属于温带季风气候。夏季，
běi fāng dì qū pǔ biàn qì wēn jiào gāo
北方地区普遍气温较高，
yuè píng jūn qì wēn wǎng wǎng huì chāo guò
月平均气温往往会超过

zài cǐ qī jiān lái zì tài píng yáng de dōng nán fēng
30℃。在此期间，来自太平洋的东南风
huì jiāng shuǐ qì dài dào zhè lǐ yù dào hé shì de tiáo jiàn jiù
会将水汽带到这里，遇到合适的条件就
huì xíng chéng chōng zú de jiàng shuǐ suǒ yǐ běi fāng hěn duō dì
会形成充足的降水，所以北方很多地
qū xià jì huì chéng xiàn gāo wēn duō yǔ de qì hòu tè diǎn
区夏季会呈现高温多雨的气候特点。
dōng jì běi fāng dì qū qì wēn jiào dī yuè píng jūn qì wēn
冬季，北方地区气温较低，月平均气温
wǎng wǎng dī yú dī wēn shǐ de shuǐ qì hěn nán zhēng fā
往往低于0℃，低温使得水汽很难蒸发、
níng jié xíng chéng jiàng shuǐ suǒ yǐ běi fāng hěn duō dì qū zài
凝结形成降水，所以北方很多地区在
dōng jì huì chéng xiàn hán lěng gān zào de qì hòu tè diǎn
冬季会呈现寒冷干燥的气候特点。

▲二十四节气之雨水

为了掌握一年中时令、气候、物候的变化，黄河流域的人们经过长时间的观察和总结，发明了二十四节气来指导农业生产。

19 冬季，我国北方地区为什么比南方地区冷？

wǒ guó fú yuán liáo kuò dōng xī zhī jiān nán běi zhī jiān de kuà dù hěn dà
我国幅员辽阔，东西之间、南北之间的跨度很大。
zài dōng jì nán fāng dì qū wǎng wǎng yàn yáng gāo zhào bǐ jiào nuǎn huo ér běi fāng
在冬季，南方地区往往艳阳高照，比较暖和；而北方
dì qū zé dà xuě fēn fēi yì cháng hán lěng nǐ zhī dào zhè shì wèi shén me ma
地区则大雪纷飞，异常寒冷。你知道这是为什么吗？

shǒu xiān cóng quán qiú de jiǎo dù lái shuō zì chì dào dào nán běi liǎng jí
首先，从全球的角度来说，自赤道到南、北两极，
qì wēn huì zhú jiàn jiàng dī zài wǒ guó dōng jì yī bān qíng kuàng xià běi fāng dì
气温会逐渐降低。在我国冬季，一般情况下，北方地
qū bái tiān de shí jiān bǐ nán fāng dì qū bái tiān de
区白天的时间比南方地区白天的
shí jiān duǎn zhè yì wèi zhe běi fāng dì qū rì zhào
时间短，这意味着北方地区日照

时间较短，接收的热量较少；其次，在我国北侧，有一处冷空气发源地位于蒙古、西伯利亚一带。当此地的冷空气从北向南移动时，北方地区首当其冲，迅速降温，而南方地区距离冷空气发源地较远，冷空气很难到达，即使能到达，经过长途跋涉的冷空气的势力也大大降低，降温的效果也变得微小了。因此，在冬季，我国北方地区就会比南方地区冷得多。

▲立冬

立冬是二十四节气之一，表示自此进入了冬季。在古代，我国一些地方会在立冬举行祭祀、饮宴等活动，将其作为重要的节日来庆贺。

20 为什么北方地区的冬季很难看到彩虹？

说到彩虹，大家都不陌生。那么，你知道彩虹是怎么形成的吗？当阳光穿过空气中悬浮的水滴时，太阳光线会被水滴以不同角度折射和反射，最终形成拱形的七色光谱（红、橙、黄、绿、蓝、靛、紫）。由此可见，彩虹的形成需要空气中悬浮着丰富的小水滴，同时需要阳光以合适的角度进行照射。

在我国北方地区，冬季空气干燥，很难形成降水，水汽的含量也非常少。加之气温较低，即使降水，

yě dà duō shì yǐ jiàng xuě de xíng shì jiàng luò dào dì biǎo
也大多是以降雪的形式降落到地表，
kōng qì zhōng xuán fú de yě bù shì shuǐ dī ér shì bīng jīng
空气中悬浮的也不是水滴，而是冰晶。
jiàng xuě shí yáng guāng wǎng wǎng huì bèi yún céng zhē dǎng guāng
降雪时，阳光往往会被云层遮挡，光
xiàn hěn nán dào dá dì miàn yīn cǐ běi fāng de dōng jì
线很难到达地面。因此，北方的冬季
quē shǎo cǎi hóng xíng chéng de tiáo jiàn yě jiù hěn shǎo néng kàn
缺少彩虹形成的条件，也就很少能看
dào cǎi hóng le
到彩虹了。

▲彩虹

当我们将一个透明玻璃杯装满清水，放在阳光下，调整角度，在光线穿过的地方放一张白纸，这时纸上就会显示出五颜六色的“彩虹”。

21 美丽的雾凇是如何形成的？

dōng jì zài wǒ guó de dōng běi dì qū rén men yǒu shí huì kàn dào liǔ shù
冬季，在我国的东北地区，人们有时会看到“柳树
jiē yín huā sōng shù zhàn yín jú de jǐng xiàng zhè jiù shì měi lì de wù sōng qí
结银花，松树绽银菊”的景象，这就是美丽的雾凇奇
jǐng wù sōng shì zhǐ dī wēn shí kōng qì zhōng de shuǐ qì zhí jiē níng huá huò guò lěng
景。雾凇是指低温时空气中的水汽直接凝华，或过冷
wù dī dòng jié zài wù tǐ shang xíng chéng de rǔ bái sè bīng jīng chén jī wù tā de
雾滴冻结在物体上形成的乳白色冰晶沉积物。它的
xíng chéng xū yào hěn yán kē de tiáo jiàn
形成需要很严苛的条件：

shǒu xiān wù sōng de xíng chéng xū yào cháng shí jiān de
首先，雾凇的形成需要长时间的
dī wēn wǒ guó běi fāng dì qū de dōng jì hán lěng màn cháng
低温，我国北方地区的冬季寒冷漫长，
jù bèi zhè ge tiáo jiàn qí cì dà qì zhōng yào yǒu chōng zú
具备这个条件；其次，大气中要有充足
de shuǐ qì suǒ yǐ wù sōng wǎng wǎng chū xiàn zài hé liú huò
的水汽，所以雾凇往往出现在河流或
hú pō de àn biān zài cì bái tiān tiān qì yào qíng lǎng
湖泊的岸边；再次，白天天气要晴朗，
zhè yàng yǒu lì yú yè jiān qì wēn xùn sù jiàng dī cóng ér
这样有利于夜间气温迅速降低，从而
shǐ dà qì zhōng de shuǐ qì biàn chéng bīng jīng zuì hòu fēng lì
使大气中的水汽变成冰晶；最后，风力
jiào xiǎo huò wú fēng tiān qì shì wù sōng xíng chéng de lǐ xiǎng tiáo jiàn
较小或无风天气是雾凇形成的理想条件。

▲雾凇

雾凇其实是霜的一种，除具有观赏价值外，还是空气的天然清洁剂，在形成的初始阶段，可以吸附空气中的污染颗粒并沉降到地面，减少空气中的污染物含量。

22 为什么北方地区冬季多降雪？

xuě shì jiàng shuǐ de yī zhǒng xíng shì qì xiàng xué
雪是降水的一种形式。气象学
shang jiāng yǔ xuě bīng báo děng cóng dà qì zhōng jiàng luò dào
上将雨、雪、冰雹等从大气中降落到
dì miàn de shuǐ qì níng jié wù tǒng chēng wéi jiàng shuǐ dà
地面的水汽凝结物，统称为降水。大
qì zhōng de shuǐ zhēng qì zhí jiē níng huá huò shuǐ dī zhí jiē
气中的水蒸气直接凝华或水滴直接
níng gù xíng chéng de jiù shì xuě xuě shì yóu dà liàng bái
凝固形成的就是雪。雪是由大量白
sè bù tòu míng de bīng jīng hé qí jù hé wù zǔ chéng de
色不透明的冰晶和其聚合物组成的
jiàng shuǐ rú guǒ yún zhōng de wēn dù guò dī xiǎo shuǐ dī
降水。如果云中的温度过低，小水滴
jié chéng bīng jīng luò dào dì miàn wéi xuě huā shí jiù shì
结成冰晶，落到地面为雪花时，就是
xià xuě le
下雪了。

▲阵雪

阵雪是指降雪时间比较短、开始与终止都比较突然的降雪。在降雪过程中，气压、气温等要素也会发生一定变化。

yī bān qíng kuàng xià jiàng xuě zhǔ
一般情况下，降雪主
yào fā shēng zài dōng jì yóu yú wǒ guó
要发生在冬季。由于我国
běi fāng dì qū zì nán xiàng běi kuà nuǎn wēn
北方地区自南向北跨暖温
dài zhōng wēn dài yǔ hán wēn dài yǐ
带、中温带与寒温带，以
wēn dài jì fēng qì hòu hé wēn dài dà lù
温带季风气候和温带大陆
xìng qì hòu wéi zhǔ sì jì fēn míng
性气候为主，四季分明，
xià jì gāo wēn duō yǔ dōng jì hán lěng
夏季高温多雨，冬季寒冷
gān zào yīn cǐ dōng jì shí běi fāng dì
干燥，因此冬季时北方地
qū jiàng shuǐ de gài lǜ bìng bù gāo yóu
区降水的概率并不高。由
yú běi fāng dì qū jǐn lín lěng kōng qì fā
于北方地区紧邻冷空气发
yuán dì měng gǔ xī bó lì yà gāo yuán
源地蒙古、西伯利亚高原，
wěi dù gāo shòu dà qì yā děng yīn sù
纬度高，受大气压等因素
yǐng xiǎng zài dōng jì shí qì wēn gèng dī
影响，在冬季时气温更低，
yīn cǐ běi fāng dì qū zài dōng jì shí duō
因此北方地区在冬季时多
jiàng xuě
降雪。

23 极光是怎么形成的？

dì qiú de jí guāng shì lái zì dì qiú cí céng huò tài yáng de gāo néng dài diàn
地球的极光是来自地球磁层或太阳的高能带电
lì zǐ liú tài yáng fēng shǐ gāo céng dà qì fēn zǐ huò yuán zǐ fā shēng diàn lí ér
粒子流（太阳风）使高层大气分子或原子发生电离而
chǎn shēng de fā guāng xiàn xiàng jí guāng de chǎn shēng yào mǎn zú sān gè jī běn tiáo
产生的发光现象。极光的产生要满足三个基本条
jiàn dà qì cí chǎng gāo néng dài diàn lì zǐ zhè sān zhě quē yī bù kě dāng
件：大气、磁场、高能带电粒子，这三者缺一不可。当
rán jí guāng bù zhǐ zài dì qiú shang chū xiàn tài yáng xì nèi de qí tā yī xiē jù
然，极光不只在地球上出现，太阳系内的其他一些具
yǒu cí chǎng de xíng xīng shang yě huì chū xiàn jí guāng
有磁场的行星上也会出现极光。

jí guāng shì dì qiú zhōu wéi de yī zhǒng dà guī mó de fàng diàn guò chéng lái
极光是地球周围的一种大规模的放电过程。来
zì tài yáng de dài diàn lì zǐ dào dá dì qiú fù jìn dì qiú cí chǎng jiù huì pò shǐ
自太阳的带电粒子到达地球附近，地球磁场就会迫使
qí zhōng yī bù fen yán zhe cí chǎng xiàn jí zhōng dào nán běi liǎng jí dāng tā men jìn
其中一部分沿着磁场线集中到南、北两极。当它们进
rù jí dì de gāo céng dà qì shí yī bān gāo dù zài qiān mǐ yǐ shàng yǔ
入极地的高层大气时（一般高度在80千米以上），与

大气中的原子和分子碰撞，能量释放产生的光芒形成围绕着磁极的大圆圈，即极光。在春分和秋分两个节气来临之前，极光经常出现，且春秋两季出现的频率比夏冬两季高。这是因为在春分和秋分时，地球位置与“磁通量索”交错最明显。另外，在太阳黑子多的时候或当日冕物质抛射增加、太阳风强度增强时，极光出现的频率和亮度也会增加。

▲极光

在地球上，只有在南北两极附近地区的高空才能看到极光，比如冰岛、格陵兰岛、中国的漠河市等。极光有时像一条彩带，有时像一块五光十色的巨大银幕，给人极美的视觉享受。

24 为什么会出现极昼和极夜的现象？

jí zhòu yǔ jí yè de xíng chéng shì yóu yú dì qiú zài yán tuǒ yuán xíng guǐ dào
极昼与极夜的形成，是由于地球在沿椭圆形轨道
rào tài yáng gōng zhuàn shí hái rào zhe zì shēn de dì zhóu xuán zhuǎn dì qiú zài zì
绕太阳公转时，还绕着自身的地轴旋转。地球在自
zhuàn shí dì zhóu yǔ qí chuí xiàn xíng chéng yī gè yuē de qīng xié jiǎo yīn cǐ
转时，地轴与其垂线形成一个约23.5°的倾斜角，因此
dì qiú zài gōng zhuàn shí huì chū xiàn lián xù gè yuè de shí jiān nán běi liǎng jí zhī
地球在公转时会出现连续6个月的时间，南北两极之
zhōng zǒng yǒu yī jí cháo zhe tài yáng quán shì bái zhòu lìng yī jí zé bèi xiàng tài yáng
中总有一极朝着太阳，全是白昼；另一极则背向太阳，
quán shì hēi yè
全是黑夜。

jí zhòu hé jí yè shì jí quān nèi tè
极昼和极夜是极圈内特
yǒu de zì rán xiàn xiàng fā shēng zài běi jí
有的自然现象，发生在北极

quān yǐ běi hé nán jí quān
圈以北和南极圈
yǐ nán měi nián jí zhòu
以南，每年极昼
hé jí yè de shí jiān hé
和极夜的时间和
fàn wéi rú xià
范围如下：
měi nián chūn fēn rì
每年春分日
yuè rì qián hòu
（3月21日前后）
dào qiū fēn rì yuè rì qián hòu běi jí diǎn chū
到秋分日（9月23日前后），北极点出
xiàn jí zhòu nán jí diǎn chū xiàn jí yè měi nián qiū fēn rì
现极昼，南极点出现极夜；每年秋分日
yuè rì qián hòu dào cì nián chūn fēn rì yuè
（9月23日前后）到次年春分日（3月21
rì qián hòu nán jí diǎn chū xiàn jí zhòu běi jí diǎn chū
日前后），南极点出现极昼，北极点出
xiàn jí yè měi nián xià zhì rì yuè rì qián hòu
现极夜；每年夏至日（6月22日前后），
běi jí quān shang chū xiàn jí zhòu cǐ shí jí zhòu fàn wéi zuì
北极圈上出现极昼（此时极昼范围最
dà nán jí quān shang chū xiàn jí yè měi nián dōng zhì rì
大），南极圈上出现极夜；每年冬至日
yuè rì qián hòu nán jí quān shang chū xiàn jí zhòu
（12月22日前后），南极圈上出现极昼
cǐ shí jí zhòu fàn wéi zuì dà běi jí quān shang chū xiàn
（此时极昼范围最大），北极圈上出现
jí yè
极夜。

▲哈默菲斯特

在挪威的哈默菲斯特，人们每年都会经历一段漫长的极夜时光。那里的冬天长夜漫漫，路灯连续几个月不灭，人们只能在灯光下工作和生活。

25 你知道著名的“榆林三迁”吗？

榆林位于陕西省最北部，鄂尔多斯高原南缘与陕北黄土高原北部结合的沙漠地带。我们现在所说的“榆林三迁”其实指的是榆林还没有建城之前，在其地址以北的沙漠中先有一小城，名“榆溪塞”，因遭风沙

侵害，向南迁移至红山，后来又迁移至现在的榆林城，于是有了著名的“榆林三迁”。

20世纪五六十年代，榆林成立国营林场，广泛发动群众治沙造林，数十万群众扛起镐头，背起树苗，挺进毛乌素沙地；六七十年代，开始大规模集体治沙造林，榆林在全国首创飞播技术，40多公顷的沙地通过飞播技术得到治理；到了80年代，榆林推行承包治沙造林，涌现了一批造林大户和造林先锋，榆林治沙成为中国治沙的一面旗帜。

进入21世纪，三北防护林、京津风沙源治理等国家林业重点工程上马，榆林开始大面积发展防风固沙性能优良的樟子松造林技术。很快，樟子松为毛乌素沙地披上了令人惊艳的绿衣。

▲毛乌素沙地

位于陕西和内蒙古自治区交界处的毛乌素沙地是中国的四大沙地之一，总面积约3.8万平方千米。经过长期治理，榆林的森林覆盖率大大提高。

26 北方地区的河流都有结冰期吗？

北方地区位于秦岭—淮河一线以北，1月份平均气温在0℃以下。众所周知，水在0℃的时候就会逐渐凝结成冰，因此北方地区绝大部分河流冬季是会结冰的。

▲内蒙古自治区的“不冻河”

在寒冬时节，位于内蒙古自治区兴安盟阿尔山市，“不冻河”上水汽腾腾，呈现独特的美景。其实“不冻河”是哈拉哈河的一段，因流经地热资源丰富的地区，在-40℃的气温下河面也不封冻，故被称为“不冻河”。

河流、湖泊等水体从结冰开始到结束的过程称为结冰期。我国结冰期最长的河流为黑龙江，黑龙江封冻期有将近半年时间。每年10月上旬，河流上游出现初冰，中游10月下旬始见初冰。初冰期之后为封冻期，自上游开始，漠河附近河段平均于11月上旬封冻，中游于11月中下旬封冻。第二年4月中下旬先是中游解冻，再是上游解冻。封冻期上游为160天以

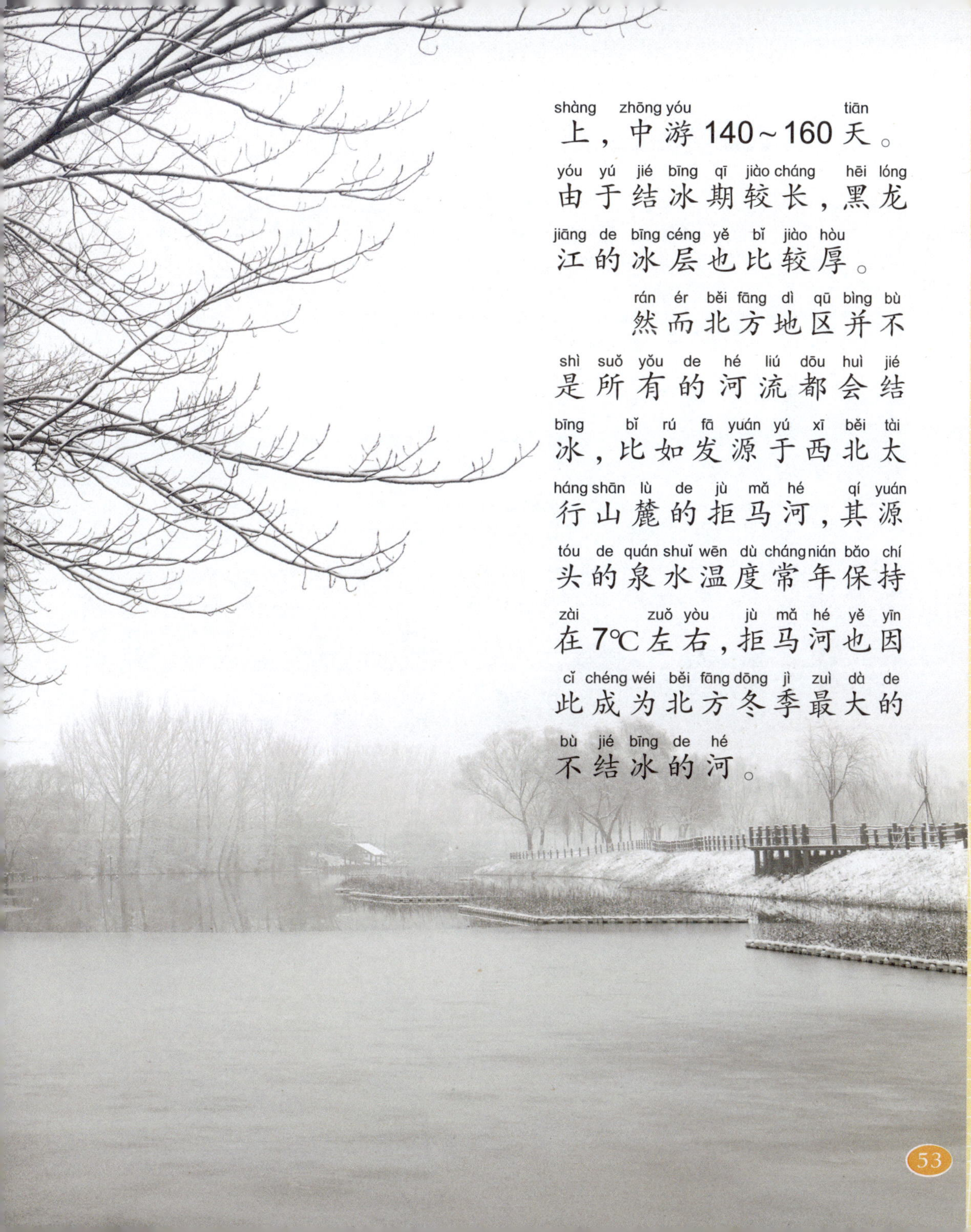

上，中游140～160天。由于结冰期较长，黑龙江的冰层也比较厚。

然而北方地区并不是所有的河流都会结冰，比如发源于西北太行山麓的拒马河，其源头的泉水温度常年保持在7℃左右，拒马河也因此成为北方冬季最大的不结冰的河。

27 冬季，秦皇岛港口的水为什么不易结冰？

秦皇岛港是中国河北省秦皇岛市港口，位于渤海海岸，港阔水深，风平浪小，一年四季不冻不淤，是中国北方的一座天然港口。

秦皇岛港成为不冻港的原因有以下几点：一是受来自南方的黄海暖流的影响。黄海暖流来自较为温暖的低纬度地区，带来的热量很大，而北方来的寒流由于朝鲜半岛的阻挡，无法到达这里，

因此这里的水温相对较高。二是这里的海水含盐量较高。淡水一般在0℃时开始结冰，而含有盐分的海水，结冰点要比一般淡水低。海水含盐量越大，越不容易结冰。由于秦皇岛附近没有较大的河流入海，因而海水的含盐量较高，海面自然不容易结冰。三是秦皇岛海域的海水较深。深层海水在暖季可以储藏较多的热量，使冬季的海面保持一定的温度，也就不易结冰了。

▲海冰

海冰素有“白色杀手”之称。2010年3月，山东省出现了40多年以来最恶劣的持续酷寒天气，各海区出现了不同程度的冰冻现象，许多商船和渔船都被冰封在海上。

28 为什么人们将黄河称作“母亲河”？

黄河发源于青藏高原巴颜喀拉山北麓，蜿蜒东流，穿越黄土高原及华北平原，注入渤海，干流全长约5464千米。黄河既是一条源远流长、波澜壮阔的自然河流，又是一条孕育中华民族灿烂文明的“母亲河”。

在远古时期，由于黄河流域气候温和，水文条件优越，有利于农作物生长，先民们便在这里生活、奋斗和繁衍，创造了光辉灿烂的华夏文明。夏、商、周三代以及后

来的西汉、东汉、隋、唐、北宋等几个强大的统一王朝，其核心地区也都在黄河中下游一带。许多反映中华民族智慧的古代科学技术、发明创造、文学艺术等也在这里诞生。

北宋以后，全国的经济重心逐渐南移，但黄河流域仍在中国的政治、经济、文化发展进程中占据重要地位。黄河孕育了中华文明，哺育了中华儿女，因此被称为中华民族的“母亲河”。

▲龙羊峡景区

黄河流域有着迷人的自然风光，雪山、湿地、草原、瀑布等多种地形地貌与文化遗迹交相辉映，比较著名的有三江源自然保护区、龙羊峡景区、壶口瀑布等。

29 黄河的泥沙主要是从哪里来的？

在中国的分层设色地形图上，你会一眼看到一片广大的土黄色区域，那里干旱少雨，植被稀疏，地势高耸，风沙呼啸，那就是黄土高原。中华民族的“母亲河”——黄河从这里蜿蜒穿过，滋润了沿河贫瘠的土地，但同时也给这片土地带来无穷忧患。

据古书记载，上古时期的黄河流域植被繁茂，河水清澈，是动植物生存繁衍的好地方。后来，随着在黄河流域定居的人越来越多，人们为了生存大肆砍伐

shù mù yòng lái jiàn zào fáng wū děng huáng hé liú yù de sēn
树木，用来建造房屋等，黄河流域的森
lín jiù zhè yàng bèi pò huài le yóu yú quē fá zhí bèi bǎo
林就这样被破坏了。由于缺乏植被保
hù hé shuǐ sì wú jì dàn de chōng shuā zhe dì biǎo dài zǒu
护，河水肆无忌惮地冲刷着地表，带走
le dà liàng de ní shā huáng hé de shuǐ jiù yuè lái yuè hún
了大量的泥沙，黄河的水就越来越浑
zhuó shèn zhì yǒu le yī wǎn shuǐ bàn wǎn shā de shuō fǎ
浊，甚至有了“一碗水，半碗沙”的说法。

lìng wài yóu yú qì hòu gān zào huáng tǔ gāo yuán shang
另外，由于气候干燥，黄土高原上
de tǔ rǎng jiào wéi shū sōng nèi bù kǒng xì jiào duō dāng zhè
的土壤较为疏松，内部孔隙较多。当这
zhǒng tǔ rǎng bèi hé shuǐ jìn shī hòu nèi bù jié gòu róng yì bèi
种土壤被河水浸湿后，内部结构容易被
pò huài cóng ér chǎn shēng jiào dà de chén xiàn chū xiàn shuǐ tǔ
破坏，从而产生较大的沉陷，出现水土
liú shī de xiàn xiàng huáng hé li de ní shā yě jiù yuè lái yuè duō
流失的现象，黄河里的泥沙也就越来越多。

▲浑浊的黄河

黄河每年都会挟带大量泥沙，其中大部分泥沙流入大海，剩下的则长年留在黄河下游，不断淤积形成“地上河”。

30 黄河为什么会断流？

从1972年至1999年，黄河平均4年就要断流3次。1997年，黄河更是出现了当时最为严重的一次断流，从入海口到河南，断流期长达226天。为什么会这样呢？

黄河流域是我国重要的农业生产区，在农业用水方面的比重达到了全河流用水总量的90%。当时的人们节约用水的意识不强，再加上粗放式的原始灌溉，对水资源造成了极大的浪费。

另外，管理方式不完善也是造成黄河断流的重

yào yuán yīn zài huáng hé kū shuǐ qī yán àn gè dì qū wèi bǎo zhàng běn dì shēng
要原因。在黄河枯水期，沿岸各地区为保障本地生
chǎn shēng huó yòng shuǐ máng mù de xiū qú yǐn shuǐ chǔ shuǐ shèn zhì zhēng shuǐ qiǎng
产生活用水，盲目地修渠引水、储水，甚至争水、抢
shuǐ zài zhòng zhí jì jié cháng cháng fā shēng shàng yóu lán bà dǔ shuǐ ér xià yóu wú shuǐ
水，在种植季节常常发生上游拦坝堵水而下游无水
guàn gài de xiàn xiàng huáng hé zhōng yóu shuǐ tǔ liú shī shí fēn yán zhòng dà liàng lái zì
灌溉的现象。黄河中游水土流失十分严重，大量来自
huáng tǔ gāo yuán de ní shā chōng guò sān mén xiá liú jīng huá běi píng yuán xià yóu píng
黄土高原的泥沙冲过三门峡，流经华北平原。下游平
yuán dì qū hé chuáng kāi kuò shuǐ liú huǎn màn dǎo zhì ní shā zài cǐ yū jī hé
原地区河床开阔，水流缓慢，导致泥沙在此淤积，河
chuáng màn màn yǎn biàn chéng le dì shàng hé méi yǒu zhī liú de
床慢慢演变成了地上河。没有支流的
shuǐ yuán huì rù yě méi yǒu dì xià shuǐ de bǔ chōng bù duàn
水源汇入，也没有地下水的补充，不断
lóng qǐ de hé chuáng dà liàng xī shōu hé shuǐ yuè shì jiàng shuǐ shǎo
隆起的河床大量吸收河水，越是降水少
de shí hou gān hàn de qíng kuàng jiù yuè yán zhòng
的时候，干旱的情况就越严重。

chú le yǐ shàng yuán yīn shì jì nián dài chū
除了以上原因，20世纪70年代初，
tài yáng fú shè kāi shǐ bù duàn zēng qiáng quán qiú qì wēn bù duàn
太阳辐射开始不断增强，全球气温不断
shēng gāo zhè jiù dǎo zhì le běn lái quē shuǐ de huáng hé liú yù
升高，这就导致了本来缺水的黄河流域
gèng jiā gān hàn suí zhe rén kǒu zēng zhǎng hé jīng jì fā zhǎn
更加干旱。随着人口增长和经济发展，
huáng hé liú yù de chéng shì xū shuǐ liàng jí jù shàng shēng yīn
黄河流域的城市需水量急剧上升。因
cǐ chū xiàn le huáng hé duàn liú de xiàn xiàng
此，出现了黄河断流的现象。

▲泾河和渭河的交汇处

渭河是黄河的支流，泾河又是渭河的支流，当泾河和渭河在西安北部交汇时，由于含沙量不同，呈现清水、浊水同流一河而互不相融的奇特景观，形成了一道非常明显的界线，这就是成语“泾渭分明”的来历。

31 松花江的名字是怎么来的？

sōng huā jiāng de míng zi shì yóu mǎn yǔ sōng ā lǐ wū lā zhuǎn yīn ér lái
松花江的名字是由满语“松阿里乌拉”转音而来。
sōng ā lǐ wū lā wéi tiān hé zhī yì hòu lái zhí jiē zhuǎn yīn wéi sōng huā
“松阿里乌拉”为“天河”之意，后来直接转音为松花
jiāng yán yòng zhì jīn
江，沿用至今。

sōng huā jiāng zài suí dài chēng nàn hé táng dài chēng nà shuǐ liáo jīn liǎng dài
松花江在隋代称难河，唐代称那水，辽、金两代
chēng yā zi hé hùn tóng jiāng qīng dài chēng hùn tóng jiāng sōng huā jiāng sōng huā jiāng
称鸭子河、混同江，清代称混同江、松花江。松花江
liú jīng jí lín hēi lóng jiāng liǎng shěng quán cháng yuē qiān mǐ liú yù miàn jī
流经吉林、黑龙江两省，全长约1927千米，流域面积
yuē wàn píng fāng qiān mǐ hán gài hēi lóng jiāng shěng jí lín shěng liáo níng shěng
约55.72万平方千米，涵盖黑龙江省、吉林省、辽宁省
hé nèi měng gǔ zì zhì qū sì gè shěng jí xíng zhèng qū
和内蒙古自治区四个省级行政区。

sōng huā jiāng shì zhōng guó liú yù miàn jī dì sān dà hé yě shì dōng běi dì qū
松花江是中国流域面积第三大河，也是东北地区

de mǔ qīn hé sōng huā jiāng yǒu liǎng gè yuán tóu běi
的“母亲河”。松花江有两个源头，北
yuán fā yuán yú dà xīng ān lǐng nán yuán fā yuán yú cháng bái shān
源发源于大兴安岭，南源发源于长白山
tiān chí shuǐ wén shang yǐ cháng bái shān tiān chí wéi zhèng yuán běi
天池，水文上以长白山天池为正源，北
yuán nèn jiāng zé shì zhī liú sōng huā jiāng yě shì hēi lóng jiāng
源嫩江则是支流。松花江也是黑龙江
zài wǒ guó jìng nèi de zuì dà zhī liú
在我国境内的最大支流。

sōng huā jiāng suī rán shì hēi lóng jiāng de zhī liú dàn duì
松花江虽然是黑龙江的支流，但对
dōng běi dì qū de gōng yè hé nóng yè shēng chǎn nèi hé háng
东北地区的工业和农业生产、内河航
yùn rén mín shēng huó děng fāng miàn de jīng jì hé shè huì yì
运、人民生活等方面的经济和社会意
yì dōu chāo guò le hēi lóng jiāng hé dōng běi de qí tā hé
义，都超过了黑龙江和东北的其他河
liú sōng huā jiāng liú yù zī yǎng le guǎng kuò de sān jiāng píng yuán yán àn tǔ dì féi
流。松花江流域滋养了广阔的三江平原，沿岸土地肥
wò shèng chǎn dà dòu yù mǐ gāo liang hé xiǎo mài shì wǒ guó zhù míng de shāng pǐn
沃，盛产大豆、玉米、高粱和小麦，是我国著名的商品
liáng liáng cāng
粮粮仓。

▲哈尔滨圣索菲亚大教堂

松花江流经的哈尔滨市，是黑龙江省的省会，也是我国所有省会城市中面积最大的一个，其土地面积约5.31万平方千米。

32 你知道《水浒传》中的梁山泊在哪里吗？

梁山泊，文献中也作“梁山泺”，位于山东省西南部梁山县境内，由梁山、青龙山、凤凰山、龟山四主峰和虎头峰、雪山峰、郝山峰、小黄山等组成，占地面积约500平方千米。古典名著《水浒传》的故事就发生在这里。梁山泊原址已经干涸，横跨东平、台前、梁山、汶上4县的古东平湖和梁山县马营镇的水泊遗址（湿地）均为古梁山泊的遗存水域。

据有关资料记载，从五代到北宋末，滔滔的黄河曾经有3次大的决口，滚滚河水倾泻到梁山脚下，与古巨野泽连成一片，形成了一望无

jì de dà shuǐ pō hào chēng bā bǎi lǐ liáng shān pō jí
际的大水泊，号称“八百里梁山泊”，即

shuǐ hǔ zhuàn zhōng suǒ miáo huì de gǎng chà zòng héng shù qiān
《水浒传》中所描绘的“港汊纵横数千

tiáo sì fāng zhōu wéi bā bǎi lǐ shū zhōng zhòng duō yīng
条，四方周围八百里”。书中众多英

xióng hǎo hàn qí jù liáng shān pō zài cǐ zhù yíng zhā zhài chú
雄好汉齐聚梁山泊，在此筑营扎寨、除

bào ān liáng jié fù jì pín tì tiān xíng dào zuò le yī
暴安良、劫富济贫、替天行道，做了一

jiàn yòu yī jiàn jīng tiān dòng dì de dà shì
件又一件惊天动地的大事。

▲梁山泊

由于黄河多次决口，分洪改道，大量泥沙下泄，导致“八百里梁山泊”泥沙沉积，梁山周围的湖泊逐渐变成了耕地。

33 为什么要进行南水北调？

我国的降水主要由东南季风带来。每年夏季，来自太平洋的东南季风把水汽带到我国，使我国的年降水量总体上从东南沿海往西北内陆递减。南方地区降水量丰富，而北方地区降水量较少，甚至有些地区出现了严重的水资源短缺现象。

▲京杭大运河

南水北调东线工程主要利用京杭大运河进行调水。大运河始建于春秋时期，是世界上里程最长、工程最大的古代运河，与长城、坎儿井并称为中国古代的三项伟大工程。

于是，我国在这种背景下规划实施了南水北调工程。该工程主要从水资源丰富的长江流域调水，往北输送到华北、西北地区，从而缓解北方地区的缺水状况。

富饶的白山黑水

漫山遍野的庄稼绿意正浓，苍茫的大地宛如一片绿色的海洋。

34 “白山黑水”说的到底是哪里？

“白山黑水”是我国东北地区的一个地缘标签，其中“白山”指长白山，“黑水”指黑龙江。由于长白山和黑龙江对东北地区具有十分重要的意义，东北地区的人们把长白山和黑龙江作为本地的代表，并将其名称简化为“白山黑水”四个字。

长白山位于欧亚大陆的东端，是鸭绿江、松花江、图们江的发源地，素有“三江之源”的别称，因其主峰

duō bái sè fú shí yǔ jī xuě ér dé míng sù yǒu qiān nián
多白色浮石与积雪而得名，素有“千年
jī xuě wàn nián sōng zhí shàng rén jiān dì yī fēng de měi yù
积雪万年松，直上人间第一峰”的美誉。

hēi lóng jiāng shì yī tiáo liú jīng měng gǔ zhōng guó é
黑龙江是一条流经蒙古、中国、俄
luó sī de dà hé yán tú jiē nà le jié yǎ hé bù liè
罗斯的大河，沿途接纳了结雅河、布列
yà hé sōng huā jiāng wū sū lǐ jiāng děng zhù míng dà hé
亚河、松花江、乌苏里江等著名大河，
wān yán dōng qù liú rù è huò cì kè hǎi hēi lóng jiāng liú
蜿蜒东去流入鄂霍次克海。黑龙江流
yù zài zhōng guó jìng nèi biàn jí hēi lóng jiāng shěng jí lín shěng
域在中国境内遍及黑龙江省、吉林省、
nèi měng gǔ zì zhì qū zhè lǐ yě shì zhōng guó zhòng yào de
内蒙古自治区。这里也是中国重要的
shāng pǐn liáng jī dì
商品粮基地。

▲长白山

“白山黑水”出自《金史·世纪》：“生女真之地有混同江、长白山。混同江亦号黑龙江，所谓‘白山黑水’是也。”

35 为什么东北大米的品质那么好？

tí qǐ dà mǐ dōng běi dà mǐ yǐ qí dú tè de kǒu gǎn hé pǐn zhì ér bèi
提起大米，东北大米以其独特的口感和品质而备
shòu zàn yù dōng běi dà mǐ de pǐn zhǒng zhǔ yào yǒu cháng lì xiāng dào huā xiāng hé lóng
受赞誉。东北大米的品种主要有长粒香、稻花香和龙
dào děng zhè xiē pǐn zhǒng de dà mǐ kǒu gǎn ruǎn nuò fù hán yíng yǎng wù zhì
稻18等，这些品种的大米口感软糯，富含营养物质。
wèi shén me dōng běi dà mǐ de pǐn zhì nà me hǎo
为什么东北大米的品质那么好？

shǒu xiān shì yīn wèi dōng běi dì qū dú tè de dì lǐ yōu shì dōng běi dà
首先是因为东北地区独特的地理优势。东北大
mǐ zhǔ chǎn qū wèi yú sōng huā jiāng hēi lóng jiāng wū sū lǐ jiāng sān tiáo hé liú jiāo
米主产区位于松花江、黑龙江、乌苏里江三条河流交
huì chù sān jiāng chuān jìng ér guò xíng chéng tiān rán de chōng jī píng yuán hé liú liú
汇处，三江穿境而过，形成天然的冲积平原，河流流
jīng qū yù gōng yè wū rǎn shǎo shuǐ zhì yōu liáng gèng shì hé dào tián gēng zuò dào mǐ
经区域工业污染少，水质优良，更适合稻田耕作，稻米
de pǐn zhì yě gèng hǎo
的品质也更好。

qí cì shì yīn
其次是因

为东北肥沃的黑土地。东北大米产自世界三大黑土集中地之一——北纬45°的黄金耕作区。在东北寒冷的气候条件下，草甸、草原上茂盛的植被受到腐蚀，逐渐积累成一层厚厚的腐殖质，形成肥沃的黑土地，有机质含量为5%～7%，是黄土地的十倍。

最后，东北地区日照较为充足。水稻一年一熟，由于气温相对较低，因此水稻的生长周期通常在5个月左右。长达半年的寒冷冬季减少了病虫害的发生，秋季光照充分，昼夜温差大，非常适合大米的营养积累。

▲水稻

黑龙江省2023年粮食总产量为1557.6亿斤，占全国总产量的11.2%，连续14年位居全国首位，是我国名副其实的“大粮仓”。

36 东北地区为什么适合种植甜菜？

甜菜原产于欧洲西部和南部沿海，从瑞典移植到地中海沿岸，大约在公元1500年从阿拉伯国家传入中国。甜菜的主产区有黑龙江、吉林、内蒙古、新疆、山西等地。

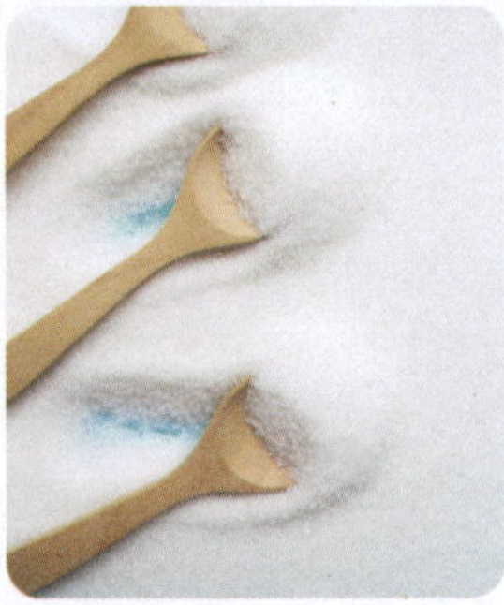

▲白砂糖

甜菜是我国第二大糖料作物，也是北方地区主要的制糖原料。甜菜最初主要作蔬菜用，直到18世纪，人们才培育出糖用甜菜，极大地推动了制糖业的发展。

甜菜喜欢阴凉的气候，抗寒能力强，但抗热能力差；喜富含有机质、排水好的土壤，在酸性土壤中不易发芽，很难生长。因此，我国南方地区很少种植甜菜。

甜菜是一种非常耐寒的农作物，它在幼苗期可以忍受-5℃的低温。北方地区的冬季气温非常低，即使在霜冻的气候条件下，它也能很好地生长，保持产量稳定。此外，充足的光照、较大的昼夜温差，也有利于甜菜糖分的积累，因此我国北方地区更适合种植甜菜。如今，甜菜产业已发展为北方现代农业的重要标志。

37 “北大荒”是怎么变成“北大仓”的？

rén men cháng yòng niē bǎ hēi tǔ mào yóu huā chā shuāng kuài zi yě fā yá lái
人们常用“捏把黑土冒油花，插双筷子也发芽”来
miáo shù dōng běi dì qū wù chǎn fēng ráo tǔ dì féi wò de jǐng xiàng dàn shì dà yuē
描述东北地区物产丰饶、土地肥沃的景象。但是，大约
nián qián zài dōng běi dì qū de běi bù yǒu yī piàn guǎng mào de huāng yuán dì dài
70年前，在东北地区的北部，有一片广袤的荒原地带，
yǎo wú rén yān yī pài huāng wú jǐng xiàng bèi rén men xíng xiàng de chēng wéi běi dà huāng
杳无人烟，一派荒芜景象，被人们形象地称为“北大荒”。

lì shǐ shang de běi dà huāng wěi dù gāo tóng shí shòu běi fāng lěng kōng qì de
历史上的北大荒，纬度高，同时受北方冷空气的
yǐng xiǎng dōng jì màn cháng hán lěng gān zào yī zhí shì yī piàn bù máo zhī dì zhí
影响，冬季漫长、寒冷干燥，一直是一片不毛之地。直
dào nián guó jiā duì běi dà huāng jìn xíng kāi fā jiàn shè jīng guò yī
到1958年，国家对“北大荒”进行开发建设。经过一
dài yòu yī dài rén de bù xiè nǔ lì guó yíng nóng chǎng hé jūn kěn nóng chǎng rú yǔ
代又一代人的不懈努力，国营农场和军垦农场如雨

hòu chūn sǔn yī bān zài běi dà huāng de tǔ dì shang chū xiàn zài yǐ jīng kāi kěn chū
后春笋一般在北大荒的土地上出现。在已经开垦出
de wàn gōng qǐng gēng dì shang xiǎo mài dà dòu yù mǐ shuǐ dào gāo liang děng
的287万公顷耕地上，小麦、大豆、玉米、水稻、高粱等
liáng shi zuò wù xǐ huò fēng shōu běi dà huāng zhōng yú biàn chéng
粮食作物喜获丰收，“北大荒”终于变成
le běi dà cāng
了“北大仓”。

rán ér jīng guò duō nián de kāi fā jiàn shè běi dà
然而经过多年的开发建设，“北大
huāng yě chū xiàn le hěn duō yán zhòng de wèn tí zuì wéi míng xiǎn
荒”也出现了很多严重的问题，最为明显
de wèn tí jiù shì guò dù kāi kěn dǎo zhì shuǐ tǔ liú shī yán zhòng
的问题就是过度开垦导致水土流失严重。
rú jīn běi dà huāng yòu zǒu shàng le tuì gēng huán lín huī fù
如今“北大荒”又走上了退耕还林、恢复
zhí bèi de shēng tài huán jìng bǎo hù zhī lù shēng tài huán jìng de
植被的生态环境保护之路。生态环境的
gǎi shàn yǒu lì yú cù jìn liáng shi shēng chǎn de kě chí xù fā
改善，有利于促进粮食生产的可持续发
zhǎn shí xiàn shēng tài huán bǎo hé liáng shi shēng chǎn de shuāng yíng
展，实现生态环保和粮食生产的“双赢”。

▲三江湿地

三江湿地位于黑龙江及乌苏里江交汇处，是我国东北端面积最大、原始风貌最典型的低地高寒湿地。围绕三江湿地，以沼泽湿地为主要保护对象形成了三江自然保护区。

38 为什么黑土层会变薄，面积会缩小？

黑土是在寒冷湿润的气候条件下，地表植被死亡后经过长时间腐蚀形成腐殖质后演化而成的，是一种特殊的草甸化过程，非常适合植物生长。我国东北黑土区是“世界三大黑土区”之一。然而，近年来黑土层不断变薄，面积缩小，其主要原因有两个。

其一，持续多年的不合理耕种和疏于管理。大规模的开垦和长期持续的种植，造成大量的水土流失，破

huài le hēi tǔ dì yuán yǒu de shēng tài xì tǒng píng héng
坏了黑土地原有的生态系统平衡。

qí èr wèi le tí gāo nóng zuò wù chǎn liàng rén men
其二，为了提高农作物产量，人们

tōng guò shī yòng dà liàng huà féi de fāng shì lái zēng chǎn shī yòng
通过施用大量化肥的方式来增产，施用

dà liàng nóng yào lái chú cǎo shī yòng dà liàng shā chóng jì lái miè
大量农药来除草，施用大量杀虫剂来灭

chóng yòu yòng jī xiè huà de fāng shì dà guī mó gēng zuò ér
虫，又用机械化的方式大规模耕作，而

bǎ jiē gǎn děng tiān rán féi liào fǎn huán dào tián dì de zuò fǎ
把秸秆等天然肥料返还到田地的做法

yuè lái yuè shǎo yīn cǐ pò huài le hēi tǔ dì de zài shēng huán
越来越少，因此破坏了黑土地的再生环

jìng dǎo zhì hēi tǔ zhōng de yǒu jī zhì hán liàng yǎng fèn chǔ
境，导致黑土中的有机质含量、养分储

liàng hé bǎo féi xìng néng bù duàn xià jiàng hēi tǔ céng biàn báo
量和保肥性能不断下降，黑土层变薄，

tǔ rǎng de kě gēng xìng yuè lái yuè chà
土壤的可耕性越来越差。

▲密西西比平原

世界上，除了我国东北平原拥有肥沃的黑土地，乌克兰平原、美国的密西西比平原也是世界上重要的黑土分布区，它们并称“世界三大黑土区”。

39 长白山为什么被誉为“物种基因库”和“天然博物馆”？

长白山位于吉林省东南部地区，是中朝两国的界山，也是中国十大名山之一。长白山拥有目前世界上保存完整的温带原始森林生态系统，在我国同纬度带，其动植物资源最为丰富，是最具代表性的

典型自然综合体，被誉为“物种基因库”和“天然博物馆”。

长白山地势高耸，气候条件复杂，景观呈现典型的山地垂直分布特点。在垂直高差2000多米、水平距离50千米的范围内，浓缩了从北半球温带到北极圈的生态景观。依据海拔变化，长白山自下而上形成了针阔混交林带、暗针叶林带、岳桦林带和高山苔原带四个植物垂直分布带，数千物种在这里繁衍生息。

为保护长白山这个“稀缺的生态天堂”，1960年，我国建立了长白山自然保护区。

▲长白松

长白松又称“美人松”，是长白山特有的珍稀树种。它的发现曾引起植物学界的震动，不仅给长白山特有的植物家族增添了一个新物种，还为研究这一地区的植物区系提供了一份重要资料。

40 我国最大的天然林区在哪里？

我国最大的天然林区是东北林区。东北林区主要分布在大兴安岭、小兴安岭和长白山，植被类型以中温带针叶—落叶阔叶混交林为主。据近年统计资料，全区森林面积约4500万公顷，占全国森林总面积的37%；木材蓄积量约32亿立方米，占全国木材总蓄积量的1/3。

▲西南林区

我国有三大林区，除东北林区外，还有位于横断山区的西南林区（以天然林为主），以及位于东南丘陵的东南林区（以人工林为主）。

大兴安岭是以落叶松为主的林区，它位于黑龙江省西北部和内蒙古东北部。小兴安岭林区位于黑龙江北部，西北接大兴安岭，东南以松花江谷地与三江平原相接，面积约400万公顷，大部分树种与大兴安岭林区相同，但红松所占比重更大，是本区具有代表性的优质木材，故小兴安岭又

bèi chēng wéi hóng sōng de gù xiāng cháng bái shān lín qū wèi yú jí lín shěng dōng bù
被称为“红松的故乡”。长白山林区位于吉林省东部，
yǐ wéi rào tiān chí jiàn lì le cháng bái shān zì rán bǎo hù qū miàn jī yuē wàn gōng
已围绕天池建立了长白山自然保护区，面积约19万公
qǐng shì shì jiè shang yuán shǐ shēng tài bǎo cún wán zhěng de dì qū zhī yī jù diào
顷，是世界上原始生态保存完整的地区之一。据调
chá zhè lǐ yǐ fā xiàn de gāo děng zhí wù yǒu yú zhǒng qí zhōng yǒu zhǒng
查，这里已发现的高等植物有1700余种，其中有36种
zhēn xī bīn wēi wù zhǒng cháng bái shān zì rán bǎo hù qū zhōng zhù míng de dì dài xìng
珍稀濒危物种。长白山自然保护区中著名的地带性
shù zhǒng yǒu hóng sōng luò yè sōng yún shān lěng shān chì sōng děng
树种有红松、落叶松、云杉、冷杉、赤松等。

41 “东北三宝”分别指的是什么？

“东北三宝”是指我国东北地区的三种土特产，有“老三宝”和“新三宝”之分。

“老三宝”指人参、貂皮和乌拉草。人参是东北产的野山参，貂皮是东北的水貂皮。东北冬季气温特别低，在过去，貂皮和人参可以作为商品进行交易。而乌拉草纤维坚韧，不易折断，可以拿来做草鞋、草褥等，能保暖御寒。在过去东北地区的人们只要有了这三样，就可以舒服地过冬了，所以这三样东西被称为

dōng běi sān bǎo
“东北三宝”。

ér xīn sān bǎo zhǐ de shì rén shēn diāo pí lù róng gǔ shí hou
而“新三宝”指的是人参、貂皮、鹿茸。古时候，
rén men bǎ lù chēng zuò shén shòu méi huā lù quán shēn dōu shì bǎo qí shēn shang zuì zhēn
人们把鹿称作神兽，梅花鹿全身都是宝，其身上最珍
guì de dōng xi jiù shì lù róng le lù róng shì lù de é
贵的东西就是鹿茸了。鹿茸是鹿的额
shang shēng zhǎng de wèi gǔ huà de jiǎo shì yī zhǒng yǒu zǔ zhī
上生长的未骨化的角，是一种有组织
de jié gòu wéi zhēn pí yǎn shēng wù
的结构，为真皮衍生物。

dōng běi sān bǎo bù jǐn zhǐ dōng běi dì qū de tǔ
“东北三宝”不仅指东北地区的土
tè chǎn gèng yōng yǒu fēng fù de wén huà nèi hán hé dú tè
特产，更拥有丰富的文化内涵和独特
de shí dài jià zhí suí zhe shí dài fā zhǎn yuè lái yuè
的时代价值。随着时代发展，越来越
duō de wù pǐn rú hóng sōng lín wā hēi mù ěr děng bèi
多的物品，如红松、林蛙、黑木耳等，被
liè rù xīn dōng běi sān bǎo
列入“新东北三宝”。

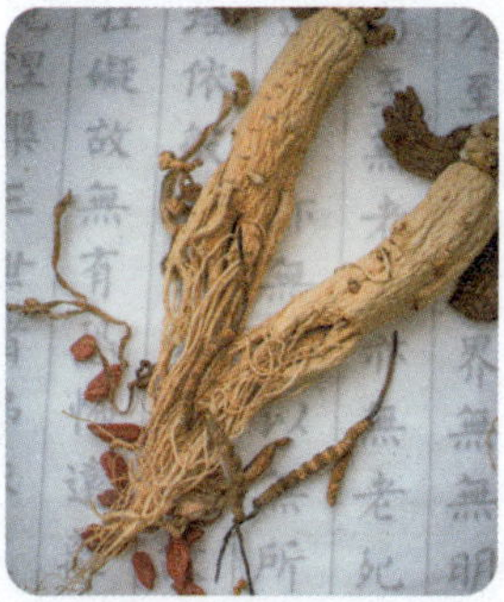

▲人参

人参被誉为“百草之王”，是著名的“东北三宝”之一。人参之所以主要分布在东北，其中一个重要的原因就是东北有适合人参生长的环境，也就是针叶林和阔叶林混交的森林等。

42 东北虎为什么会濒临灭绝？

东北虎是世界上体型最大的猫科动物，也是目前濒临灭绝的猫科动物。东北虎的头大而圆，前额上有数条黑色的横纹，这些横纹中间连起来，看起来就像一个“王”字，因此东北虎也有“丛林之王”和“万兽之王”的别称。虽然东北虎拥有巨大的体形和惊人的力量，却依然濒临灭绝。

东北虎曾广泛分布在中国东北地区。可在过去100多年里，随着人们对东北地区的大规模开发，大面积森林被砍伐，马鹿、梅花鹿、狍、野猪等动物数量锐减，东北虎的分布范围也逐渐缩小。在中国，东北虎的分布区先由南向北缩小，然后由西向东缩小。食物减少、栖息地被破坏，再加上人类的猎杀，导致东北虎数量急剧减少。

在1998—1999年的一次中俄美三国专家联合调查中，专家只发现少量东北虎的痕迹，推断当时中国境内的东北虎仅有12~16只。之后，国家通过实施天然林保护工程、建立自然保护区等措施，使东北虎种群逐步恢复。

▲东北虎豹国家公园

2021年10月12日，东北虎豹国家公园正式成立。为了更好地保护东北虎豹，公园打造了“天地空一体化监测系统”，具有动物监测、视频管理、防火巡护等功能。

43 为什么黑龙江的水看起来是黑色的？

hēi lóng jiāng shì liú jīng měng gǔ zhōng guó é luó sī de yà zhōu dà hé zhī yī
黑龙江是流经蒙古、中国、俄罗斯的亚洲大河之一，
wèi yú yà zhōu dōng běi bù yīn shuǐ sè fā hēi ér dé míng
位于亚洲东北部，因水色发黑而得名。

hēi lóng jiāng yǒu nán běi liǎng gè yuán tóu nán yuán wéi é ěr gǔ nà hé qí
黑龙江有南北两个源头，南源为额尔古纳河，其
shàng yuán wéi hǎi lā ěr hé fā yuán yú zhōng guó dà xīng ān lǐng xī pō běi yuán wéi
上源为海拉尔河，发源于中国大兴安岭西坡；北源为
shí lè kā hé qí shàng yuán wéi è nèn hé fā yuán yú měng gǔ
石勒喀河，其上源为鄂嫩河，发源于蒙古
de kěn tè shān dōng lù nán běi liǎng yuán zài wǒ guó hēi lóng jiāng
的肯特山东麓。南北两源在我国黑龙江
shěng mò hé shì luò gǔ hé cūn huì hé zài é luó sī zhù rù
省漠河市洛古河村汇合，在俄罗斯注入
è huò cì kè hǎi
鄂霍次克海。

▲黑龙江

黑龙江在古代是中国的内河，是仅次于长江、黄河的中国第三大河流。2004年，中俄签署最后边界协定，将两国国界以黑龙江为基本界限划清。

wèi shén me hēi lóng jiāng de shuǐ kàn qǐ lái shì hēi sè de
为什么黑龙江的水看起来是黑色的？
zhè shì yīn wèi hēi lóng jiāng liǎng àn fēn bù zhe mào mì de sēn lín
这是因为黑龙江两岸分布着茂密的森林，
shù mù chǎn shēng de dà liàng fǔ zhí zhì shǐ liǎng àn xíng chéng dà liàng
树木产生的大量腐殖质使两岸形成大量
de hēi tǔ hēi tǔ bèi hé shuǐ chōng shuā dào hé dǐ zài hé
的黑土。黑土被河水冲刷到河底，在河
shuǐ qīng chè de dì fang néng zhí jiē kàn dào hé dǐ ràng rén wù yǐ
水清澈的地方能直接看到河底，让人误以

wéi hēi lóng jiāng de shuǐ shì hēi sè de hái yǒu yī zhǒng shuō fǎ shì sēn lín hēi chén
为黑龙江的水是黑色的。还有一种说法是，森林黑沉
chén de yǐng zi dào yìng zài hé shuǐ zhōng shǐ hé shuǐ kàn qǐ lái shì hēi sè de
沉的影子倒映在河水中，使河水看起来是黑色的。

44 大马哈鱼为什么要洄游？

大马哈鱼属于洄游鱼类，是一种凶猛的肉食性鱼类，体长可达100厘米，在北纬35°以北的太平洋水域、亚洲和美洲沿岸均有分布。在我国主要分布在黑龙江、乌苏里江和绥芬河等水域。

大马哈鱼之所以要洄游，是因为它们要回到江河产卵繁殖。大马哈鱼的鱼卵只能在淡水中生存，每年秋季（9—10月），成年的大马哈鱼会从海洋经过河流，冲破重重阻挠和障碍，回到出生地。

▲大马哈鱼

现在，一些人类活动，如过度捕捞、在河流上游修建水坝等，导致许多大马哈鱼无法顺利回到出生地，进而不能繁衍下一代，给大马哈鱼的生存带来极大挑战。

大马哈鱼一生只繁殖1次，产卵3000～5000粒，卵大，呈橘红色。循着本能回到出生地的大马哈鱼完成繁殖任务后，就会死去。而到了第2年春天，胚胎孵出，下一代的大马哈鱼在产卵地逗留约1个月，长至50毫米左右，大约在7月随江水进入大海，沿途捕食小型浮游生物。到达入海口时，它们会逗留一段时间，然后向海洋深处游去。大马哈鱼的幼鱼通常在海洋里生活3～5年，在第4年达到性成熟，性成熟后再回到淡水河，完成繁衍后代的任务。

45 为什么说三江平原是物产丰富的宝库？

三江平原，即东北平原的东北部分，位于黑龙江省东北部、三江盆地的西南部。“三江”指黑龙江、乌苏里江、松花江，三条大江浩浩荡荡在这里汇聚，冲积形成了这块平整的沃土。

三江平原地域辽阔、河流纵横、湿地遍布，拥有丰富的野生动物资源。国家一级保护动物梅花鹿、东北虎、丹顶鹤，国家二级保护动物猞猁、马鹿、紫貂、麝、驼鹿、雪兔、水獭、天鹅、白鹤等在三江平原均有分布。

三江平原属于温带季风气

hòu yǔ rè tóng qī shuǐ yuán chōng zú yōng yǒu wǒ guó wéi shù
候，雨热同期、水源充足，拥有我国为数
bù duō de zhēn guì de hēi tǔ zī yuán shì hé nóng zuò wù yóu
不多的珍贵的黑土资源，适合农作物（尤
qí shì shuǐ dào hé gāo yóu dà dòu de shēng zhǎng zhōng huá rén
其是水稻和高油大豆）的生长。中华人
mín gòng hé guó chéng lì hòu duì sān jiāng píng yuán jìn xíng le dà
民共和国成立后，对三江平原进行了大
guī mó de nóng yè kāi kěn sān jiāng píng yuán yīn cǐ chéng wéi xiǎo
规模的农业开垦。三江平原因此成为小
mài dà dòu yù mǐ shuǐ dào děng zhòng yào shāng pǐn liáng shēng chǎn
麦、大豆、玉米、水稻等重要商品粮生产
jī dì wèi bǎo zhàng guó jiā liáng shi ān quán zuò chū jù dà gòng xiàn
基地，为保障国家粮食安全做出巨大贡献。

▲三江平原上的农田

三江平原上的河流较多，灌溉水源充足，土壤肥沃，水稻种植面积逐年扩大，打破了传统的“南稻北麦”格局。

46 为什么松花江的鱼类资源十分丰富？

▲大兴安岭森林

松花江流域范围内山岭重叠，原始森林遍布，主要集中在长白山、大兴安岭、小兴安岭等山脉上，是中国面积最大的森林区。

sōng huā jiāng shì hēi lóng jiāng zài zhōng guó jìng nèi de zuì
松花江是黑龙江在中国境内的最
dà zhī liú liú yù miàn jī yuē wàn píng fāng qiān mǐ
大支流，流域面积约56万平方千米。
zhè lǐ de yú lèi zī yuán fēi cháng fēng fù yǒu duō zhǒng
这里的鱼类资源非常丰富，有70多种
yú lèi shèng chǎn lǐ yú cǎo yú nián yú děng kān chēng
鱼类，盛产鲤鱼、草鱼、鲶鱼等，堪称
dōng běi yú chǎng
“东北渔场”。

sōng huā jiāng miàn jī guǎng kuò zhī liú duō shuǐ yù
松花江面积广阔，支流多，水域
liáo kuò wèi yú lèi tí gōng le guǎng kuò de shēng cún kōng jiān
辽阔，为鱼类提供了广阔的生存空间；
shuǐ liàng fēng fù fā yuán yú lín qū shuǐ zhōng yíng yǎng wù
水量丰富，发源于林区，水中营养物
zhì duō zhōng xià yóu liú jīng píng yuán dì shì píng tǎn shuǐ
质多，中下游流经平原，地势平坦，水
liú jiào huǎn yǒu jī wù chén jī
流较缓，有机物沉积
duō wèi yú wēn dài jì fēng qì hòu
多；位于温带季风气候
dì dài wēn dù jiào wéi shì yí
地带，温度较为适宜，
shì hé yú lèi shēng cún
适合鱼类生存。

城市与人文风情

独特的人文风情，
就是一座城市最好的名片。

47 世界上第一个“双奥之城”是哪里？

奥林匹克运动会是国际奥林匹克委员会主办的世界规模最大的综合性运动会，每4年一届，会期不超过16天，是世界上影响力最大的体育盛会。

世界上首个“双奥之城”是中国北京。北京是第一个既举办过夏季奥运会又举办过冬季奥运会的城市。第29届夏季奥林匹克运动会于2008年8月8日晚

8时整在北京开幕，8月24日闭幕。北京是主办城市，上海、天津、沈阳、秦皇岛、青岛为协办城市，香港承办马术项目。第24届冬季奥林匹克运动会于2022年2月4日在北京开幕，2月20日闭幕。北京赛区承办所有的冰上项目和自由式滑雪大跳台项目，延庆赛区承办雪车、雪橇及高山滑雪项目，张家口赛区承办除雪车、雪橇、高山滑雪和自由式滑雪大跳台之外的所有雪上项目。

▲奥林匹亚遗址

奥林匹克运动会起源于古希腊，因举办地在奥林匹亚而得名。1896年，第一届现代奥林匹克运动会在希腊首都雅典拉开帷幕。

48 漠河市为什么被叫作“不夜城”？

漠河市是黑龙江省辖县级市，地处黑龙江省北部，是中国最北、纬度最高的城市。

北极村位于黑龙江省漠河市，是中国观测极光最佳的地方。北极村位于北纬53°以北，是我国夏季白昼时间最长的地方。由于纬度较高，在夏至前后，这

lǐ de bái tiān kě yǐ cháng dá gè xiǎo shí zhí dào wǎn shang shí diǎn duō zhōng tài
里的白天可以长达17个小时，直到晚上十点多钟，太
yáng cái yī yī bù shě de luò xià qù yào shi suàn shàng rì chū qián de shǔ guāng hé
阳才依依不舍地落下去。要是算上日出前的曙光和
rì luò hòu de yú huī zhè lǐ de bái zhòu shí jiān kě dá gè xiǎo shí wǔ yè
日落后的余晖，这里的白昼时间可达21个小时。午夜
xiàng běi tiào wàng tiān kōng fàn bái xiàng bàng wǎn yòu xiàng lí míng xià zhì qián hòu hé
向北眺望，天空泛白，像傍晚又像黎明。夏至前后和
shēn qiū shì guān shǎng běi jí guāng de zuì jiā shí jiān zài mò hé shàng kōng de běi miàn
深秋，是观赏北极光的最佳时间，在漠河上空的北面，
huì chū xiàn xuàn lì duō cǎi de běi jí guāng yīn cǐ rén men chēng mò hé shì wéi zhōng
会出现绚丽多彩的北极光。因此，人们称漠河市为中
guó de bù yè chéng jí guāng chéng
国的“不夜城”“极光城”。

nián mò hé shì jiāng xià zhì zhè tiān dìng wéi
1991年，漠河市将夏至这天定为
běi jí guāng jié cǐ hòu měi nián zhè yī tiān hǎi nèi
“北极光节”。此后每年这一天，海内
wài chéng qiān shàng wàn de yóu kè huān jù yú běi jí cūn zài
外成千上万的游客欢聚于北极村，在
guān shǎng běi jí guāng hé bái yè qí guān de tóng shí yòu néng
观赏北极光和白夜奇观的同时，又能
kàn dào wǎn xiá yǔ zhāo huī lián chéng yī piàn de měi jǐng běi
看到晚霞与朝晖连成一片的美景。北
jí guāng jié bù jǐn fēng fù le dāng dì jū mín de shēng huó
极光节不仅丰富了当地居民的生活，
yě wèi yuǎn dào ér lái de yóu kè chéng xiàn le yī chǎng wén huà
也为远道而来的游客呈现了一场文化
shèng yàn
盛宴。

▲神州北极石碑

神州北极石碑位于北极村北部、黑龙江南岸，碑身与底座均由天然花岗岩雕刻而成，是北极村著名的地标。

49 潍坊为什么有“风筝之都”的美誉？

潍坊市位于山东半岛西部，有“风筝之都”的美誉。潍坊风筝是山东潍坊传统手工艺珍品，也是非物质文化遗产之一，现在世界上70%以上的风筝都出自潍坊。

潍坊风筝起源于明代初期。自1984年起，潍坊市每年4月都会举办潍坊国际风筝会。2006年5月，潍坊风筝被列入第一批国家级非物质文化遗产名录。

国际风筝联合会的会议总部也设在潍坊。现在的潍坊已成为世界风筝文化交流的中心，被世界各国人民称为“风筝的故乡”。

潍坊风筝的种类有硬翅风筝、软翅风筝、串式风筝、板式风筝、立体风筝等。它不仅被广泛用于比赛和娱乐，还成为美化人们生活的时尚装饰品。随着风筝制作技艺的不断发展，新材料与新技术的应用让现代风筝的造型更加多元，功能设计也更为巧妙，出现“万物皆可上天”的景象。

▲纸鸢

风筝最早起源于我国，至今已有 2000 多年的历史。相传，墨翟用木头制成的木鸟是我国最早的风筝。后来，鲁班用竹子改进墨翟的风筝。直到东汉期间，蔡伦改进造纸术后，人们才开始用纸做风筝，称为“纸鸢”。

50 西安为什么被称为“十三朝古都”？

在中国几千年的历史里，许多城市都曾被统治者作为国家的首都，比如西安。

西安，古时候叫长安。在古人看来，“关中者，天下之脊，中原之龙首也”。从西周时期，人们就开始在此建立都城。后来，秦国也将都城迁到了这里，并以此作为统治中心，建立了大秦王朝。之后又有西汉、新、东汉、西晋、前赵、前秦、后秦、西魏、北周、隋、

táng gè wáng cháo zài cǐ jiàn lì dū chéng yīn cǐ rén men jiāng xī ān chēng wéi
唐 11 个王朝在此建立都城。因此，人们将西安称为
shí sān cháo gǔ dū
“十三朝古都”。

zuò wéi qiān nián gǔ dū xī ān yōng yǒu shēn hòu de
作为千年古都，西安拥有深厚的
lì shǐ wén huà dǐ yùn bǐ rú yǐ fēng hào dū chéng jīng
历史文化底蕴，比如以丰镐都城、精
měi qīng tóng qì wéi dài biǎo de zhōu wén huà yǐ ē páng gōng
美青铜器为代表的周文化，以阿房宫、
qín shǐ huáng líng bīng mǎ yǒng wéi dài biǎo de dà qín wén huà
秦始皇陵、兵马俑为代表的大秦文化，
yǐ hàn cháng ān chéng sī chóu zhī lù wéi dài biǎo de hàn wén
以汉长安城、丝绸之路为代表的汉文
huà yǐ dà míng gōng dà yàn tǎ qū jiāng chí wéi dài biǎo
化，以大明宫、大雁塔、曲江池为代表
de shèng táng wén huà děng xiàng rén men zhǎn shì le dú shǔ yú
的盛唐文化等，向人们展示了独属于
xī ān de mèi lì
西安的魅力。

▲南京夫子庙

中国历史上的十大古都分别是西安、洛阳、南京、北京、开封、杭州、安阳、郑州、大同、成都。

51 你知道我国的“东极”在哪里吗？

抚远市，隶属于黑龙江省佳木斯市，地处黑龙江、乌苏里江交汇的三角地带，中国陆地最东端，是我国最东部的县级行政单位，素有“华夏东极”和“东方第一县”的美誉。

▲东极广场

东极广场，又称太阳广场，位于黑龙江省佳木斯市抚远市黑瞎子岛镇，是我国陆地领土最东端的地标性景观。

位于中俄边界抚远市境内的黑瞎子岛，是中国最早见到太阳的地方。黑瞎子岛，又称“抚远三角洲”，位于黑龙江省佳木斯市抚远市黑瞎子岛镇，地处黑龙江和乌苏里江的交汇处主航道西南侧，是中国最东端的领土。黑瞎子岛由银龙岛、黑瞎子岛、明月岛3个岛系组成，现有87个岛屿和沙洲，面积约335平方千米。

自1929年中东铁路事件后，苏联一直对该岛实施管辖。2004年10月14日，俄罗斯总统普京访华期间，中俄双方签署《中华人民共和国和俄罗斯联邦关于中俄国界东段的补充协定》，双方边界争议尘埃落定。根据签署的协定：黑瞎子岛一分为二，西侧约171平方千米陆地及其所属水域归中国管辖。

52 哈尔滨为什么被称为“东方小巴黎”？

哈尔滨是黑龙江省的省会，东北北部交通、政治、经济、文化中心，也是中国省会城市中面积最大的城市，国家重要的制造业基地。哈尔滨被誉为“欧亚大陆桥的明珠”，是第一条欧亚大陆桥和空中走廊的重要枢纽。哈尔滨也是中国历史文化名城、热门旅游城市和国际冰雪文化名城，素有“冰城”之称。

▲哈尔滨

自1999年开始，每年12月中下旬至次年2月上旬，哈尔滨都会举办“中国·冰雪大世界”活动，每年都会有一个主题，2023年的主题为“龙腾冰雪，逐梦亚冬”。

20世纪初，俄、英、日和捷克等国在哈尔滨设总领事馆，德、法、意等10个国家设领事馆，多国移民的聚集为哈尔滨带来了文化的多样性，其重要表现之一就是建筑风格的多样性。林林总总的各式建筑，成为哈尔滨的一

dà tè sè màn bù yú hā ěr bīn zhōng yāng dà jiē liǎng cè dōu shì shì jì
大特色。漫步于哈尔滨中央大街，两侧都是16世纪、
shì jì de fēng gé jiǒng yì de ōu shì jiàn zhù chōng mǎn le yì yù fēng qíng
17世纪的风格迥异的欧式建筑，充满了异域风情。

hā ěr bīn de jiàn zhù bāo kuò bài zhàn tíng shì jiàn zhù bā luò kè jiàn zhù
哈尔滨的建筑包括拜占廷式建筑、巴洛克建筑、
xīn yì shù yùn dòng jiàn zhù wén yì fù xīng jiàn zhù gǔ diǎn zhǔ yì jiàn zhù děng xǔ
新艺术运动建筑、文艺复兴建筑、古典主义建筑等许
duō lèi xíng hā ěr bīn yě yīn cǐ chéng wéi tǐ xiàn shì jiè jiàn zhù yì shù de bó
多类型。哈尔滨也因此成为体现世界建筑艺术的博
wù guǎn gèng huò dé le dōng fāng xiǎo bā lí de měi yù
物馆，更获得了“东方小巴黎”的美誉。

53 延安为什么被誉为“革命的摇篮”？

yán ān shì shì shǎn xī shěng xiá dì jí shì zhōng guó gé mìng shèng dì guó wù
延安市是陕西省辖地级市，中国革命圣地，国务
yuàn shǒu pī gōng bù de guó jiā lì shǐ wén huà míng chéng
院首批公布的国家历史文化名城。

nián yuè zhōng gòng zhōng yāng hé zhōng yāng hóng jūn shùn lì dào dá yán
1935年10月，中共中央和中央红军顺利到达延
ān shì wú qǐ zhèn yán ān chéng wéi zhōng guó gé mìng de luò jiǎo diǎn hé chū fā diǎn
安市吴起镇。延安成为中国革命的落脚点和出发点，
shì quán guó gé mìng gēn jù dì chéng shì zhōng jiù zhǐ bǎo cún guī mó zuì dà shù liàng zuì
是全国革命根据地城市中旧址保存规模最大、数量最
duō bù jú zuì wéi wán zhěng de chéng shì
多、布局最为完整的城市。

cóng nián dào nián dǎng zhōng
从1935年到1948年，党中
yāng hé máo zhǔ xí děng lǎo yī bèi gé mìng jiā zài
央和毛主席等老一辈革命家在
zhè lǐ shēng huó zhàn dòu le gè chūn qiū lǐng dǎo
这里生活战斗了13个春秋，领导

了抗日战争和解放战争，培育了延安精神（实事求是、理论联系实际的精神，全心全意为人民服务的精神和自力更生、艰苦奋斗的精神），做出了一系列关乎中国革命前途的重大决策。延安是“双拥运动”（“拥军优属，拥政爱民”运动）的发祥地，有着“中国革命博物馆城”的美誉。延安有各类文物遗址点8545处，其中革命遗址445处，因此被誉为“革命的摇篮”。

▲黄帝陵

延安古称肤施、延州，被誉为“三秦锁钥，五路襟喉”，是中华民族重要的发祥地之一，人文始祖黄帝曾居住在这一带，是“天下第一陵”——黄帝陵所在地。

54 济南为什么被称为“泉城”？

济南有四大泉域、十大泉群和733个天然泉。据说在济南城里随便挖个坑，都会有泉水涌出来。这种说法虽然夸张，但也说明济南的泉水数量之多，是当之无愧的“泉城”。

“天下第一泉”风景区位于济南市市中

xīn wèi zhì yōu yuè jiāo tōng biàn lì yóu yī hé hù chéng hé yī hú dà
心，位置优越、交通便利，由一河（护城河）、一湖（大

míng hú sān quán bào tū quán hēi hǔ quán wǔ lóng tán sān
明湖）、三泉（趵突泉、黑虎泉、五龙潭三

dà quán qún sì yuán bào tū quán gōng yuán huán chéng gōng yuán
大泉群）、四园（趵突泉公园、环城公园、

wǔ lóng tán gōng yuán dà míng hú fēng jǐng míng shèng qū zǔ chéng
五龙潭公园、大明湖风景名胜区）组成。

jǐng qū yǐ tiān xià dì yī quán bào tū quán wéi hé xīn quán
景区以“天下第一泉”趵突泉为核心，泉

liú chéng hé zài huì chéng hú bìng yǔ míng fǔ gǔ chéng xiāng yī
流成河、再汇成湖，并与明府古城相依

xiāng shēng quán hé hú chéng róng wéi yī tǐ jí zhōng zhǎn
相生，泉、河、湖、城融为一体，集中展

xiàn le dú tè de quán shuǐ shuǐ yù fēng guāng
现了独特的泉水水域风光。

▲黑虎泉

济南的泉水不仅数量多，而且形态各异，有的呈喷涌状，有的呈瀑布状，有的呈湖湾状。盛水时节，在泉涌密集区，还会呈现“家家泉水，户户垂柳”和“清泉石上”的绮丽风光。

55 为什么说“洛阳牡丹甲天下”？

mǔ dan huā huā sè yàn lì xiāng wèi qìn rén xīn pí sù yǒu huā zhōng zhī
牡丹花花色艳丽、香味沁人心脾，素有“花中之
wáng de měi yù shì wǒ guó chuán tǒng míng huā qí zì gǔ jiù yǒu fù guì jí xiáng
王”的美誉，是我国传统名花。其自古就有富贵吉祥、
fán róng chāng shèng de yù yì tǐ xiàn yāng yāng dà guó de fēng fàn
繁荣昌盛的寓意，体现泱泱大国的风范。

mǔ dan xǐ huan yáng guāng nài hán nài gān hàn luò yáng shǔ yú wēn dài jì
牡丹喜欢阳光、耐寒、耐干旱。洛阳属于温带季
fēng qì hòu hěn shì hé mǔ dan shēng zhǎng yī hé luò hé dài lái de huǒ shān yán
风气候，很适合牡丹生长。伊河、洛河带来的火山岩，
jīng guò hěn duō nián de chén diàn zhī hòu shǐ luò yáng tǔ rǎng zhōng hán yǒu jiào gāo de wēi
经过很多年的沉淀之后，使洛阳土壤中含有较高的微
liàng yuán sù rú tóng xīn měng děng tā men kě yǐ
量元素（如铜、锌、锰等），它们可以
cù jìn mǔ dan shēng zhǎng yǒu zhù yú huā lěi de xíng chéng
促进牡丹生长，有助于花蕾的形成。

mǔ dan shì zhōng guó tè yǒu de mù běn míng guì huā
牡丹是中国特有的木本名贵花
huì yǒu shù qiān nián de zì rán shēng zhǎng lì shǐ luò yáng
卉，有数千年的自然生长历史。洛阳
mǔ dan de zāi péi shǐ yú suí cháo xīng yú táng cháo zài
牡丹的栽培始于隋朝，兴于唐朝，在
sòng cháo wén míng tiān xià
宋朝闻名天下。

xiāng chuán wǔ zé tiān zài hán dōng shí shè yàn shǎng
相传，武则天在寒冬时设宴赏

▲牡丹花

1985年5月，牡丹被评为中国十大名花之一。牡丹也是洛阳、菏泽、彭州、铜陵、牡丹江、宁国的市花。

huā lìng bǎi huā zhàn fàng zhǐ yǒu mǔ dan méi yǒu fú cóng yú shì wǔ zé tiān bǎ mǔ
花，令百花绽放，只有牡丹没有服从，于是武则天把牡
dan biǎn dào luò yáng shuí zhī qiān rù luò yáng hòu mǔ dan jìng kāi shǐ tǔ ruǐ nù
丹贬到洛阳。谁知迁入洛阳后，牡丹竟开始吐蕊怒
fàng wǔ zé tiān tīng shuō hòu mìng rén huǒ shāo mǔ dan mǔ dan zhī gàn bèi shāo
放。武则天听说后，命人火烧牡丹。牡丹枝干被烧
jiāo dì èr nián què yī jiù shèng fàng qiě huā duǒ gèng dà yán sè gèng yàn lì yú
焦，第二年却依旧盛放，且花朵更大，颜色更艳丽，于
shì luò yáng mǔ dan wén míng tiān xià zhèng rú táng dài shī rén liú yǔ xī suǒ zàn
是洛阳牡丹闻名天下。正如唐代诗人刘禹锡所赞：
wéi yǒu mǔ dan zhēn guó sè huā kāi shí jié dòng jīng chéng
“唯有牡丹真国色，花开时节动京城。”

56 我国第一个电影制片厂在哪里？

cháng chūn diàn yǐng zhì piàn chǎng wèi yú jí lín shěng cháng chūn shì cháo yáng qū shì
长春电影制片厂位于吉林省长春市朝阳区，是
zhōng guó dì yī jiā diàn yǐng zhì piàn chǎng chéng lì yú nián yuè rì
中国第一家电影制片厂，成立于1945年10月1日。
tā zài zhōng guó diàn yǐng fā zhǎn shǐ shang yǒu zhe bù kě qǔ dài de lì shǐ dì wèi
它在中国电影发展史上有着不可取代的历史地位，
bèi chēng wéi zhōng guó diàn yǐng de yáo lán zài zhè lǐ dàn shēng le wú shù yōu xiù
被称为“中国电影的摇篮”。在这里诞生了无数优秀
de yǎn yuán pāi shè le duō bù yǐng shì piàn yì zhì diàn yǐng duō bù
的演员，拍摄了900多部影视片，译制电影1000多部。

cháng chūn diàn yǐng zhì piàn chǎng bàn suí le jǐ dài
长春电影制片厂伴随了几代
rén de chéng zhǎng jiàn zhèng le zhōng guó diàn yǐng de
人的成长，见证了中国电影的
fā zhǎn shǐ
发展史。

cháng chūn diàn yǐng zhì piàn chǎng chuàng zào le
长春电影制片厂创造了
qī gè dì yī dì yī bù mù ǒu dòng huà piàn
七个第一：第一部木偶动画片
huáng dì mèng dì yī bù dòng huà piàn wèng
《皇帝梦》、第一部动画片《瓮
zhōng zhuō biē dì yī bù kē jiào piàn yù fáng
中捉鳖》、第一部科教片《预防
shǔ yì dì yī bù gù shi piàn qiáo dì
鼠疫》、第一部故事片《桥》、第

一部短片《留下他打老蒋》、第一部纪录片《民主东北》、第一部译制片《普通一兵》。1949年4月之后，《刘三姐》《白毛女》等影片陆续摄制完成。

20世纪90年代后期，长春电影制片厂遭遇经济危机。在历经改革之后，长春电影制片厂在全国电影业中率先完成转型。如今，长春电影制片厂摇身一变，成为长影博物馆，人们在此可以通过多种科技手段了解长春电影制片厂的辉煌历史。

▲长春电影制片厂

2020年12月17日，长春电影制片厂入选“第四批国家工业遗产”名单。2022年3月，吉林省人民政府将长春电影制片厂列为吉林省历史文化街区。

57 你知道甲骨文的故乡在哪里吗？

甲骨文是镌刻或写在龟甲和兽骨上的文字。绝大部分甲骨文发现于中国河南省安阳市殷墟。

殷墟是著名的殷商时代遗址。这里曾是商代后期商王盘庚至帝辛的都城，史称“殷”。商灭国后，这里成为废墟，后人便以“殷墟”命名。因此，甲骨文也

称"殷墟文字"。其内容绝大多数是王室占卜之辞，故又称"卜辞""贞卜文字"。这种文字基本上都是由契刻而成，又称"契文"或"殷契"等。

甲骨文距今已有3000余年，它不仅是研究我国文字源流最早的系统性资料，同时也是研究中国书法的重要资料。从书法的角度观察，甲骨文已具备了书法的用笔、结字、章法3个基本要素。

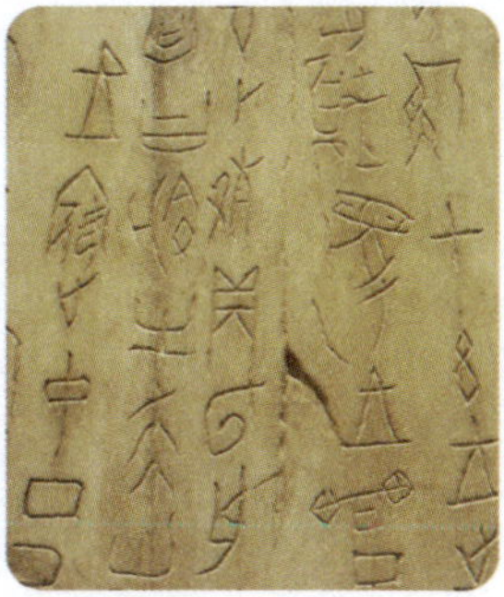

▲甲骨文

除殷墟外，河南辉县、偃师、洛阳、郑州二里岗及河北藁城等地的商代遗址也有有字甲骨出土。山西洪洞、北京昌平等地还发现了周代的有字甲骨。

1984年，学者胡厚宣曾统计，从1899年首次发现甲骨文，全世界共计出土甲骨154600多片。其中大陆收藏97600多片，台湾收藏30200多片，香港收藏89片，全国总计收藏127900多片。此外，日本、加拿大、英国、美国等国家共收藏了26700多片。这些甲骨上刻的单字约4500个，如今已释读出的字有2000个左右。

58 皮影戏为什么又叫“影子的故事”？

皮影戏，旧称“影子戏”“灯影戏”，是一种用蜡烛或燃烧的酒精等光源照射用兽皮或纸板做成的人物剪影，以表演故事的民间戏剧，因此也被称为“影子的故事”。表演时，艺人们在白色幕布后面，一边操纵戏曲人物，一边用当地流行的曲调唱述故事（有时用方言），同时配以打击乐器和弦乐器伴奏，有浓厚的乡土

气息。

中国地域广阔，各地的皮影都有自己的特色，但皮影的制作程序大多相同，通常要经过选皮、制皮、画稿、过稿、镂刻、敷彩、发汗熨平、缀结合成8道工序，手工雕刻3000余刀，是一个复杂而奇妙的过程。绘画染色方面，女性发饰及衣饰多以花、草、云、凤等纹样为图案，男性则以龙、虎、水、云等纹样为图案。人物造型与戏剧人物一样，生、旦、净、末、丑角色齐全。制成的皮影有的高达55厘米，有的低约10厘米。皮影人的四肢和头部是分别雕刻的，再用线联缀而成，以便表演时能活动自如。

▲皮影戏

据史书记载，皮影戏始于春秋战国，兴于汉朝，盛于宋代，元代时期传至西亚和欧洲。2011年11月27日，联合国教科文组织把中国皮影戏列入人类非物质文化遗产代表作名录。

59 扭秧歌的寓意是什么？

▲扭秧歌表演

秧歌一般有两种表演形式：一种是踩跷表演的“高跷秧歌”，另一种则是不踩跷表演的“地秧歌”。如今人们常说的秧歌大多指地秧歌。

niǔ yāng ge shì wǒ guó běi fāng dì qū guǎng fàn liú chuán de yī zhǒng mín jiān wǔ dǎo zài zhōng guó yǐ yǒu qiān nián de lì shǐ tā bù jǐn shì yī zhǒng yú lè fāng shì yě shì zhōng guó chuán tǒng wén huà de zǔ chéng bù fen

扭秧歌是我国北方地区广泛流传的一种民间舞蹈，在中国已有千年的历史。它不仅是一种娱乐方式，也是中国传统文化的组成部分。

yāng ge yuán yú nóng shì huó dòng qiǎo miào de róng hé le mín jiān de yī xiē xí sú jì sì děng huó dòng yù yì zhe xīn de yī nián hé jiā huān lè fēng tiáo yǔ shùn wǔ gǔ fēng dēng

秧歌源于农事活动，巧妙地融合了民间的一些习俗、祭祀等活动，寓意着新的一年阖家欢乐、风调雨顺、五谷丰登。

féng nián guò jié běi fāng hěn duō dì qū dōu huì zǔ zhī yāng ge duì wǔ zhě zhuāng bàn chéng gè zhǒng rén wù shǒu chí shàn zi shǒu pà huò cǎi chóu děng qǐ wǔ chǎng miàn shí fēn rè nao

逢年过节，北方很多地区都会组织秧歌队，舞者装扮成各种人物，手持扇子、手帕或彩绸等起舞，场面十分热闹。

重要的工业摇篮

丰富的矿产资源，
为北方地区重工业的腾飞，
打下了坚实的基础。

60 为什么说石油是“工业的血液”？

shí yóu shì yī zhǒng yùn cáng zài dì qiào
石油是一种蕴藏在地壳
zhōng de nián chóu de shēn hè sè de yè tǐ
中的黏稠的、深褐色的液体。
shí yóu kě fēn wéi yuán yóu tiān rán qì tiān
石油可分为原油、天然气、天
rán qì yè jí tiān rán jiāo yóu děng xíng shì
然气液及天然焦油等形式。

shí yóu de yòng tú yǒu hěn duō tā
石油的用途有很多，它
kě yǐ bèi yòng zuò rán liào wèi lù dì hǎi
可以被用作燃料，为陆地、海
shàng hé kōng zhōng jiāo tōng tí gōng
上和空中交通提供
dòng lì zài xiàn dài guó fáng fāng
动力。在现代国防方
miàn xīn xíng wǔ qì chāo yīn
面，新型武器、超音
sù fēi jī dǎo dàn hé huǒ jiàn
速飞机、导弹和火箭
suǒ yòng de rán liào dōu shì cóng shí
所用的燃料都是从石
yóu zhōng tí liàn chū lái de shí
油中提炼出来的。石
yóu hái shi zhòng yào de huà gōng yuán
油还是重要的化工原

料。我们身边很多生活用品都是直接或间接由石油生产而来的，如塑料、合成纤维、合成橡胶、合成洗涤剂等。

虽然石油在地球上广泛存在，但它的形成需要数百万年的时间，且石油的消耗速度远远快于其自然形成的速度。随着石油在全球的广泛应用，人们开始关注石油是否会耗尽的问题。石油及石油产品不仅是生活必需品，更是现代工业、农业、国防的重要物资。现代工业离不开石油，就像人体离不开血液一样，如果没有石油，工业生产将无法正常进行。因此，可以毫不夸张地说，石油是“工业的血液”。

▲油田

我国石油资源主要分布在渤海湾、松辽、塔里木、鄂尔多斯、准噶尔、珠江口、柴达木和东海陆架八大盆地中。

61 大庆油田是怎样被发现的？

nián měi guó shí yóu gōng sī de dì zhì kān cè duì wu zài zhōng guó jìng
1913年，美国石油公司的地质勘测队伍在中国境
nèi dào chù zhǎo xún shí yóu zuì zhōng wú gōng ér fǎn yú shì měi guó dì zhì kān
内到处找寻石油，最终无功而返。于是，美国地质勘
cè duì de quán wēi jiào shòu duàn yán zhōng guó chǎn bù chū dà liàng shí yóu
测队的权威教授断言：中国产不出大量石油。

shì jì nián dài zhōng guó chǔ zài pín yóu jǐng jiè xiàn shang quán guó zhǐ
20世纪50年代，中国处在贫油警戒线上，全国只
yǒu yù mén lǎo jūn miào děng gè xiǎo yóu tián yǐ jí sì chuān shèng dēng shān shí yóu
有玉门老君庙等3个小油田，以及四川圣灯山、石油

沟2个小气田。国外专家关于“中国贫油”的说法似乎已成定论。然而，以李四光为代表的地质学家们坚信“陆相地层可以生油”。

1958年，石油部地质勘探司收到了以邱中健为队长的116松辽平原综合研究队编写的总结报告，报告中指出：松辽平原石油地质条件优越，是一个含油远景极具希望的地区。

1958年7月至8月，松辽盆地第一口和第二口基准井开钻，都没有得到工业油流，但为进一步勘探石油积累了可贵的经验。1959年9月26日，松基三井第一次喷出了工业油流——大庆油田被发现。中国从此打破了帝国主义的封锁，摘掉了“贫油国”的帽子，在石油大国的道路上越走越稳。

▲大庆油田

大庆油田是目前我国最大的油田，也是世界上为数不多的特大型砂岩油田。截至2023年3月26日，大庆油田已累计生产原油逾25亿吨，占全国陆上原油总产量的36%。

62 我国最大的煤炭基地在哪里?

煤炭是我国第一大能源。在各省区中,山西省的煤炭产量最多,每年都有大量的煤炭供应外地,有“煤海”之称。

大同为山西省第二大城市,是国务院批复确定的中部地区重点城市。大同

市境内含煤面积约632平方千米，累计探明储量约376亿吨，是中国最大的煤炭能源基地和国家重化工能源基地。大同是神府、准格尔新兴能源区与京津唐工业区的中心点，素有“凤凰城”和“中国煤都”之称。

大同作为我国的煤炭能源基地和国家重化工能源基地，为国家创造了大量财政收入。大同的煤炭品质优良，埋藏浅，开采条件较优越。大同的煤不仅供应全国，还出口到其他国家。在20世纪80年代，大同与德国的鲁尔、苏联的顿巴斯并称“世界三大煤都”。自中华人民共和国成立以来，大同累计为国家贡献优质动力煤超30亿吨。

近年来，大同大力推动煤炭智能绿色安全开采，物联网、5G等先进技术已经运用于矿井多个生产环节，促进煤炭产业转型升级。

▲燃烧中的煤炭

在液体燃料和气体燃料尚未普及之前，煤炭是人类使用的主要工业燃料，为人类工业文明发展提供了强大动力。

63 鞍山为什么被誉为"钢都"？

鞍山地处辽东半岛中部，因市区南部有一座形似马鞍的山而得名。鞍山的铁矿石资源丰富，已探明的铁矿石储量约占全国储量的1/4，素有"钢都"之称。

鞍山钢铁公司（简称鞍钢），始建于1916年，前身是鞍山制铁所和昭和制钢所，是中国第一个恢复建设的大型钢铁联合企业和最早建成的钢铁生产基地。

70年多前，作为中国最早开工的钢铁企业，鞍钢浇铸了中国的第一炉铁水、第一炉钢水，生产出第一根无缝钢管，创造了钢铁工业的多个"第一"。

鞍钢还是英模辈出的沃土，涌

xiàn chū lǎo yīng xióng mèng tài gòng chǎn zhǔ yì zhàn shì léi
现出“老英雄”孟泰、“共产主义战士”雷
fēng děng yīng mó rén wù wèi quán guó gè dà gāng tiě qǐ yè péi
锋等英模人物，为全国各大钢铁企业培
yǎng shū sòng le chéng qiān shàng wàn de kē jì rén yuán
养输送了成千上万的科技人员。

ān shān yīn gāng ér lì yīn qǐ ér xīng ān shān gāng
鞍山因钢而立，因企而兴，鞍山钢
tiě duō nián lái de fēng yǔ lì chéng qiān dòng zhe ān shān de
铁70多年来的风雨历程牵动着鞍山的
fā zhǎn qǐ fú yě jiàn zhèng le zhōng huá rén mín gòng hé guó chéng
发展起伏，也见证了中华人民共和国成
lì yǐ lái jīng jì jiàn shè qǔ dé de huī huáng chéng jiù
立以来经济建设取得的辉煌成就。

▲千山

鞍山是中国优秀旅游城市、国家森林城市，拥有世界第一玉佛、亚洲著名温泉和国家首批重点风景名胜区千山等旅游资源。

64 天津为什么盛产海盐？

tiān jīn dì chǔ bó hǎi kǒu zǎo zài jǐ qiān nián qián jiù yǒu rén zài hǎi tān shang
天津地处渤海口，早在几千年前就有人在海滩上
yòng hǎi shuǐ shài yán yōu jiǔ de chǎn yán lì shǐ hé yōu zhì de yán chǎng ràng zhè zuò
用海水晒盐。悠久的产盐历史和优质的盐场，让这座
chéng shì cóng rì cháng shēng huó dào jīng jì fā zhǎn dōu lí bù kāi yán
城市从日常生活到经济发展都离不开盐。

tiān jīn hǎi àn xiàn qū zhé dì shì píng tǎn tān tú guǎng kuò hǎi shuǐ yán dù
天津海岸线曲折、地势平坦、滩涂广阔、海水盐度
gāo yǒu lì yú kāi pì yán tián zhè lǐ fēng duō yǔ shǎo rì zhào chōng zú yǒu
高，有利于开辟盐田。这里风多雨少、日照充足，有

lì yú hǎi shuǐ nóng suō yán mín men jù yǒu fēng fù de shài zhì hǎi yán de jīng yàn
利于海水浓缩。盐民们具有丰富的晒制海盐的经验，
shàn yú lì yòng shī dù wēn dù fēng sù děng yǒu lì tiáo jiàn lái zhì yán yīn cǐ
善于利用湿度、温度、风速等有利条件来制盐。因此，
bù lùn shì cóng dì lǐ tiáo jiàn hái shi cóng qì hòu tiáo jiàn lái kàn tiān jīn dōu fēi cháng
不论是从地理条件还是从气候条件来看，天津都非常
shì hé kāi pì yán chǎng
适合开辟盐场。

bó hǎi yán àn de cháng lú yán chǎng shì wǒ guó zuì dà de
渤海沿岸的长芦盐场是我国最大的
hǎi yán chǎn qū qí cóng shān hǎi guān dào huáng huá bāo kuò táng
海盐产区，其从山海关到黄骅，包括塘
gū hàn gū dà gū děng yán tián quán cháng yuē qiān mǐ
沽、汉沽、大沽等盐田，全长约370千米，
chǎn liàng yuē zhàn quán guó hǎi yán zǒng chǎn liàng de qí zhōng
产量约占全国海盐总产量的1/4。其中，
tiān jīn cháng lú hàn gū yán chǎng suǒ chǎn de hǎi yán yīn sè bái
天津长芦汉沽盐场所产的海盐因色白、
lì dà zhì jiān wèi chún bèi chēng wéi lú tái yù shā
粒大、质坚、味醇被称为“芦台玉砂”，
míng qīng liǎng dài hái bèi liè wéi gòng yán
明、清两代还被列为贡盐。

▲天津盐场

生产盐的过程就是利用太阳辐射，把海水中的水分蒸发掉，结晶出盐类物质，因此蒸发条件特别好的地方，才有利于盐的生产。

65 大连的造船工业为什么那么发达？

dà lián wèi yú liáo níng shěng dōng nán bù sān miàn huán hǎi dì lǐ wèi zhì yōu
大连位于辽宁省东南部，三面环海，地理位置优
yuè dà lián gǎng gǎng kuò shuǐ shēn dōng jì bù dòng wàn dūn huò lún chàng tōng wú zǔ
越。大连港港阔水深，冬季不冻，万吨货轮畅通无阻，
fā dá de háng yùn yè wèi dà lián zào chuán gōng yè de fā zhǎn dǎ xià le jiān shí jī chǔ
发达的航运业为大连造船工业的发展打下了坚实基础。

dà lián shì wǒ guó zào chuán yè qǐ bù jiào zǎo de dì qū zhī yī hé zào chuán
大连是我国造船业起步较早的地区之一，和造船
xiāng guān de gōng yè pèi tào shè shī qí quán zài wǒ guó zào chuán gōng yè lǐng yù yī
相关的工业配套设施齐全，在我国造船工业领域一

zhí chǔ yú lǐng xiān dì wèi dà lián shì wǒ guó zuì dà de
直处于领先地位。大连是我国最大的
zhòng gōng yè jī dì liáo zhōng nán gōng yè jī dì de hé
重工业基地——辽中南工业基地的核
xīn qū yù kuàng chǎn zī yuán fēng fù fā zhǎn zhòng gōng yè de
心，区域矿产资源丰富，发展重工业的
yōu shì míng xiǎn dà lián hǎi shì xiāng guān yuàn xiào zhòng duō bǐ
优势明显。大连海事相关院校众多，比
rú dà lián hǎi shì dà xué dà lián lǐ gōng dà xué děng tā
如大连海事大学、大连理工大学等，它
men wèi zào chuán yè péi yǎng le dà liàng de rén cái
们为造船业培养了大量的人才。

tí dào dà lián de zào chuán gōng yè jiù bù néng bù
提到大连的造船工业，就不能不
tí dà míng dǐng dǐng de dà lián zào chuán chǎng tā shì zhōng guó
提大名鼎鼎的大连造船厂。它是中国
jìn dài zǎo qī chuán chǎng zhī yī zài dà lián chéng shì gōng yè
近代早期船厂之一，在大连城市工业
fā zhǎn shǐ shang yǒu jǔ zú qīng zhòng de dì wèi
发展史上有举足轻重的地位。

▲辽宁舰

航空母舰是现代海军不可或缺的武器。2012年9月25日，辽宁舰正式交付海军，航号为“16”，标志着中国航母时代正式开启。

hòu lái dà lián zào chuán chǎng yǔ dà lián zào chuán xīn chǎng hé bìng chéng dà lián
后来，大连造船厂与大连造船新厂合并成大连
chuán bó zhòng gōng jí tuán yǒu xiàn gōng sī shì guó nèi lǐng xiān guó jì zhī míng de chuán
船舶重工集团有限公司，是国内领先、国际知名的船
bó qǐ yè zhōng guó dì yī sōu háng mǔ liáo níng jiàn jiù shì zài dà lián zào
舶企业。中国第一艘航母——辽宁舰就是在大连造
chuán chǎng gǎi zào xià shuǐ de suí hòu zhōng guó zì zhǔ shè jì zhì zào de guó chǎn
船厂改造下水的。随后，中国自主设计制造的国产
háng mǔ shān dōng jiàn yě zài zhè lǐ xià shuǐ biāo zhì zhe dà lián zào chuán yè yíng
航母——山东舰也在这里下水，标志着大连造船业迎
lái le téng fēi
来了腾飞。

66 为什么说“自古山东多良港”？

我国的港口众多，主要分布在沿海地区。而在当前全国排名前十的大型港口中，山东独占3个，分别为青岛港、烟台港和日照港，这在我国所有省份中是绝无仅有的。那么，你知道“自古山东多良港”的原因是什么吗？

首先，因为山东有漫长的海岸线。山东的海岸线有3000多千米，这个长度相当于长江的一半。在如此漫长的海岸线当中，从北至南，有东营港、莱州港、龙口港、蓬莱港、烟台港、威海港、青岛港和日照港等众多港口。其次，山东地势起伏大，沿海地区有很多丘陵，形成了巨大的海拔落差。如果沿海地区是平原，陆地和深水区之间就会被广阔的浅滩阻隔。最后，山东的海岸线曲折，非常适合深水良港的发展。山东几乎所有港口都位于弯曲的海湾内，比如胶州湾的青岛港和渤海莱州湾中的众多港口，这样有利于形成避风港，使船只进出港更加顺利，适合大型船舶停靠。

▲上海港

上海港位于长江入海口处，前通中国南北沿海和世界大洋，后贯长江流域、太湖流域，是全国性的多功能枢纽港，也是全世界屈指可数的亿吨大港之一。

67 为什么说长春是名副其实的工业城？

chángchūn wéi jí lín shěng shěng huì shì yī gè lì shǐ yōu jiǔ de chéng shì
长春为吉林省省会，是一个历史悠久的城市。
zài qīng cháo chángchūn shì zhòng yào de shāng yè chéng shì suí zhe shí dài de biàn qiān
在清朝，长春是重要的商业城市。随着时代的变迁，
chángchūn zhú jiàn fā zhǎn chéng wéi yī gè gōng yè chéng shì
长春逐渐发展成为一个工业城市。

shì jì chū qī chángchūn chéng wéi dōng běi dì qū de jīng jì zhōng xīn
20世纪初期，长春成为东北地区的经济中心。
zhè lǐ dàn shēng le zhōng guó dì yī qì chē zhì zào chǎng zhōng guó dì yī liàng qì chē
这里诞生了中国第一汽车制造厂，中国第一辆汽车——
jiě fàng pái zài zhòng qì chē zài zhè lǐ xià xiàn yóu cǐ kě jiàn chángchūn fā zhǎn qì
解放牌载重汽车在这里下线。由此可见，长春发展汽
chē gōng yè de jī chǔ shì shí fēn xióng hòu de rú jīn xǔ duō zhī míng qì chē gōng
车工业的基础是十分雄厚的。如今，许多知名汽车公

司纷纷在长春投资建厂。因此，长春又被称为“东方底特律”。除了汽车工业，长春还有亚洲最大的轨道车辆生产基地——长春客车厂。该厂可以生产多个品种的铁路客车、地铁、轻轨车辆。中国第一辆磁悬浮列车就在这里诞生。

随着科技的不断发展，长春的光电、有轨电车、医疗制药、新材料等产业也形成集聚效应，并逐渐成为其优势产业。长春也是我国首个电影制作基地，这里诞生了中国第一家电影制片厂，被誉为“东方好莱坞”。

▲长春北湖国家湿地公园

长春被誉为“北国春城”，绿化程度很高，还被评为“全国四大园林城市”之一。这里夏季绿树成荫、气候凉爽，冬季银装素裹、玉树琼枝，分外迷人。

68 辽宁为什么会成为我国重工业的奠基地？

辽宁是我国重要的工业基地，工业门类齐全、体系完备，特别是装备制造、石油、化工、冶金、航空、航海等产业，在国家产业布局中占有重要位置。

作为中国最早建设起来的现代工业基地，辽宁多年来为全国各地提供了大量的工业原料和技术装备，输送了大批管理干部和技术人才，在推进中国工业化进程中发挥了奠基地的作用。

▲铁矿石

辽宁是矿产资源大省，目前已发现的矿产种类有100多种，其中铁、硼、金刚石、滑石、玉石等矿产的保有资源储量在全国名列前茅。

辽宁创造出了1000多项“全国第一”，比如“第一炉钢水”“第一枚国徽”“第一代喷气式歼击机”“第一根无缝钢管”“第一艘航母”……从贡献上来看，辽宁曾撑起全国工业的“半

bì jiāng shān chuàng zào chū shì suǒ hǎn jiàn de gōng yè qí jì
壁江山”，创造出世所罕见的工业奇迹。

liáo níng zhòng gōng yè jī dì yǐ yě jīn jī xiè huà gōng shí yóu méi
辽宁重工业基地以冶金、机械、化工、石油、煤

tàn diàn lì děng gōng yè wéi zhǔ tǐ jì shù shè bèi xiān jìn bù jú hé lǐ yǐ
炭、电力等工业为主体，技术设备先进，布局合理。以

cǐ wéi jī chǔ jīng guò shù shí nián de fā zhǎn liáo níng de gōng yè tǐ xì gèng jiā
此为基础，经过数十年的发展，辽宁的工业体系更加

wán bèi guī mó gèng jiā páng dà lián hé guó chǎn yè fēn lèi mù lù zhōng liè jǔ de
完备、规模更加庞大。联合国产业分类目录中列举的

gè dà lèi gè zhōng lèi gè xiǎo lèi gōng yè háng yè jiǔ chéng zuǒ yòu
41个大类、191个中类、525个小类工业行业，九成左右

dōu néng zài liáo níng zhǎo dào gòng hé guó zhuāng bèi bù de měi yù yě yóu cǐ ér lái
都能在辽宁找到，“共和国装备部”的美誉也由此而来。

69 曾经全国闻名的东北老工业基地为什么会走向衰落？

▲石油化工厂

随着改革开放的深入，曾经辉煌一时的东北老工业基地的经济发展速度逐渐落后于东部沿海地区。对此，国家提出了东北老工业基地振兴战略。

dōng běi lǎo gōng yè jī dì shì zhōng huá rén mín gòng hé
东北老工业基地是中华人民共和
guó chéng lì hòu jiàn chéng de dì yī gè zhòng gōng yè jī dì céng
国成立后建成的第一个重工业基地，曾
chuàng zào le zhōng guó de duō xiàng gōng yè zhī zuì wèi wǒ guó
创造了中国的多项工业之最，为我国
xíng chéng mén lèi qí quán dú lì wán zhěng de gōng yè tǐ xì
形成门类齐全、独立完整的工业体系
zuò chū le lì shǐ xìng gòng xiàn dàn jìn rù shì jì
做出了历史性贡献。但进入20世纪90
nián dài yǐ hòu duō nián de kāi cǎi shǐ dōng běi dì qū yǒu xiàn
年代以后，多年的开采使东北地区有限
de zī yuán miàn lín kū jié jīng jì fā zhǎn xiàn rù kùn jìng
的资源面临枯竭，经济发展陷入困境。

mù qián guó jiā shí shī dōng běi dì qū děng lǎo gōng
目前，国家实施东北地区等老工
yè jī dì zhèn xīng zhàn lüè dà lì tiáo zhěng dōng běi gōng yè
业基地振兴战略，大力调整东北工业
jī dì chǎn yè jié gòu shǐ dōng běi
基地产业结构，使东北
lǎo gōng yè jī dì zhú bù zǒu shàng
老工业基地逐步走上
kē jì hán liàng gāo jīng jì xiào yì
科技含量高、经济效益
hǎo de xīn xíng gōng yè huà dào lù
好的新型工业化道路。

迷人的北国风光

自然景观和人文景观交相辉映，传统文化与现代社会完美融合。

70 “万里长城”真的有一万里长吗？

chángchéng shì zhōngguó gǔ dài de jūn shì fáng yù gōngchéng shì yī dào gāo dà
长城是中国古代的军事防御工程，是一道高大、
jiān gù qiě lián mián bù duàn de cháng yuán zài lì shǐ shang yòng yǐ dǐ yù sài běi yóu
坚固且连绵不断的长垣，在历史上用以抵御塞北游
mù bù luò de qīn xí chángchéng bù shì yī dào gū lì de chéngqiáng ér shì yǐ
牧部落的侵袭。长城不是一道孤立的城墙，而是以
chéngqiáng wéi zhǔ tǐ yǔ dà liàng de chéng zhàng tíng biāo xiāng jié hé de fáng yù
城墙为主体，与大量的城、障、亭、标相结合的防御
tǐ xì
体系。

chángchéng yě shì shì jiè shang xiū jiàn shí jiān zuì cháng gōngchéng liàng zuì dà de
长城也是世界上修建时间最长、工程量最大的

gǔ dài fáng yù gōng chéng zì xī zhōu shí qī kāi shǐ yán xù bù duàn xiū zhù le
古代防御工程，自西周时期开始，延续不断修筑了2000

duō nián fēn bù yú zhōng guó běi bù hé zhōng bù de guǎng dà tǔ dì shang
多年，分布于中国北部和中部的广大土地上。

cháng chéng suī rán bèi chēng zuò wàn lǐ cháng chéng dàn
长城虽然被称作“万里长城”。但

shí jì shàng cháng chéng de zǒng cháng dù què bù zhǐ yī wàn lǐ
实际上，长城的总长度却不止一万里。

jù lì shǐ jì zǎi zì zhàn guó yǐ lái yǒu duō gè zhū
据历史记载，自战国以来，有20多个诸

hóu guó hé fēng jiàn wáng cháo xiū guo cháng chéng qí zhōng qín
侯国和封建王朝修过长城。其中，秦

cháo hàn cháo míng cháo gè cháo dài xiū zhù de cháng chéng dōu
朝、汉朝、明朝3个朝代修筑的长城都

chāo guò le yī wàn lǐ qiān mǐ ruò shì bǎ gè
超过了一万里（5000千米）。若是把各

gè cháo dài xiū zhù de cháng chéng dōu jiā qǐ lái cháng dù kě chāo
个朝代修筑的长城都加起来，长度可超

shí wàn lǐ
十万里。

▲八达岭长城

八达岭长城是明长城最具代表性的一段，地势险要，历来是兵家必争之地。每年都会有成千上万的中外游客到此地参观游览。

71 你知道北京的“三山五园”吗?

sān shān wǔ yuán shì duì běi jīng xī jiāo yán xī shān dào wàn quán hé yī dài
“三山五园”是对北京西郊沿西山到万泉河一带
huáng jiā yuán lín de zǒng chēng sān shān zhǐ xiāng shān yù quán shān wàn shòu shān
皇家园林的总称。“三山”指香山、玉泉山、万寿山，
wǔ yuán zhǐ chàng chūn yuán yuán míng yuán jìng yí yuán jìng míng yuán yí hé yuán
“五园”指畅春园、圆明园、静宜园、静明园、颐和园。

zì liáo jīn yǐ lái běi jīng xī jiāo jí wéi fēng jǐng míng shèng qū xī shān
自辽、金以来，北京西郊即为风景名胜区，西山
yǐ dōng céng luán dié zhàng hú pō zhòng duō quán shuǐ chōng pèi shān shuǐ yìng chèn jù yǒu
以东层峦叠嶂，湖泊众多，泉水充沛，山水映衬，具有
jiāng nán shuǐ xiāng tè zhēng de shān shuǐ zì rán jǐng guān yīn cǐ lì dài wáng cháo dōu xuǎn
江南水乡特征的山水自然景观。因此，历代王朝都选
zé zài cǐ dì yíng jiàn xíng gōng bié yuàn qián lóng shí zēng jiā yù hé shuǐ liàng yǐ mǎn
择在此地营建行宫别苑。乾隆时增加玉河水量以满

zú jīng chéng yòng shuǐ xū
足京城用水需
yào tóng shí wèi fáng hóng
要，同时为防洪
jí fā zhǎn xī jiāo shuǐ
及发展西郊水
dào shēng chǎn dà guī mó
稻生产，大规模
zhěng zhì xī shān shuǐ xì
整治西山水系。
hé hú shuǐ xì de gǎi
河湖水系的改
shàn wèi jìn yī bù jiàn shè xī jiāo fēng jǐng yuán lín dǎ xià jī chǔ
善为进一步建设西郊风景园林打下基础。

sān shān wǔ yuán shì zhōng guó chuán tǒng zào yuán lǐ lùn
“三山五园”是中国传统造园理论
hé shí jiàn de jí dà chéng zhī zuò jiāng yuán lín jiàn zhù zhèng
和实践的集大成之作，将园林、建筑、政
zhì lì shǐ zōng jiào děng róng wéi yī tǐ yǐ wú yǔ lún bǐ
治、历史、宗教等融为一体，以无与伦比
de huī huáng chéng jiù zài shì jiè zào yuán shǐ shang zhǎn xiàn chū càn
的辉煌成就在世界造园史上展现出灿
làn de guāng huī shì yī bù yǐ yuán lín xíng tài biǎo xiàn lì shǐ
烂的光辉，是一部以园林形态表现历史
wén huà de huó shǐ shū
文化的“活史书”。

▲圆明园

圆明园是中国清代大型皇家园林，汇集了江南若干名园胜景，还融合了西方园林建筑，堪称人类文化的宝库之一。

72 为什么说龙门石窟是我国雕塑艺术的结晶？

lóng mén shí kū wèi yú hé nán shěng luò yáng shì luò lóng qū yī hé liǎng àn de
龙门石窟位于河南省洛阳市洛龙区伊河两岸的
lóng mén shān yǔ xiāng shān shang shì shì jiè shang zào xiàng zuì duō guī mó zuì dà de shí
龙门山与香山上，是世界上造像最多、规模最大的石
kè yì shù bǎo kù bèi lián hé guó jiào kē wén zǔ zhī píng wéi zhōng guó shí kè yì
刻艺术宝库，被联合国教科文组织评为“中国石刻艺
shù de zuì gāo fēng
术的最高峰”。

lóng mén shí kū shǐ záo yú běi wèi xiào wén dì nián jiān lì jīng běi wèi dōng
龙门石窟始凿于北魏孝文帝年间，历经北魏、东
wèi xī wèi běi qí děng shí duō gè cháo dài lù xù yíng zào
魏、西魏、北齐等十多个朝代，陆续营造
yú nián shì shì jiè shang yíng zào shí jiān zuì cháng de
1400余年，是世界上营造时间最长的
shí kū
石窟。

lóng mén shí kū de zào xiàng dà dǎn de tū pò le zōng
龙门石窟的造像大胆地突破了宗
jiào hé lǐ jiào de shù fù róng rù le dà liàng de shì sú shēng
教和礼教的束缚，融入了大量的世俗生
huó de zào xíng hé qíng jǐng jiāng shì sú hé zōng jiào róng wéi yī
活的造型和情景，将世俗和宗教融为一
tǐ yòng xiàn shí zhǔ yì hé làng màn zhǔ yì xiāng jié hé de shǒu
体，用现实主义和浪漫主义相结合的手
fǎ chéng xiàn qì shì huī hóng xǔ xǔ rú shēng yǒu hěn gāo de
法呈现，气势恢宏，栩栩如生，有很高的

▲古阳洞

古阳洞是龙门石窟开凿最早、保存造像题记最多的洞窟。闻名世界的魏碑作品“龙门二十品”有十九品出自古阳洞。

yì shù jià zhí hé shēn hòu de wén huà nèi hán
艺术价值和深厚的文化内涵。

nián lóng mén wén wù bǎo guǎn suǒ pī zhǔn shè lì lóng mén shí kū duì
1953年，龙门文物保管所批准设立，龙门石窟对
guó nèi yóu kè kāi fàng lóng mén shí kū xiàn cún gè kū kān jìn wàn
国内游客开放。龙门石窟现存2345个窟龛、近11万
zūn fó xiàng duō kuài tí jì bēi kè jìn zuò fó tǎ bǎo cún zhe dà
尊佛像、2800多块题记碑刻、近80座佛塔，保存着大
liàng de zōng jiào měi shù shū fǎ yīn yuè fú shì yī yào jiàn zhù děng fāng miàn
量的宗教、美术、书法、音乐、服饰、医药、建筑等方面
de shí wù shǐ liào kān chēng yī zuò dà xíng shí kè yì shù bó wù guǎn nián
的实物史料，堪称一座大型石刻艺术博物馆。2000年
yuè lóng mén shí kū bèi liè rù shì jiè yí chǎn míng lù
11月，龙门石窟被列入世界遗产名录。

73 山海关为什么被称为“天下第一关”？

山海关之所以被誉为“天下第一关”，是因为其重要的地理位置。山海关是万里长城东部起点的第一座关隘，在古代是关外进入中原的门户，是阻挡北方少数民族入侵的军事要塞。它依山临海，易守难攻，是名副其实的战略要地。

山海关始建于明朝，距离当时的京城大约只有280千米，而且两地之间的地形以利于骑兵冲杀的平原为主。正因如此，山海关关乎明王朝京师的安全，是重要的军事要塞。从明朝中后期开始，山海关逐渐赢得了“天下第一关”的称号，表明其扼守辽西走廊、护卫华北平原的重要地理价值。

山海关不仅是军事要地，也是商贸重镇。山海关在明清时期的商贸地位尤为显著，其位于河北省与辽宁省的交界处，是中原地区和东北地区商贸往来的重要枢纽。

山海关也是一座文化古城，这里的建筑融合了明清时期的建筑风格，特别是一些四合院民居，极具特色。

▲山海关

山海关，又称榆关，地势险要，为古碣石所在地。著名词人纳兰性德在《长相思》中写道“山一程，水一程，身向榆关那畔行，夜深千帐灯”，其中的“榆关”指的就是山海关。

74 为什么说云冈石窟具有极高的艺术价值？

yún gāng shí kū yuán míng líng yán sì wèi yú shān xī shěng dà tóng shì xī
云冈石窟，原名“灵岩寺”，位于山西省大同市西
jiāo wǔ zhōu shān nán lù yǔ dūn huáng mò gāo kū luò yáng lóng mén shí kū hé tiān shuǐ
郊武州山南麓，与敦煌莫高窟、洛阳龙门石窟和天水
mài jī shān shí kū bìng chēng wéi zhōng guó sì dà shí kū yì shù bǎo kù
麦积山石窟并称为“中国四大石窟艺术宝库”。

běi wèi tǒng zhì zhě chóng shàng fó jiào guǎng jiàn sì yǔ dà kāi shí kū yún
北魏统治者崇尚佛教，广建寺宇，大开石窟。云
gāng shí kū shì shí kū yì shù zhōng guó huà de kāi shǐ cóng zǎo qī zhōng qī
冈石窟是石窟艺术“中国化”的开始，从早期、中期、
wǎn qī de shí kū fēng gé de biàn huà kě yǐ kàn chū fó jiào yì shù zhōng guó huà
晚期的石窟风格的变化，可以看出佛教艺术“中国化”
de bù duàn shēn rù yóu
的不断深入。尤
qí shì wǎn qī shí kū de
其是晚期石窟的

bù jú hé zhuāng shì zhǎn xiàn le nóng yù de zhōng guó shì jiàn zhù zhuāng shì fēng gé yún
布局和装饰，展现了浓郁的中国式建筑装饰风格。云
gāng shí kū de kāi záo jiā qiáng le zhōng xī wén huà de jiāo liú duō zhǒng fó jiào yì shù
冈石窟的开凿加强了中西文化的交流，多种佛教艺术
zào xiàng fēng gé zài yún gāng shí kū shí xiàn le róng hé yún gāng shí kū de jiàn chéng
造像风格在云冈石窟实现了融合。云冈石窟的建成
zhí jiē yǐn qǐ le wǒ guó lì shǐ shang zhōng xī wén huà jiāo liú
直接引起了我国历史上中西文化交流
de dì èr cì gāo cháo shǐ fó jiào wén huà fā yáng guāng dà
的第二次高潮，使佛教文化发扬光大。

yún gāng shí kū xíng xiàng de jì lù le yìn dù jí zhōng
云冈石窟形象地记录了印度及中
yà fó jiào yì shù zhōng guó huà de lì shǐ guǐ jì tǐ xiàn
亚佛教艺术“中国化”的历史轨迹，体现
le shì jiè fó jiào wén huà zài zhōng guó zhú jiàn shì sú huà mín
了世界佛教文化在中国逐渐世俗化、民
zú huà de qū shì
族化的趋势。

▲云冈石窟第三窟

第三窟是云冈石窟中最大的石窟，前面断崖高25米，中上部凿有12个方形石孔。窟分前后两室，后室雕一佛二菩萨像，佛像两颊腴润，体态丰满，形态自然，衣纹流畅。

75 你知道西安大雁塔吗？

大雁塔是西安的一座地标性建筑，位于大慈恩寺内，又名“慈恩寺塔”。大雁塔始建于唐永徽三年（652年），是玄奘法师为保存从天竺经丝绸之路带回长安的经卷、佛像和舍利而主持修建的五层佛塔，经过多次改建后，固定为现在的七层佛塔。整

zuò tǎ tōng gāo yuē mǐ fēn wéi tǎ chà tǎ shēn hé tǎ
座塔通高约65米，分为塔刹、塔身和塔
zuò sān bù fen tǎ nèi yǒu mù zhì lóu tī pán xuán ér shàng
座三部分，塔内有木质楼梯盘旋而上，
zhí zhì dǐng céng měi céng jiē yǒu dōng xī nán běi sì gè
直至顶层，每层皆有东、西、南、北四个
xuàn dòng yī céng sì gè xuàn dòng mén méi zhī shàng dōu yǒu jīng měi
券洞，一层四个券洞门楣之上都有精美
de táng dài fó jiào xiàn kè huà
的唐代佛教线刻画。

▲西安大雁塔

西安市有多处遗产被列入世界遗产名录，包括秦始皇陵及兵马俑坑、大雁塔、小雁塔、唐长安城大明宫遗址、汉长安城未央宫遗址、兴教寺塔。

dà yàn tǎ zuò wéi xiàn cún zuì zǎo guī mó zuì dà de
大雁塔作为现存最早、规模最大的
táng dài sì fāng lóu gé shì zhuān tǎ bù jǐn shì gǔ dài yìn dù
唐代四方楼阁式砖塔，不仅是古代印度
fó tǎ jiàn zhù yǔ zhōng guó chuán tǒng mù jié gòu jiàn zhù róng hé
佛塔建筑与中国传统木结构建筑融合
de zhòng yào fàn lì yě shì zhōng guó gǔ dài fǎng mù jié gòu lóu
的重要范例，也是中国古代仿木结构楼
gé shì zhuān tǎ de diǎn fàn tā wán zhěng de bǎo liú le táng dài fó tǎ hóng wěi zhuàng
阁式砖塔的典范。它完整地保留了唐代佛塔宏伟壮
guān de fēng gé céng yǒu táng dài xué zǐ zài dà yàn tǎ jiǎo xià tí míng cí ēn tǎ
观的风格。曾有唐代学子在大雁塔脚下题名“慈恩塔
xià tí míng chù shí qī rén zhōng zuì shào nián yīn cǐ liú xià le yàn tǎ tí míng
下题名处，十七人中最少年”，因此留下了“雁塔题名”
de diǎn gù
的典故。

hòu lái rén men yǐ dà yàn tǎ wéi zhōng xīn xiū jiàn le dà yàn tǎ guǎng chǎng
后来，人们以大雁塔为中心修建了大雁塔广场，
bāo kuò běi guǎng chǎng nán guǎng chǎng yàn tǎ dōng yuàn yàn tǎ xī yuàn yàn tǎ nán
包括北广场、南广场、雁塔东苑、雁塔西苑、雁塔南
yuàn bù xíng jiē hé shāng mào qū děng chéng wéi rén men xiū xián guān guāng de hǎo dì fang
苑、步行街和商贸区等，成为人们休闲观光的好地方。

76 你知道兵马俑的由来吗？

bīng mǎ yǒng jí qín shǐ huáng líng bīng mǎ yǒng yì jiǎn chēng qín bīng mǎ yǒng
兵马俑，即秦始皇陵兵马俑，亦简称“秦兵马俑”
huò qín yǒng shì gǔ dài mù zàng diāo sù de yī gè lèi bié
或“秦俑”，是古代墓葬雕塑的一个类别。

gǔ dài nú lì shè huì shí qī yǒu jūn zhǔ sǐ hòu yòng nú lì huó rén xùn zàng
古代奴隶社会时期有君主死后用奴隶活人殉葬
de zhì dù qín shǐ huáng zài xiū jiàn zì jǐ de líng mù shí chéng xiàng lǐ sī rèn wéi
的制度，秦始皇在修建自己的陵墓时，丞相李斯认为
yòng huó rén xùn zàng guò yú cán kù quàn qí gǎi wéi yòng táo yǒng xùn zàng qín shǐ huáng
用活人殉葬过于残酷，劝其改为用陶俑殉葬。秦始皇
shēng qián tǒng shuài liù jūn sǐ hòu yě yào páng dà de jūn duì lái bǎo jià hù háng zhè
生前统帅六军，死后也要庞大的军队来保驾护航，这

jiù shì qín shǐ huáng
就是秦始皇
líng bīng mǎ yǒng de
陵兵马俑的
yóu lái
由来。

qín shǐ huáng
秦始皇
líng bīng mǎ yǒng bèi
陵兵马俑被
yù wéi shì jiè dì
誉为“世界第
bā dà qí jì wén míng xiá ěr cóng mù qián kāi wā de sān gè kēng lái kàn qín
八大奇迹”，闻名遐迩。从目前开挖的三个坑来看，秦
shǐ huáng líng bīng mǎ yǒng chéng pǐn zì pái liè lǐ miàn yǒu duō jiàn fǎng zhēn
始皇陵兵马俑呈“品”字排列，里面有8000多件仿真
rén zhēn mǎ de táo yǒng yī jù shēn fèn hé gōng néng de bù
人、真马的陶俑。依据身份和功能的不
tóng měi gè táo yǒng de biǎo qíng shǒu shì dòng zuò yī zhuó
同，每个陶俑的表情、手势、动作、衣着
shèn zhì fà xíng dōu wú yī chóng fù tōng guò bīng mǎ yǒng kēng
甚至发型都无一重复。通过兵马俑坑
nèi táo yǒng de shù liàng hé zhì zuò gōng yì de fán zá chéng dù
内陶俑的数量和制作工艺的繁杂程度，
kě yǐ kàn chū wǒ guó gǔ dài láo dòng rén mín shì duō me de
可以看出我国古代劳动人民是多么的
cōng míng yīn cǐ qín shǐ huáng líng bīng mǎ yǒng yǐ chéng wéi wǒ
聪明。因此，秦始皇陵兵马俑已成为我
guó gǔ dài huī huáng wén míng de yī zhāng jīn zì míng piàn
国古代辉煌文明的一张金字名片。

▲武士俑

兵马俑坑中最多的是武士俑，大部分手执青铜兵器，身穿甲片细密的铠甲，胸前有彩线挽成的结穗。

77 悬空寺真的是悬挂在半空中的吗？

《黑神话：悟空》是以《西游记》为背景的动作角色扮演游戏。该游戏设计取景参考并还原了多地风貌，比如山西大同的悬空寺等。

悬空寺修建于1500多年前的魏晋南北朝时期，是佛、道、儒三教合一的寺庙。悬空寺原名为玄空阁，后

lái gǎi míng wéi xuán kōng
来改名为悬空
sì zhè shì yīn wèi
寺，这是因为
zhěng zuò sì yuàn kàn shàng
整座寺院看上
qù jiù xiàng xuán guà zài
去就像悬挂在
xuán yá zhī shàng
悬崖之上。
zài zhōng guó zhòng
在中国众
duō de sì miào zhōng xuán kōng sì chēng de shàng shì qí miào de jiàn zhù zhè lǐ shān shì
多的寺庙中，悬空寺称得上是奇妙的建筑。这里山势
dǒu jùn liǎng biān shì zhí lì bǎi yú mǐ rú tóng fǔ pī dāo
陡峻，两边是直立百余米、如同斧劈刀
xiāo yī bān de xuán yá ér xuán kōng sì jiù jiàn zài zhè xuán yá
削一般的悬崖，而悬空寺就建在这悬崖
shang wèi xuán kōng sì zēng tiān le shén mì hé zhuàng guān de sè
上，为悬空寺增添了神秘和壮观的色
cǎi xuán kōng sì zài xuǎn zhǐ shang shì yǒu jiǎng jiu de yóu yú
彩。悬空寺在选址上是有讲究的，由于
jiàn zài yá bì āo jìn qù de bù fen liǎng biān tū chū de shān
建在崖壁凹进去的部分，两边突出的山
yá bù jǐn néng gòu wèi qí dǐ dǎng fēng yǔ hé tài yáng bào shài
崖不仅能够为其抵挡风雨和太阳暴晒，
hái néng bì miǎn gǔn shí luò xià lái zá dào xuán kōng sì
还能避免滚石落下来砸到悬空寺。

▲悬空寺

除了山西，《黑神话：悟空》中还展现了其他地区的特色，比如天津蓟州独乐寺、四川安岳茗山寺、重庆大足石刻等。这些不同地区的自然景观和人文风貌各具特色，展现了中国地理的多样性。

78 泰山为什么被尊称为“五岳之首”？

泰山，古称岱宗，主峰在山东省泰安市北部，海拔约1545米，以“五岳之首”的盛名享誉古今。不过，关于泰山被尊称为“五岳之首”的原因，众说纷纭。

说法一：因为古代人崇尚太阳，觉得太阳是万物生命之源。日出东方，而在五岳中，泰山的位置是最靠东的，所以古人就把泰山看作是最靠近太阳的地方，所以以此为尊。

说法二：泰山拥有悠久的历史文化传统。在古

dài xǔ duō dì wáng jiāng tài shān shì wéi jì sì hé fēng shàn de
代，许多帝王将泰山视为祭祀和封禅的

shén shèng zhī dì jù shǐ shū jì zǎi zì yáo shùn shí dài
神圣之地。据史书记载，自尧舜时代

qǐ lì dài dì wáng duō cì zài tài shān jìn xíng fēng shàn huó
起，历代帝王多次在泰山进行封禅活

dòng yǐ shì duì tiān dì shén míng de jìng yì zhè zhǒng jì sì
动，以示对天地神明的敬意。这种祭祀

huó dòng zài qín shǐ huáng hàn wǔ dì děng dì wáng de zhí zhèng shí
活动在秦始皇、汉武帝等帝王的执政时

qī dá dào gāo cháo shǐ tài shān zài lì shǐ shang jù yǒu jǔ zú
期达到高潮，使泰山在历史上具有举足

qīng zhòng de dì wèi
轻重的地位。

shuō fǎ sān tài shān zì gǔ yǐ lái jiù shì dào jiào
说法三：泰山自古以来就是道教、

rú jiào hé fó jiào sān jiào gòng cún de shèng dì zhè zhǒng zōng
儒教和佛教三教共存的圣地。这种宗

jiào róng hé shǐ tài shān chéng wéi wǔ yuè zhōng zōng jiào wén huà zuì wéi fēng fù de yī zuò shān
教融合使泰山成为五岳中宗教文化最为丰富的一座山。

▲泰山南天门

由于皇帝的封禅活动和泰山的壮丽景色，历史上许多文化名人都曾登临泰山，留下流传千古的诗篇，比如杜甫的《望岳》。

你知道吗？

关于北方地区，还有许多问题值得我们思考和学习。快来看看，你知道这些问题的答案吗？

79

在我国，东北地区黑土集中，黄土高原地区主要分布着黄土……为什么不同地区的土壤会呈现不同的颜色呢？

80

济南的泉水众多，其中趵突泉最为著名。你知道为什么趵突泉号称“天下第一泉”吗？

81

春季时，我国北方地区，尤其是华北平原容易出现沙尘天气，这是为什么呢？

82

黄河三角洲湿地是世界上少有的河口湿地生态系统，位于山东省东北部的渤海沿岸，为中国著名的六大湿地之一。黄河三角洲湿地对当地的自然环境有什么影响？

83

黑龙江北部的“北大荒”全国闻名。你知道除了东北地区的“北大荒”，还有个“南大荒”吗？

84

麋鹿是世界珍稀动物，它还有个名字叫“四不像”。你知道这是为什么吗？

85

北方地区的冬季非常寒冷，聪明的劳动人民为此发明了土炕。你知道北方的土炕是怎样修建的吗？

86

喝腊八粥是腊八节的习俗。你知道美味的腊八粥是用哪些食材做成的吗？

87

我国人民利用黄土高原的有利地形，凿洞而居，创造了被称为“绿色建筑”的窑洞。你知道窑洞里面是什么样的吗？

88

山西省是我国的煤炭大省。你知道大量的煤炭燃烧会对环境产生什么影响吗？

89

南京夫子庙、曲阜孔庙、北京孔庙和吉林文庙并称为“中国四大文庙”。你知道孔庙是为了纪念谁而修建的吗？

90

金字塔是一种特殊的建筑物，一般被用作陵墓或祭祀场所。除了闻名世界的埃及金字塔，你知道在中国也有金字塔吗？

91

晋祠是太原的重要地标，更是中国文化遗产的瑰宝。为什么人们常说“不到晋祠，枉到太原”？

92

河北有句谚语：“沧州狮子定州塔，正定菩萨赵州桥。”你知道这说的是华北的哪四样至宝吗？

游学笔记

每一次旅行都是对书本知识的深刻理解和实践。

快将你在旅行途中的收获与感悟记录下来吧！

中国地理365问

陈孝广 主编

②南方地区

编写人员：李洪萍　陈晓峰
王　锐　张梦薇

时代出版传媒股份有限公司
安徽科学技术出版社

图书在版编目(CIP)数据

中国地理 365 问 / 陈孝广主编. -- 合肥: 安徽科学技术出版社,2025.3(2025.5 重印). -- ISBN 978-7-5337-9250-3

Ⅰ. K92-49

中国国家版本馆 CIP 数据核字第 202504B776 号

中国地理365问

ZHONGGUO DILI 365 WEN

陈孝广 主编

出 版 人:王筱文　　选题策划:高清艳　周璟瑜　　特约策划:王秀才　陈　云
责任编辑:周璟瑜　程羽君　李梦婷　　责任校对:李　茜　　责任印制:廖小青
出版发行:安徽科学技术出版社　　http://www.ahstp.net
(合肥市政务文化新区翡翠路 1118 号出版传媒广场,邮编:230071)
电话:(0551)63533330
印　　制:武汉鑫佳捷印务有限公司　　电话:(027)87531181
(如发现印装质量问题,影响阅读,请与印刷厂商联系调换)

开本:889×1194　1/24　　印张:28　　字数:600 千
版次:2025 年 3 月第 1 版　　印次:2025 年 5 月第 2 次印刷

ISBN 978-7-5337-9250-3　　**定价:100.00 元(全 4 册)**

本书部分图片由千目网、千图网、摄图网提供。
本书中参考使用的少量图文,编者未能和著作权人一一取得联系,我们恳请著作权人对此予以谅解,并与本书编者联系,办理签订相关合同、领取稿酬等事宜。

目录

MULU

多样的地形 1

温暖湿润的气候 33

目录

MULU

丰富的水资源 51

富庶的农业 79

目录

MULU

目录

MULU

你知道吗 158

游学笔记 161

多样的地形

雄伟的高原、巍峨的山脉、广阔的平原、低缓的丘陵和四周高、中间低的盆地，组成了复杂多样的南方大地。

93 你知道南方地区的范围吗？

南方地区是指秦岭—淮河一线以南，青藏高原以东的地区，东临东海、黄海，南临南海。从行政区划上来看，南方地区包括江苏省、安徽省、河南省、陕西省、甘肃省南部，云南省，四川省东部，重庆市、湖北省、湖南省、江西省、浙江省、福建省、广东省、广西壮族自治区、贵州省、台湾省、海南省、香港特别行政区、澳

mén tè bié xíng zhèng qū qí lù dì miàn jī yuē zhàn quán guó de
门特别行政区。其陆地面积约占全国的
rén kǒu shù liàng yuē zhàn quán guó de cóng dì xíng
25%，人口数量约占全国的55%。从地形
shang lái kàn nán fāng dì qū zhǔ yào bāo kuò cháng jiāng zhōng xià yóu
上来看，南方地区主要包括长江中下游
píng yuán sì chuān pén dì dōng nán qiū líng hé yún guì gāo yuán děng
平原、四川盆地、东南丘陵和云贵高原等。

xiāng jiào yú wǒ guó qí tā dì qū nán fāng dì qū wěi
相较于我国其他地区，南方地区纬
dù jiào dī rè liàng chōng zú jù hǎi jiào jìn xià jì fēng cóng
度较低，热量充足；距海较近，夏季风从
hǎi yáng chuī xiàng lù dì dài lái chōng zú de jiàng shuǐ suǒ yǐ
海洋吹向陆地，带来充足的降水。所以，
nán fāng dì qū de nóng yè jī chǔ jiào hǎo zì gǔ biàn shì wǒ
南方地区的农业基础较好，自古便是我
guó zhǔ yào de nóng yè fā zhǎn qū yù zhī yī jiāng nán yú
国主要的农业发展区域之一。“江南鱼
mǐ zhī xiāng hú guǎng shú tiān xià zú dōu shì duì qí zhòng
米之乡”“湖广熟，天下足”都是对其重
yào nóng yè dì wèi de miáo shù
要农业地位的描述。

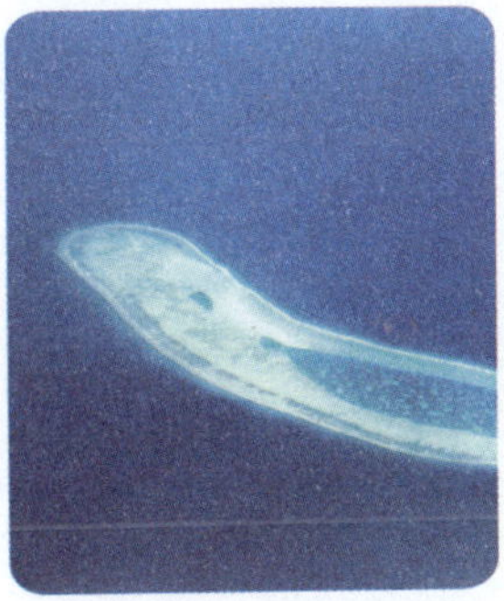

▲西沙群岛

我国南海有众多的岛屿，部分岛屿成群分布，成为群岛，如南沙群岛、西沙群岛、中沙群岛和东沙群岛等。

94 为什么云贵高原东、西部的高度不一样？

云贵高原位于我国西南部，是我国的四大高原之一（其余三大高原为青藏高原、内蒙古高原、黄土高原），西起横断山脉，东到雪峰山，东西长度约1000千米；北至长江，南至云、桂边境，南北宽度为400~800千米，总面积约50万平方千米。从行政区划上来看，云贵高原包括云南省的东部，贵州省，广西壮族自治

qū de xī běi bù hé sì chuān hú běi hú nán děng shěng biān
区的西北部和四川、湖北、湖南等省边
jìng shòu dì qiào yùn dòng yǐng xiǎng qīng zàng gāo yuán lóng qǐ
境。受地壳运动影响，青藏高原隆起。
ér yún guì gāo yuán zhèng chǔ zài hǎi bá jiào gāo de qīng zàng gāo
而云贵高原正处在海拔较高的青藏高
yuán yǔ hǎi bá jiào dī de dōng nán qiū líng zhī jiān de guò dù
原与海拔较低的东南丘陵之间的过渡
dì dài suí zhe qīng zàng gāo yuán hǎi bá chí xù shàng shēng
地带。随着青藏高原海拔持续上升，
yún guì gāo yuán dì shì zì xī běi xiàng dōng nán chéng xiàn jiē tī
云贵高原地势自西北向东南呈现阶梯
shì xià jiàng de tè diǎn
式下降的特点。

gēn jù yún guì gāo yuán nèi bù bù tóng de dì xíng tè
根据云贵高原内部不同的地形特
diǎn zhuān jiā jiāng yún guì gāo yuán fēn wéi yún nán gāo yuán hé guì
点，专家将云贵高原分为云南高原和贵
zhōu gāo yuán liǎng zhě yǐ wū méng shān wéi jiè
州高原，两者以乌蒙山为界。

▲贵州关岭坝陵河大桥

云贵高原地形起伏比较大，加之降水丰富，一旦植被遭到破坏，极易发生水土流失。以前，云贵高原交通非常不便。现今，通过桥梁的修建，云贵高原地区交通条件得到很大改善。

95 横断山脉的名字是怎么来的？

横断山脉又称横断山区，位于青藏高原东南部，是西藏自治区东部和四川省、云南省西部南北向山脉的总称，是我国最长、最宽和最典型的南北向山系。据资料记载，清末江西有一位贡生（科举时代，从府、州、县的秀才中挑选成绩或条件优异者，升入京师的国子监读书，这些人被称为贡生）名叫黄懋材，他从四川经云南到南亚考察河流源头时，发现怒江、澜沧

江之间的山脉自北向南并行，阻断了东西方向上的交通，从而给这个地方的山脉取了个很形象的名字——“横断山”。

横断山脉是欧亚板块（又称亚欧板块）和印度洋板块挤压形成的褶皱山脉。相对于形成于几亿年或者几十亿年前的山脉来说，横断山脉的年龄只有几千万年，可以说是比较年轻的了。横断山区内部地形起伏非常大，山岭和河谷最大高差将近5千米。

▲贡嘎山

科学家认为，山脉往往是由于地壳运动或者火山活动作用形成的。由于地壳运动的速度非常慢，很多山脉的形成需要经过几千万年至上亿年。

96 我国海拔最低的平原是哪个？

zài wǒ guó nán fāng dì qū yǒu yī tiáo zì xī xiàng
在我国南方地区，有一条自西向
dōng bēn téng bù xī de hé liú bǔ yù zhe zhōng huá ér nǚ
东奔腾不息的河流，哺育着中华儿女，
zhè tiáo hé liú jiù shì cháng jiāng cháng jiāng shì wǒ guó zuì cháng
这条河流就是长江。长江是我国最长
de hé liú gēn jù hé duàn tè zhēng de bù tóng fēn wéi shàng
的河流，根据河段特征的不同，分为上
yóu zhōng yóu xià yóu qí zhōng shàng yóu hé zhōng yóu de fēn
游、中游、下游。其中上游和中游的分
jiè xiàn shì hú běi yí chāng zhōng yóu hé xià yóu de fēn jiè
界线是湖北宜昌，中游和下游的分界
xiàn shì jiāng xī hú kǒu cháng jiāng zhōng xià yóu fēn bù zhe wǒ
线是江西湖口。长江中下游分布着我

guó sān dà píng yuán zhī yī de cháng jiāng zhōng xià yóu píng yuán
国三大平原之一的长江中下游平原。

cháng jiāng zhōng xià yóu píng yuán zì xī xiàng dōng fēn wéi dòng
长江中下游平原自西向东分为洞
tíng hú píng yuán jiāng hàn píng yuán pó yáng hú píng yuán sū wǎn
庭湖平原、江汉平原、鄱阳湖平原、苏皖
yán jiāng píng yuán hé cháng jiāng sān jiǎo zhōu qí zhōng jiāng hàn píng
沿江平原和长江三角洲。其中，江汉平
yuán shì yóu cháng jiāng hé hàn jiāng chōng jī xíng chéng de yǔ dòng tíng
原是由长江和汉江冲积形成的，与洞庭
hú píng yuán xiāng lián hé chēng liǎng hú píng yuán jiāng hàn píng
湖平原相连，合称“两湖平原”。江汉平
yuán nèi bù hé liú zòng héng hú pō mì bù dì shì dī píng
原内部河流纵横，湖泊密布，地势低平，
miàn jī yuē wàn píng fāng qiān mǐ jù cè liáng cháng jiāng
面积约4.6万平方千米。据测量，长江
zhōng xià yóu píng yuán dà bù fen dì qū hǎi bá zài mǐ yǐ
中下游平原大部分地区海拔在50米以
xià shì wǒ guó hǎi bá zuì dī de píng yuán
下，是我国海拔最低的平原。

▲武汉长江大桥

一般来说，河流到了下游，地势会变得平缓，水流流速减慢。从上游侵蚀的泥沙会在下游河道两岸不断沉积，长此以往，就会形成冲积平原。

97 为什么说贵阳是装在“石碗”里的城市？

shén me yàng de shí wǎn cái néng zhuāng xià yī gè chéng shì ne yuán lái
什么样的“石碗”才能装下一个城市呢？原来，
suǒ wèi de shí wǎn qí shí shì yī gè shí huī yán pén dì pén dì de sì zhōu wéi
所谓的“石碗”其实是一个石灰岩盆地，盆地的四周围
rào zhe yī quān shí huī yán xiǎo shān zhōng jiān shì yī piàn wēi wēi qǐ fú de róng shí wā
绕着一圈石灰岩小山，中间是一片微微起伏的溶蚀洼
dì zhǐ yǒu wū jiāng de zhī liú nán míng hé liú guò de dì fang cái yǒu xiá zhǎi de
地。只有乌江的支流南明河流过的地方，才有狭窄的
quē kǒu gǔ shí hou rén men zhèng shì kàn shàng le zhè ge tè shū de dì xíng suǒ
缺口。古时候，人们正是看上了这个特殊的地形，所

yǐ zài zhè lǐ xiū jiàn le guì yáng chéng dāng shí jí shǐ yǒu
以在这里修建了贵阳城。当时，即使有
dí rén dǎ guò lái zhǐ yào shǒu zhù wài wéi de shān qiáng jiù
敌人打过来，只要守住外围的山墙，就
néng bǎo zhàng guì yáng chéng de ān quán
能保障贵阳城的安全。

xiàn zài guì yáng chéng biān de shí huī yán shān gǎng yǐ chéng
现在，贵阳城边的石灰岩山岗已成
wéi lǚ yóu guān guāng de hǎo dì fang xī běi jiǎo de wǎn
为旅游观光的好地方。西北角的“碗
yán shang yǒu yī zuò qián líng shān shān shang sǒng lì zhe yī pái
沿”上有一座黔灵山，山上耸立着一排
zào xíng qí yì de shí huī yán shān fēng shàng miàn zhǎng mǎn le
造型奇异的石灰岩山峰，上面长满了
mào mì de shù mù shān xià hái héng wò zhe měi lì de qián líng
茂密的树木，山下还横卧着美丽的黔灵
hú shí wǎn de wài miàn yǒu yī gè dì xià gōng yuán nà
湖。“石碗”的外面有一个地下公园，那
qí shí shì yī tiáo zǎo yǐ gān hé de àn hé liú xià de róng
其实是一条早已干涸的暗河留下的溶
dòng dòng dǐng yǒu yī lián chuàn tòu míng de tiān chuāng xià miàn fàng
洞，洞顶有一连串透明的天窗，下面放
zhe shí zhuō rén men kě yǐ zài zhè lǐ shǎng jǐng hē chá
着石桌，人们可以在这里赏景、喝茶。

▲贵州青岩古镇

青岩古镇是贵州四大古镇之一，位于贵阳市花溪区。古镇建于明朝洪武年间，原是一座军事要塞。古镇内有许多古建筑，如石牌坊、背街、状元府、文昌阁等。

四川盆地为什么被称为“天府之国”？

四川盆地位于我国西南地区，大部分位于四川省，面积约为26万平方千米，是我国四大盆地之一。四川盆地西至横断山脉，东至巫山，南至云贵高原，北抵大巴山，海拔为250～750米，自西向东可细分为成都平原、川中丘陵、川东平行岭谷。

从气候类型来看，四川盆地属于亚热带季风气候，

xià jì gāo wēn duō yǔ dōng jì wēn hé shǎo yǔ zài dōng jì
夏季高温多雨，冬季温和少雨。在冬季，
běi bù de shān dì kě yǐ zǔ dǎng nán xià de lěng kōng qì suǒ
北部的山地可以阻挡南下的冷空气，所
yǐ sì chuān pén dì de qì wēn wǎng wǎng bǐ wǒ guó tóng wěi dù
以四川盆地的气温往往比我国同纬度
de qí tā dì qū qì wēn shāo gāo zài pén dì nèi fēn bù
的其他地区气温稍高。在盆地内，分布
zhe fù hán lín jiǎ děng yíng yǎng yuán sù de zǐ sè tǔ tǔ
着富含磷、钾等营养元素的紫色土，土
rǎng zhì dì jiào hǎo zài qín cháo lǐ bīng fù zǐ zài zhè lǐ
壤质地较好。在秦朝，李冰父子在这里
xiū jiàn le dū jiāng yàn shuǐ lì gōngchéng bù jǐn jiǎn shǎo le shuǐ
修建了都江堰水利工程，不仅减少了水
huàn zāi hài gèng dài lái le chōng zú de guàn gài shuǐ yuán shì
患灾害，更带来了充足的灌溉水源。适
yí de qì hòu féi wò de tǔ rǎng biàn lì de guàn gài shè
宜的气候、肥沃的土壤、便利的灌溉设
shī jiā zhī rén men de xīn qín láo zuò shǐ sì chuān pén dì
施，加之人们的辛勤劳作，使四川盆地
chéng wéi wǒ guó lì shǐ shang fù shù de dì qū zhī yī sì chuān
成为我国历史上富庶的地区之一，四川
pén dì yě yīn cǐ bèi chēng wéi tiān fǔ zhī guó
盆地也因此被称为“天府之国”。

▲水稻丰收

诸葛亮在《隆中对》中关于成都平原有这样的描述：“益州险塞，沃野千里，天府之土，高祖因之，以成帝业。”刘备能够在这里三分天下，与成都平原优越的自然条件密不可分。

99 为什么大熊猫喜欢生活在四川呢？

有一种动物在地球上至少生存了800万年，被称为“活化石”和“中国国宝”。你知道它是什么吗？它就是憨态可掬、惹人喜爱的大熊猫。

大熊猫是哺乳动物，体色主要有黑、白两种颜色，主要生活在我国四川省、陕西省和甘肃省的山区。据资料记载，四川省大熊猫栖息地的面积约占全国大熊猫总栖息地的80%，四川省大熊猫的数量占全国大熊猫总数量的80%左右。

▲大熊猫

为适应抓住竹子，大熊猫进化出了“第六指”，它其实是大熊猫手掌前端的一个增大的手腕部骨骼——“桡侧籽骨”。

为什么大熊猫喜欢生活在四川呢？首先，从气候条件看，四川省周边的山区温凉潮湿，适合大熊猫生存繁衍。其次，这里人迹罕至，人类对自然环境的影响较小。最后，在这里生长着大面积的竹子，竹子生长迅速而且淀粉的含量高，可以满足大熊猫的饮食需求。

目前，为了保护大熊猫，我国设立了大熊猫自然保护区，大熊猫的数量也在不断增加。

100 你知道历史中“江南”的位置吗？

在古诗词中，我们经常会读到一个美丽、富庶的地方，人们称之为江南。杜甫在《江南逢李龟年》中写道：“正是江南好风景，落花时节又逢君。”白居易的《忆江南》中也提到：“江南好，风景旧曾谙。”那么江南到底在哪里呢？

zài bù tóng de lì shǐ jiē duàn jiāng nán de fàn wéi bìng
在不同的历史阶段，江南的范围并
bù wán quán yī zhì jiāng nán zhè ge cí zuì zǎo chū xiàn
不完全一致。“江南”这个词最早出现
zài chūn qiū shí qī dāng shí suǒ zhǐ de fàn wéi jí xiǎo jǐn
在春秋时期，当时所指的范围极小，仅
zhǐ xiàn zài hú běi shěng jīng zhōu shì jiāng líng xiàn duì àn de dōng
指现在湖北省荆州市江陵县对岸的东
nán dì duàn zhàn guó shí qī jiāng nán de fàn wéi xiàng dōng nán
南地段。战国时期，江南的范围向东南
kuò zhǎn bāo kuò wǔ chāng yǐ nán jí xiāng jiāng liú yù zhī hòu
扩展，包括武昌以南及湘江流域。之后，
suí zhe jīng jì wén huà de bù duàn fā zhǎn jiāng nán de fàn
随着经济、文化的不断发展，江南的范
wéi yě zài bù duàn fā shēng biàn huà dàn tōng cháng zhǐ cháng jiāng yǐ
围也在不断发生变化，但通常指长江以
nán de dì qū
南的地区。

▲乌镇

江南地区由于自然条件优越，农业发达，被称为“鱼米之乡”。当地的丝绸、建筑、饮食等独具特色，吸引国内外的游客到此观光。

101 我国最大的群岛是哪个？

我国不仅陆地面积辽阔，还拥有广袤的海洋。在我国东部、南部海域上，分布着众多的岛屿。据统计，我国拥有6500多个面积大于500平方米的岛屿。其中，有些岛屿成群分布，我们称之为群岛。

▲舟山

在舟山群岛附近，分布着我国最大的渔场——舟山渔场。为了保护渔业资源，我国实行休渔制度，即在规定时间段内禁止任何人在规定海域进行渔业捕捞。

在我国浙江省东北部，长江口南侧、杭州湾外缘的东海洋面上有一组群岛，名叫舟山群岛，其东西长约182千米，南北宽约169千米，区域总面积约2.2万平方千米，是我国最大的群岛。舟山群岛的海岛数量占我国海岛总数的20%左右。

为了保护和开发群岛资源，2011年6月30日，国务院正式批准设立浙江舟山群岛新区。这里旅游资源极其丰富，主要景点有桃花岛、普陀山（我国四大佛教名山之一）等。舟山群岛也是国家级保护动物，尤其是濒危鸟类的重要栖息地和候鸟迁徙的重要中转站。

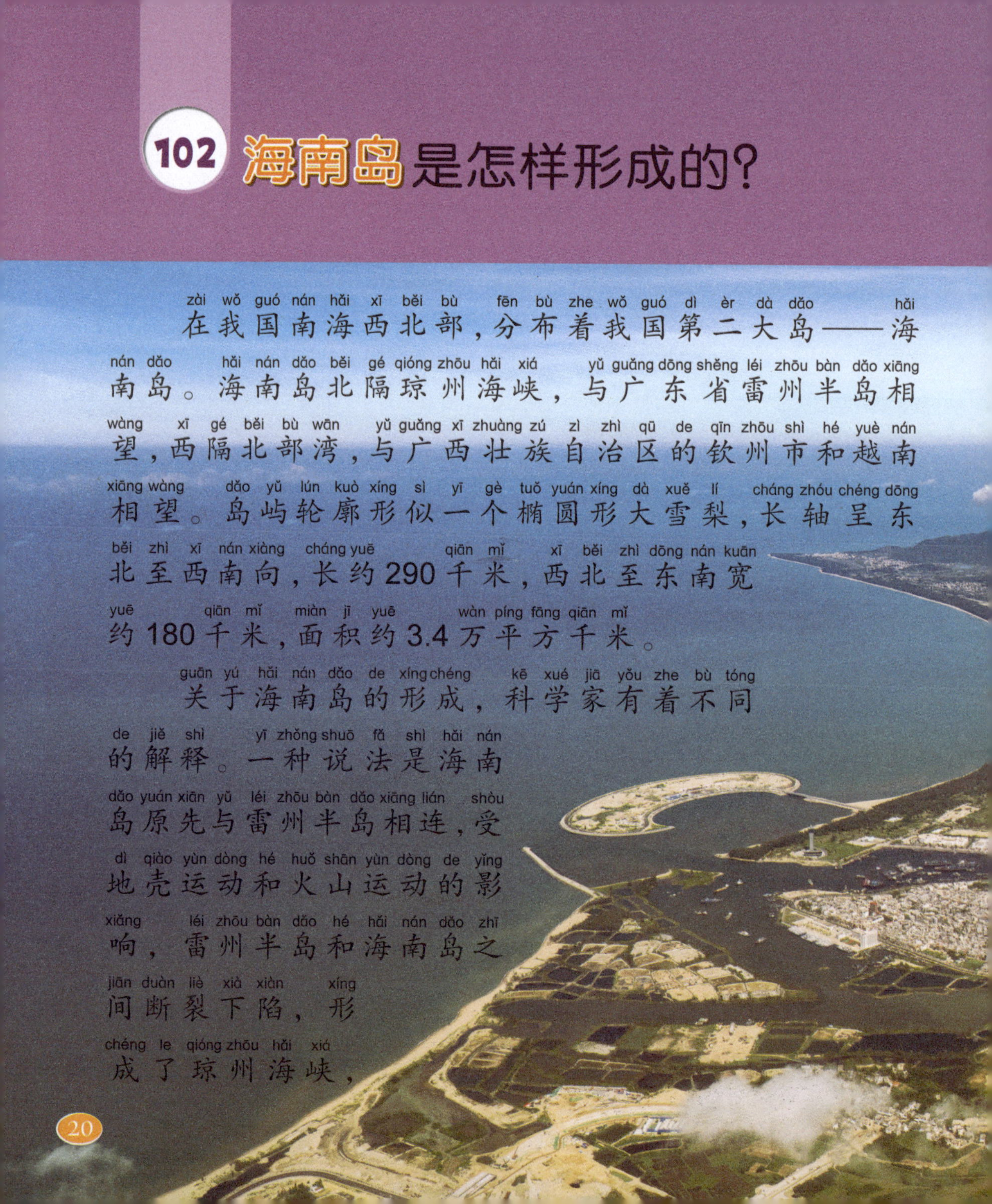

102 海南岛是怎样形成的？

在我国南海西北部，分布着我国第二大岛——海南岛。海南岛北隔琼州海峡，与广东省雷州半岛相望，西隔北部湾，与广西壮族自治区的钦州市和越南相望。岛屿轮廓形似一个椭圆形大雪梨，长轴呈东北至西南向，长约290千米，西北至东南宽约180千米，面积约3.4万平方千米。

关于海南岛的形成，科学家有着不同的解释。一种说法是海南岛原先与雷州半岛相连，受地壳运动和火山运动的影响，雷州半岛和海南岛之间断裂下陷，形成了琼州海峡，海南岛才与其分开。还有一种说法是受地壳运动影响，海南岛从北部湾分离出去。

海南岛的气候类型是热带季风气候，全年高温，分旱季和雨季。美丽的山水风光、神秘的原始森林、迷人的少数民族风情，赋予了海南岛独特的魅力。

▲海南亚龙湾

海南省气候温和，植被丰富，旅游业十分发达，其中比较著名的景点有亚龙湾国家旅游度假区、天涯海角游览区和蜈支洲岛等。

103 玉龙雪山的名字是怎么来的？

雪山是很多人向往的地方，以其独特的自然风光与魅力，吸引了一批又一批的游客和探索者。

玉龙雪山位于中国云南省丽江市的西北部，呈南北走向，东西宽约13千米，南北长约35千米，汹涌澎湃的金沙江从中奔腾而过。雪山顶上有终年不化的积雪，远远望去就好像一条银白色的巨龙盘旋在山顶，因此得名“玉龙雪山”。

玉龙雪山是北半球最靠近赤道的雪山，从山脚河

▲镜潭湖

蓝月谷位于玉龙雪山东麓甘海子以北、云杉坪南侧的山谷之中，俗称“白水河”。境内有镜潭湖、蓝月湖和听涛湖等美景。

谷到峰顶，其具备了亚热带、温带到寒带的完整的垂直带自然景观。山上的动植物资源十分丰富，不仅有国家重点保护的珍稀动物滇金丝猴、云豹、雪豹、穿山甲和白腹锦鸡等，还有几十种国家珍稀保护植物和多种经济植物及药用植物等，堪称“动植物的宝库”。

另外，玉龙雪山还是纳西族人民心中的神山。传说，纳西族的保护神“三朵”就是玉龙雪山的化身，因此丽江每年都会举行盛大的“三朵节”。

104 云南石林是怎样形成的？

石林是指由密集林立的锥柱状、锥状、塔状石灰岩体组合成的景观。云南石林位于云南省昆明市石林彝族自治县境内，距离云南省昆明市中心约78千米，占地面积约400平方千米，有“天下第一奇观”的美誉。

石林是在有利的地质、气候、水文条件共同作用下形成的。亿万年前，这里本是海洋，海底的石灰岩经过地

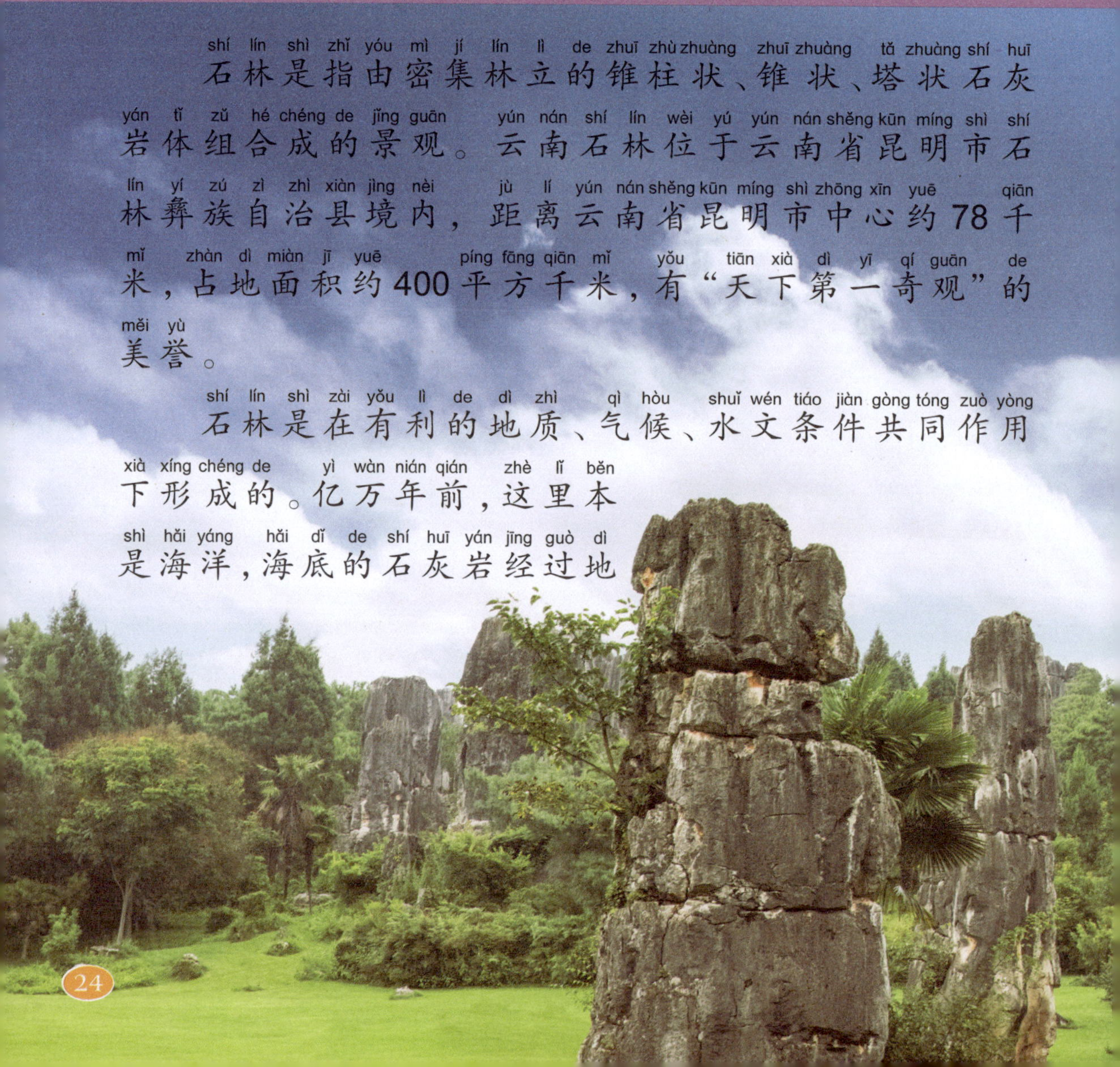

壳运动、火山活动和流水侵蚀形成了石林，这种石灰岩地貌也被称为“喀斯特地貌”。云南石林不仅有各种类型的石灰岩柱，还有暗河、溶洞、断崖瀑布等世界上几乎所有的喀斯特形态。2001年云南石林被批准成为首批国家地质公园，2007年6月被联合国教科文组织列入世界遗产名录，2008年成为首批国家5A级旅游景区。

▲云南石林

云南石林世界地质公园是中国国家重点风景名胜区、中国国家地质公园、世界地质公园，与北京故宫、西安兵马俑、桂林山水齐名。

105 你知道丹霞山和丹霞地貌有什么区别吗?

丹霞山风景名胜区位于广东省韶关市仁化县，是广东省面积最大的风景区，也是广东省唯一的世界自然遗产，总面积约292平方千米。丹霞山由红色砂砾岩石构成，以赤壁丹崖为特色，因“色如渥丹，灿若明霞”得名。地质学家以丹霞山为名，将这一地貌命名为“丹霞地貌”。

▲丹霞地貌

资料显示，丹霞一词出自曹丕的《芙蓉池作》，其中写道：“丹霞夹明月，华星出云间。”丹霞指红色的晚霞。这句话的意思是：红霞中升起一轮明月，星星在云间闪烁。

丹霞山是全球发育最典型、类型最齐全、造型最丰富、景观最优美的丹霞地貌集中分布区。其中红色陡崖坡是丹霞地貌最重要的识别要素。不同

xíng tài hé tǐ liàng de dǒu yá pō zǔ hé chéng bǎo zhuàng qiáng zhuàng zhù zhuàng děng dān
形态和体量的陡崖坡组合成堡状、墙状、柱状等丹
xiá dì mào de jī běn pō miàn jù tǒng jì dān xiá dì mào zài zhōng ōu hé ào dà
霞地貌的基本坡面。据统计，丹霞地貌在中欧和澳大
lì yà yě yǒu fēn bù dàn zài wǒ guó fēn bù zuì guǎng mù qián biàn bù wǒ guó
利亚也有分布，但在我国分布最广，目前遍布我国28
gè shěng jí xíng zhèng qū nián yuè wǒ guó jiāng zhōng guó dān xiá shēn yí zī
个省级行政区。2009年1月，我国将中国丹霞申遗资
liào zhèng shì tí jiāo shì jiè yí chǎn wěi yuán huì nián dì jiè shì jiè yí
料正式提交世界遗产委员会。2010年第34届世界遗
chǎn dà huì shang zhōng guó dān xiá xì liè tí míng dì bèi zhèng shì liè rù shì jiè zì
产大会上，“中国丹霞”系列提名地被正式列入世界自
rán yí chǎn míng lù
然遗产名录。

106 为什么说“桂林山水甲天下”？

在南宋时期，有一位名叫王正功的官吏，他的祖籍在鄞县（今浙江省宁波市）。王正功为官清廉，有一天，他在宴请中举的学子时，留下了“桂林山水甲天下，玉碧罗青意可参”的名句，其中“桂林山水甲天下”更是广为流传。

桂林山水是桂林旅游资源的总称，国家5A级景区，中国十大风景名胜之一。名山、奇特与象形山石、

dòng xué shì guì lín dì wén jǐng guān lǚ yóu zī yuán de zhǔ tǐ
洞穴是桂林地文景观旅游资源的主体。
fēng jǐng hé duàn shì guì lín shān shuǐ de zhǔ dǎo xìng zī yuán zì
风景河段是桂林山水的主导性资源。自
guì lín zhì yáng shuò qiān mǐ de lí jiāng hé duàn yǒu jiāng
桂林至阳朔86千米的漓江河段，有“江
zuò qīng luó dài zhěn dǐ tāo shēng zhěn shàng shān děng měi yù
作青罗带”“枕底涛声枕上山”等美誉，
yī nián sì jì kě tōng háng lǚ yóu kè chuán měi nián jiē dài yóu
一年四季可通航旅游客船，每年接待游
kè jìn qiān wàn rén cì bèi chēng wéi shì jiè lǚ yóu zhī jiāng
客近千万人次，被称为“世界旅游之江”。
shān qīng shuǐ xiù dòng qí shí měi de guì lín shān shuǐ xiǎng yù
山青、水秀、洞奇、石美的桂林山水享誉
guó nèi wài
国内外。

▲桂林漓江

人民币纸币的背面图案往往印有我国的壮美山河，其中第五套人民币20元纸币的背面图案就是桂林山水。

107 你知道"黄山四绝"吗？

▲黄山迎客松

我国明代旅行家、地理学家徐霞客登临黄山时，发出赞叹："薄海内外之名山，无如徽之黄山。登黄山，天下无山，观止矣！"后人以此引申为"五岳归来不看山，黄山归来不看岳"。

zài wǒ guó ān huī shěng nán bù yǒu yī gè wén míng
在我国安徽省南部，有一个闻名
hǎi nèi wài de jǐng qū nà jiù shì huáng shān fēng jǐng qū
海内外的景区，那就是黄山风景区。
huáng shān gǔ chēng yī shān wèi yú ān huī shěng huáng shān shì
黄山，古称黟山，位于安徽省黄山市
nèi nán běi cháng yuē qiān mǐ dōng xī kuān yuē qiān
内，南北长约40千米，东西宽约30千
mǐ yǒu tiān xià dì yī qí shān de měi chēng
米，有"天下第一奇山"的美称。

huáng shān fēng jǐng qū nèi jǐng diǎn zhòng duō qí zhōng pō
黄山风景区内景点众多，其中颇
wéi zhù míng de jiù shì huáng shān sì jué qí sōng
为著名的就是"黄山四绝"——奇松、
guài shí yún hǎi wēn quán qí sōng jiù shì zào xíng qí tè
怪石、云海、温泉。奇松就是造型奇特
de sōng shù bǐ jiào chū míng de yǒu yíng kè sōng děng yíng
的松树，比较出名的有迎客松等。迎
kè sōng de wài xíng jiù xiàng yī gè rén shēn chū yī zhī bì bǎng
客松的外形就像一个人伸出一只臂膀
zài huān yíng kè rén huáng shān zhōng xiǎn fēng lín lì guài shí
在欢迎客人。黄山中险峰林立，怪石

中比较出名的有猴子观海等。黄山也是云雾之乡，当云顶高度低于山顶的高度时，人们就会在山顶上看到无边无际的云层，就像大海一样，故称“云海”。黄山的云海以“美、胜、奇、幻”吸引着众多的游客。黄山的温泉，古称“汤泉”，目前拥有两个出水口。据研究，黄山温泉对消化、神经等系统的某些疾病有一定的疗效。

108 你知道我国领土的最南端在哪里吗？

在世界地图上，我们可以看到我国南端有一片辽阔的海域——南海。南海中有众多岛屿，如西沙群岛、南沙群岛、中沙群岛和东沙群岛等。在南沙群岛南端，由曾母礁丘、八仙暗沙和立地暗沙组成的一组群礁，被称为曾母暗沙，就是我国领土的最南端区域。曾母暗沙是我国固有领土，战略地位极为重要，我国在此立有主权碑。

▲西沙群岛

三沙市是海南省辖地级市，于2012年7月24日正式揭牌成立，西沙群岛、中沙群岛、南沙群岛的岛礁及其海域都是其管辖范围。

温暖湿润的气候

梅子成熟的季节，
带来了淅沥沥的雨水；
低温少雨的冬季，
很少看到纷飞的雪花。

109 为什么江淮地区有梅雨天气？

在每年的6月上旬至7月中旬，江淮地区会出现持续性的阴雨天气。由于此时正处夏季，气温非常高，加之空气湿度大，家中的衣物极其容易发霉，人们称之为“霉雨”期。在此期间，江淮的梅子成熟了，故又称其为“梅雨”期。“黄梅时节家家雨，青草池塘处

chù wā shuō de jiù shì zhè ge shí hou
处蛙”说的就是这个时候。

zài měi nián de yuè shàng xún lái zì nán fāng de nuǎn
在每年的6月上旬，来自南方的暖
shī qì liú yǔ běi fāng nán xià de lěng kōng qì zài jiāng huái dì
湿气流与北方南下的冷空气在江淮地
qū xiāng yù liǎng zhě shì lì xiāng dāng xiāng chí bù xià yú shì
区相遇，两者势力相当，相持不下，于是
xíng chéng le lián mián de yīn yǔ tiān qì zhè xiē yǔ shuǐ zī yǎng
形成了连绵的阴雨天气，这些雨水滋养
zhe wàn wù méi yǔ yī bān huì chí xù duō tiān dàn yǒu
着万物。梅雨一般会持续20多天，但有
shí yě huì chū xiàn shí cháng jǐn yú tiān jiàng shuǐ jiào shǎo de
时也会出现时长仅10余天、降水较少的
duǎn méi xiàn xiàng yě yǒu jiàng shuǐ cháng dá liǎng gè yuè de tè cháng méi yǔ yǐ jí
“短梅”现象，也有降水长达两个月的特长梅雨，以及
zài cǐ qī jiān jī hū méi yǒu jiàng shuǐ fā shēng de kōng méi xiàn xiàng
在此期间几乎没有降水发生的“空梅”现象。

▲晾晒衣物

在梅雨季节，趁着间歇的晴天，家家户户都会将衣物拿出来晾晒。

110 西双版纳为什么一年仅有三季？

西双版纳傣族自治州位于云南省西南部，是云南省的八个自治州之一。在傣语中，“西双”即十二，“版纳”意为一个提供封建赋税的行政单位，西双版纳实际上是指十二个行政区域，面积约2万平方千米。

西双版纳地处热带北部边缘，北有哀牢山、无量山为屏障，阻挡了南下的寒流；南面东西两侧靠近印度洋和孟加拉湾，夏季受印度洋的西南季风和太平洋

东南气流的影响，形成了高温多雨、干湿季分明而四季不明显的气候特点。资料显示，即使是最冷的1月份，西双版纳的月平均气温通常在10℃以上，呈现出长夏无冬的现象。当然，由于昼夜温差比较大，如果人们1月份来这里游玩的话，还是需要携带长衣、长裤。

▲西双版纳热带植物园

西双版纳是我国热带生态系统保存最完整的地区，素有“植物王国”“动物王国”“生物基因库”等美称。

111 “海南无冬日”的说法是怎么来的？

海南省，简称“琼”，是我国最南端的省级行政区，省会是海口市。北以琼州海峡与广东省划界，西隔北部湾与越南相对，东面和南面在南海中与菲律宾、文莱、印度尼西亚和马来西亚为邻。海南省的行政区域包括海南岛、西沙群岛、中沙群岛、南沙群岛的岛礁及其海域，是我国国土面积最大的省。

yóu yú dì chǔ rè dài tài yáng fú shè jiào qiáng ér
由于地处热带，太阳辐射较强，而
qiě jù lí wǒ guó běi fāng jiào yuǎn běi fāng de lěng kōng qì yě
且距离我国北方较远，北方的冷空气也
hěn nán yǐng xiǎng dào zhè lǐ suǒ yǐ jí shǐ shì yuè shěng
很难影响到这里，所以即使是1月，省
huì hǎi kǒu shì de píng jūn qì wēn yě jī běn zài
会海口市的平均气温也基本在16～22℃，
kě yǐ shuō shì cháng xià wú dōng
可以说是长夏无冬。

quán nián gāo wēn rì shù duō shǐ de hǎi nán shěng de zhí
全年高温日数多使得海南省的植
wù shēng zhǎng de bǐ jiào kuài zhǒng lèi fán duō qí zhōng kě rù
物生长得比较快，种类繁多，其中可入
yào de zhí wù yǒu yuē zhǒng hǎi nán yīn cǐ yòu bèi chēng
药的植物有约2000种，海南因此又被称
wéi tiān rán yào kù
为“天然药库”。

▲水稻育种

由于海南省光热和水资源充足，这里种植的水稻可以一年三熟。我国在这里建立了南繁科研育种的基地，通过育种研究，实现农作物的高产稳产。

112 为什么同在云贵高原，昆明和贵阳的气候差别那么大？

我国的云南和贵州都地处云贵高原，也同是亚热带季风气候，夏季多雨，气温不高，但冬季的云南和贵州在气候上有较大的差别，其表现为贵阳多阴雨，日照很少，气温较低；而昆明阴雨极少，常常是天空蔚蓝，阳光灿烂，白云悠悠，风和气暖。

guì yáng yǔ kūn míng de wěi dù xiāng chā bù dà dàn
贵阳与昆明的纬度相差不大，但
dōng jì qì hòu xiāng chā jiào dà hěn zhòng yào de yuán yīn shì
冬季气候相差较大很重要的原因是，
qīng zàng gāo yuán duì nán běi qì liú de zǔ dǎng zuò yòng
青藏高原对南、北气流的阻挡作用。
zài dōng jì měng gǔ xī bó lì yà gāo yuán xíng chéng de lěng
在冬季，蒙古、西伯利亚高原形成的冷
kōng qì bù shí qīn rù wǒ guó rán ér qí hòu dù zhǐ yǒu
空气不时侵入我国，然而其厚度只有
mǐ wú fǎ yú yuè qīng zàng gāo yuán jí
1000~1500米，无法逾越青藏高原。即
biàn yǒu bù fen lěng kōng qì fān yuè qín lǐng dà bā shān jìn
便有部分冷空气翻越秦岭、大巴山进
rù sì chuān pén dì yě cháng bèi zǔ zhì zài qīng zàng gāo yuán
入四川盆地，也常被阻滞在青藏高原
dōng bù biān yuán dì dài lěng kōng qì yǔ lái zì qīng zàng gāo yuán
东部边缘地带。冷空气与来自青藏高原
nán bù de nuǎn shī qì liú zài yún guì gāo yuán fù jìn xiāng yù
南部的暖湿气流在云贵高原附近相遇，
chǎn shēng yún xì hé jiàng shuǐ ér zhè shí de kūn míng shòu dào
产生云系和降水。而这时的昆明，受到
nán cè lái zì ā lā bó yī lǎng hé yìn dù bàn dǎo běi bù
南侧来自阿拉伯、伊朗和印度半岛北部
dī wěi dù shā mò yǔ dà lù gān nuǎn de xī fēng qì liú yǐng xiǎng
低纬度沙漠与大陆干暖的西风气流影响，
zài dān yī dà lù qì tuán de kòng zhì xià duō qíng lǎng tiān qì
在单一大陆气团的控制下，多晴朗天气。

▲贵阳

贵阳市平均海拔约1100米，夏季平均气温通常在24℃左右，素有“中国避暑之都”的美誉。

113 为什么说横断山脉“一山有四季，十里不同天”？

这是在高大山地出现的垂直自然带现象，特别是在低纬度地区更容易产生这种现象。在我国，除了横断山脉，雅鲁藏布江谷地等地区也会出现这种现象。

这种现象产生的主要原因是地势高低起伏的巨大变化——山脚的海拔低，山顶的海拔高。随着海拔上升，气温逐渐降低，一般来说，海拔每上升100米，气温下降0.6℃，也就导致从山脚到山顶气温逐渐发生了变化。同时随着海拔升高，大气中的水汽含量也会发生变化。因此产生了不同的水热组合，也就是局部地区小气候。不同气候条件下，产生了不同的植物类型、不同的自然面貌，因此形成了“一山有四季”的情况。横断山脉地形复杂，大气环流不稳定，天气多变，也会经常出现“东边日出西边雨”的情况，也就是人们所说的“十里不同天”。

▲横断山脉

横断山脉是中国少数民族聚居地区，除汉族外，还有藏族、彝族、纳西族、怒族、傈僳族、独龙族、普米族、白族、布依族等20多个民族。

114 “回南天”是怎么形成的？

回南天（简称“回南”），是我国南方沿海地区一种独特的天气，指每年春天气温开始回暖而湿度猛烈回升造成的一种天气“返潮”现象。我国南方大部分地区属于典型的亚热带季风气候，在每年2月至3月，从我国南部太平洋吹来的暖湿气流，与从蒙古、西伯利亚南下的冷空气相遇，因两者实力相当，在南方形

成准静止锋，使南方的天气阴晴不定，期间会伴有小雨或大雾，非常潮湿，回南天现象也由此产生。一些温度较低的物体遇到暖湿气流时，其表面容易产生水珠。

通常出现回南天时，家里到处都是湿漉漉的，让人感觉非常不适，食品、物品等都会因为回南天而受潮，甚至出现霉变、腐烂的现象。如果家里有老人、小孩，一定要提醒他们回南天路面湿滑，走路时要小心，防止摔倒。

▲受潮的墙壁

“回南天”是我国南方地区特有的一种天气状况。我国北方由于空气湿度小，加之南方的暖湿气流在长途跋涉后到达北方时，已经大幅度削弱，因而基本不会出现回南天。

115 夏天，为什么海边比内陆凉快？

xià tiān　rú guǒ wǒ men lái dào hǎi biān chuī chui fēng　huì gǎn jué hǎi biān bǐ
夏天，如果我们来到海边吹吹风，会感觉海边比
chéng shì　li gèng liáng kuai　wèi shén me huì zhè yàng ne
城市里更凉快，为什么会这样呢？

zhè jiù shì hǎi lù fēng de gōng láo le　bái tiān　tài yáng zhào shè lù dì
这就是海陆风的功劳了。白天，太阳照射陆地，
lù dì shēng wēn sù dù hěn kuài　lù dì shàng kōng de kōng qì shòu rè hòu péng zhàng　rán
陆地升温速度很快，陆地上空的空气受热后膨胀，然
hòu xiàng shàng shēng téng　ér hǎi yáng shàng kōng de kōng qì xiāng duì jiào lěng　lěng kōng qì
后向上升腾；而海洋上空的空气相对较冷，冷空气
xià chén bìng zài jìn dì miàn liú xiàng fù jìn jiào rè de lù dì　bǔ chōng lù dì yīn rè
下沉并在近地面流向附近较热的陆地，补充陆地因热
kōng qì shàng shēng ér zào chéng de kòng quē　xíng chéng hǎi fēng　yè jiān　lù dì jiàng wēn
空气上升而造成的空缺，形成海风。夜间，陆地降温
kuài　hǎi shang de kōng qì jiào wéi wēn nuǎn　jìn dì miàn jiào liáng de qì liú cóng lù dì
快，海上的空气较为温暖，近地面较凉的气流从陆地

chuī xiàng hǎi miàn xíng chéng lù fēng hǎi fēng hé lù fēng hé chēng
吹向海面，形成陆风。海风和陆风合称
hǎi lù fēng
海陆风。

bái tiān chuī dào lù dì shang de hǎi fēng néng dài lái dà
白天，吹到陆地上的海风能带来大
liàng de shuǐ qì shǐ lù dì shang de shuǐ qì zēng jiā wēn dù
量的水汽，使陆地上的水汽增加，温度
jiàng dī wǒ men jiù huì gǎn jué cóng hǎi miàn chuī lái de hǎi fēng
降低，我们就会感觉从海面吹来的海风
shì liáng shuǎng de dào le wǎn shang liáng shuǎng de lù fēng cóng lù
是凉爽的；到了晚上，凉爽的陆风从陆
dì chuī xiàng hǎi yáng gěi rén men dài lái yī sī sī liáng yì
地吹向海洋，给人们带来一丝丝凉意。

yīn cǐ zài hǎi lù fēng de juàn gù xià yán hǎi dì
因此，在海陆风的眷顾下，沿海地
qū de xià tiān yào bǐ nèi lù de xià tiān liáng shuǎng yī xiē
区的夏天要比内陆的夏天凉爽一些。

▲海南三亚

特殊的地理位置和岛屿地形，使海南岛成为受海陆风影响较大的地区，一年中夏季出现海陆风的频率最高，春季和秋季次之，冬季最少。

116 为什么我国沿海地区夏季经常刮台风？

台风是热带气旋的一种，热带气旋是发生在热带或副热带洋面上的低压涡旋，是一种强大而深厚的热带天气系统。中国把西北太平洋和南海的热带气旋按其底层中心附近最大平均风力（风速）大小划分为6个等级，其中心附近风力达12级及以上，风速达每秒32.7米及以上的热带气旋统称为台风。

影响我国的台风主要来自西太平洋和南海。台风是由活跃的热带对流经组织化以后形成的逆时针旋转的涡旋。一般5月中下旬之后，东南季风向南海和西太平洋输送大量的水汽和能量，构成台风发生的重要条件。同时，西太平洋和南海在夏季还受副热带高压系统的控制。因此，夏季的沿海地区季风条件比较好，并且副热带高压也比较强，有利于热带对流的发展，从而形成台风的概率也就更高些。

▲台风

台风并非只有危害，台风携带的充沛水汽可以缓解旱情，消除长时间的晴热高温，人们也可以充分利用台风进行风力发电等。

台风具有很强的破坏力，其带来的强风、暴雨和风暴潮能摧毁海堤、房屋、船舶，破坏交通、电力和通信设施，还可能引发山洪、泥石流、山体滑坡等多种灾害。在台风季节，尤其是沿海地区的人们，要及时关注媒体发布的台风预警信息，根据预警信号的级别采取相应的防范措施。

117 为什么我国南方地区夏季常有旱涝灾情？

我国南方地区受夏季风影响大，每年5月下旬，夏季风从华南沿海登陆，雨季开始，一直到9月底才基本结束。不过，每年夏季风开始和结束的时间变化很大，向北推进的程度每年也不相同。当夏季风来得早、去得迟时，雨带长时间停滞，便容易发生洪涝灾害；若夏季风来得晚，又去得快，南方地区的雨水不足，长时间的高温少雨天气又使南方容易发生干旱。

▲洪涝灾害

随着全球气候变化加剧，极端天气事件频发，我国干旱和洪涝灾情的发生频率和强度也明显增加。

丰富的水资源

流水潺潺，烟雨蒙蒙，走进南方地区，感受水乡之美。

118 为什么河流的入海口会形成三角洲？

河流入海口出现的由泥沙堆积成的三角形平地被称为三角洲，然而并不是所有河流在入海口的位置都会形成三角洲。

河流中往往含有泥沙，泥沙会随着水流从上游流到下游。河流上游落差大、流速快、泥沙搬运能力强；越往下游，由于河床逐渐变宽，流速逐渐减慢，泥沙搬运能力也会随之减弱，泥沙就会在下游淤积下来；河流注入大海时，水流分散，流速骤然减小，再加上海水不时涌入，有阻滞河水的作用，那些悬浮在水中的泥沙就会沉淀下来，泥沙在入海口的位置越积越多，最后露出水面。由于沙堆的迎水面直接受到河流的冲击，不断受到流水的侵蚀，往往形成尖端状，而背水面比较宽大，使沙堆成为一个三角形，形成三角洲。

▲三角洲

三角洲的面积较大，土层深厚，水网密布，土质肥沃，不仅是良好的农耕区，而且对石油和天然气的形成也非常有利。

119 长江为什么被称为"黄金水道"？

近年来，我国长江航运快速发展。目前，已实现5万吨级海轮直达南京，万吨级江海船直达武汉，3000吨级船舶直达重庆。长江及众多支流组成了一个庞大的内河航运网络，被称为"黄金水道"。

长江位于中国境内，是亚洲第一长河，世界第三长河（仅次于尼罗河和亚马孙河）。长江下游通过京杭大运河与淮河水系相连，组成四通八达的内河航运

wǎng luò　cháng jiāng yě shì wǒ guó shuǐ liàng zuì dà de hé liú
网络。长江也是我国水量最大的河流，
cháng jiāng liú yù dà bù fen dì qū shǔ yú yà rè dài jì fēng
长江流域大部分地区属于亚热带季风
qì hòu　jiàng shuǐ fēng fù　cháng jiāng yí bīn yǐ xià de hé duàn
气候，降水丰富。长江宜宾以下的河段
jiāng kuò shuǐ shēn　wú jié bīng qī　quán nián tōng háng　háng yùn jià
江阔水深，无结冰期，全年通航，航运价
zhí jí gāo　cǐ wài　cháng jiāng yǔ jīng hù xiàn　jīng jiǔ xiàn
值极高。此外，长江与京沪线、京九线、
jīng guǎng xiàn děng wǒ guó nán běi zǒu xiàng de tiě lù gàn xiàn jiāo
京广线等我国南北走向的铁路干线交
zhī　huǎn jiě le tiě lù yùn xíng yā lì
织，缓解了铁路运行压力。

cháng jiāng yán àn chéng shì zhòng duō　jīng jì fā dá　duì
长江沿岸城市众多，经济发达，对
háng yùn de xū qiú liàng yě shí fēn páng dà　zhè yě shì cháng jiāng
航运的需求量也十分庞大，这也是长江
chéng wéi　huáng jīn shuǐ dào　de zhòng yào yuán yīn
成为“黄金水道”的重要原因。

▲跨江索道

长江支流众多，其中总长 1000 千米以上的支流有雅砻江、岷江、嘉陵江、乌江、汉江、沅江、湘江、赣江八条支流，也就是我们所说的长江八大支流。

120 钱塘江大潮是怎么形成的？

钱塘江是浙江省最大的河流，其流域邻近我国东南沿海。钱塘江大潮被称为“天下第一潮”，是世界一大自然奇观。那么，壮观的钱塘江大潮是怎么形成的呢？

首先，每年农历八月十六日至十八日，太阳、月球、地球几乎在一条直线上，这时海水受到的引潮力最大。其次，钱塘江口呈喇叭状，钱塘江南岸赭山以东300多平方千米的围垦大地半岛似的挡住江口，使钱塘江赭山至外12千米段很像肚大口小的瓶子，潮水

易进难退。当大量潮水从钱塘江口涌进来时，由于江面迅速缩小，潮水来不及均匀上升，便形成了波澜壮阔的景象。再次，钱塘江含有泥沙，这些泥沙对潮水起阻挡作用，使潮水前坡变陡，速度减缓，形成“后浪赶前浪”的奇观。另外，我国东部沿海地区盛行东南风，由于风向与潮水的行进方向大体一致，从而又助长了潮势。

▲钱塘江大潮

农历八月十八日是一年一度的观潮日。海宁市的盐官镇被誉为“观潮第一胜地”。

121 金沙江为什么会在石鼓镇发生急转弯？

金沙江是长江上游，自青藏高原奔腾而下，与澜沧江、怒江在横断山脉的高山峡谷中平行南下，形成“三江并流”的奇观。金沙江流到云南石鼓镇，突然调头急转，折向东北，形成“V”形的“万里长江第一弯”。

关于金沙江在石鼓镇大转弯的原因，科学界研究了百余年，但至今尚无定论。其中，比较著名的观点有“河流袭夺说”。河流袭夺也称河流抢水，即古金沙江曾经侵占了其他河流的河道，形成了新的河道和走向。

▲虎跳峡

金沙江流过石鼓镇以后，江水在几十米宽的深谷中奔腾而过。沿江两岸一边是玉龙雪山，一边是哈巴雪山，从江底到峰顶高度差为3000多米，形成了世界著名的虎跳峡。

“万里长江第一弯”不仅是地理上的一个重要转折，也是中华文化和历史的重要象征。它见证了长江的历史变迁，连接着人与自然、过去与现在。

122 为什么长江中下游地区有那么多湖泊？

我国湖泊众多，共有24800多个，其中面积在1平方千米以上的天然湖泊有2800多个，主要集中在长江中下游地区。

长江中下游地区地势低平，在地质时期曾经形成过巨大的洼地，出现过几个很大的湖泊，由于河流携带的泥沙不断淤积，最终被分割成许多比较小的湖

pō lì shǐ shang cháng jiāng rù hǎi kǒu chù céng jīng shì hǎi
泊。历史上，长江入海口处曾经是海
wān hòu lái hé liú dài lái de ní shā xíng chéng yàn bà
湾。后来，河流带来的泥沙形成堰坝，
bǎ hǎi wān wéi chéng le nèi hú
把海湾围成了内湖。

lìng wài cháng jiāng zhōng xià yóu dì qū jiàng shuǐ fēng fù
另外，长江中下游地区降水丰富，
zài xià jì hé liú xiè hóng bù chàng róng yì fā shēng hóng lào zāi
在夏季，河流泄洪不畅容易发生洪涝灾
hài dāng hóng shuǐ tuì qù yǐ hòu yǒu xiē wā dì jī shuǐ wèi
害。当洪水退去以后，有些洼地积水未
xiè jiù xíng chéng le yī xiē xiǎo xíng hú pō
泄，就形成了一些小型湖泊。

▲青海湖

在我国，除了长江中下游地区湖泊众多，青藏地区的湖泊数量也很多，其中的青海湖是我国面积最大的内陆咸水湖。

123 我国最大的淡水湖是哪一个？

鄱阳湖是我国第一大淡水湖，位于江西省北部，地处九江、南昌、上饶三市，面积约3960平方千米，是国家5A级旅游景区。湖的西北是避暑胜地庐山。鄱阳湖古称彭蠡、彭蠡泽、彭泽，湖盆由地壳陷落，泥沙不断淤积而成。

鄱阳湖在调节长江水位、涵养水源、改善当地气候和维持周围地区生态平衡等方面发挥着巨大的作

yòng měi nián qiū qù dōng lái shuǐ luò tān chū zhǎo zé xīng
用。每年秋去冬来，水落滩出，沼泽星
luó qí bù shuǐ cǎo fán mào yú xiā zhòng duō shì hòu niǎo lǐ
罗棋布，水草繁茂，鱼虾众多，是候鸟理
xiǎng de yuè dōng zhī dì nián pó yáng hú bèi liè rù
想的越冬之地。1992年，鄱阳湖被列入
shì jiè zhòng yào shī dì míng lù zhǔ yào bǎo hù duì xiàng jiù shì
世界重要湿地名录，主要保护对象就是
zhēn xī hòu niǎo jí shī dì shēng tài xì tǒng
珍稀候鸟及湿地生态系统。

pó yáng hú shuǐ wèi biàn huà fú dù tè bié dà fēng shuǐ
鄱阳湖水位变化幅度特别大，丰水
qī hé kū shuǐ qī shuǐ yù miàn jī xiāng chà jí dà fēng shuǐ
期和枯水期水域面积相差极大。丰水
qī shuǐ wèi shàng zhǎng shuǐ miàn dǒu zēng shuǐ yù liáo kuò kū
期，水位上涨，水面陡增，水域辽阔；枯
shuǐ qī shuǐ wèi xià jiàng zhōu tān lòu chū hú shuǐ guī cáo
水期，水位下降，洲滩露出，湖水归槽，
wān yán yī xiàn
蜿蜒一线。

▲鄱阳湖

2002年10月30日，鄱阳湖代表中国湖泊加入了世界生命湖泊网。世界生命湖泊网执行主席玛丽·安盛赞：“鄱阳湖是真正的‘生命湖泊’，是全球湖泊保护的标杆。”

124 “八百里洞庭”到底有多大？

dòng tíng hú gǔ chēng yún mèng jiǔ jiāng chǔ yú cháng jiāng zhōng yóu jīng jiāng nán
洞庭湖，古称云梦、九江，处于长江中游荆江南
àn kuà yuè yáng mì luó xiāng yīn wàng chéng yì yáng yuán jiāng hàn shòu cháng
岸，跨岳阳、汨罗、湘阴、望城、益阳、沅江、汉寿、常
dé jīn shì ān xiāng hé nán xiàn děng dì dòng tíng hú zhī míng shǐ yú chūn qiū zhàn
德、津市、安乡和南县等地。洞庭湖之名，始于春秋战
guó shí qī yīn hú zhōng dòng tíng shān jīn jūn shān ér dé míng dòng tíng hú běi
国时期，因湖中洞庭山（今君山）而得名。洞庭湖北

纳长江的松滋、太平、藕池、调弦“四口”来水，南和西接湘、资、沅、澧“四水”及汨罗江等小支流，最后由岳阳市城陵矶注入长江。

古人用“八百里洞庭”来形容洞庭湖的浩大。那么，洞庭湖究竟有多大呢？20世纪90年代末，据水利部门测算，洞庭湖面积为2579.2平方千米（一说2740平方千米）。如果加上湘、资、沅、澧“四水”和“长江四口”的洪道面积，洞庭湖的面积可达3879.2平方千米（一说4040平方千米）。湖盆周长为803.2千米，总容积为220亿立方米，是我国第二大淡水湖。

洞庭湖也是长江流域重要的调蓄湖泊，具有强大的调洪蓄洪能力，在长江防洪减灾上具有重要作用。

▲岳阳楼

位于洞庭湖南岸的岳阳楼坐落在岳阳西门城楼上，与湖北黄鹤楼、江西滕王阁，并称江南三大名楼，也是当今三大名楼中唯一保持原貌的古建筑。

125 长江三峡指的是哪三峡？

cháng jiāng sān xiá xī qǐ chóng qìng shì fèng jié xiàn bái dì chéng dōng zhì hú běi
长江三峡西起重庆市奉节县白帝城，东至湖北
shěng yí chāng shì nán jīn guān quán cháng qiān mǐ yán tú liǎng àn qí fēng dǒu lì
省宜昌市南津关，全长193千米，沿途两岸奇峰陡立、
qiào bì duì zhì zì xī xiàng dōng yī cì wéi qú táng xiá wū xiá xī líng xiá
峭壁对峙，自西向东依次为瞿塘峡、巫峡、西陵峡。

qú táng xiá wèi yú chóng qìng fèng jié xiàn jìng nèi cháng qiān mǐ shì sān xiá
瞿塘峡位于重庆奉节县境内，长8千米，是三峡
zhōng zuì duǎn zuì xióng wěi xiǎn jùn de yī gè qú táng xiá rù kǒu chù liǎng àn duàn yá
中最短、最雄伟险峻的一个。瞿塘峡入口处两岸断崖
duì lì xiāng jù bù zú bǎi mǐ xíng rú mén hù míng kuí mén yě chēng qú táng xiá
对立，相距不足百米，形如门户，名夔门，也称瞿塘峡
guān shān yán shang yǒu kuí mén tiān xià xióng wǔ gè dà zì kuí mén yě shì dì
关。山岩上有“夔门天下雄”五个大字。夔门也是第

wǔ tào rén mín bì yuán zhǐ bì bèi miàn de fēng jǐng tú àn
五套人民币10元纸币背面的风景图案。

wū xiá yòu míng dà xiá wèi yú chóng qìng wū shān xiàn
巫峡，又名大峡，位于重庆巫山县
hé hú běi bā dōng xiàn liǎng xiàn jìng nèi xī qǐ wū shān xiàn dōng
和湖北巴东县两县境内，西起巫山县东
miàn de dà níng hé kǒu dōng zhì bā dōng xiàn guān dù kǒu mián
面的大宁河口，东至巴东县官渡口，绵
yán qiān mǐ yǐ yōu shēn xiù lì zhù chēng
延45千米，以幽深、秀丽著称。

xī líng xiá zài hú běi yí chāng shì zǐ guī xiàn jìng nèi
西陵峡在湖北宜昌市秭归县境内，
xī qǐ xiāng xī kǒu dōng zhì nán jīn guān quán cháng yuē qiān
西起香溪口，东至南津关，全长约76千
mǐ shì cháng jiāng sān xiá zhōng zuì cháng yǐ tān duō shuǐ jí wén
米，是长江三峡中最长、以滩多水急闻
míng de shān xiá
名的山峡。

▲夔门大桥

夔门大桥是重庆市奉节县境内连接奉节县南、北两岸片区的过江通道，位于长江水道之上，是奉节县重要的对外通道，为奉节建设国家级三峡旅游度假村创造了条件。

126 三峡水利枢纽工程有什么作用？

sān xiá shuǐ lì shū niǔ gōngchéng yòu chēng sān xiá gōng chéng wèi yú hú běi shěng
三峡水利枢纽工程，又称三峡工程，位于湖北省
yí chāng shì sān dǒu píng zhèn zhǔ yào bāo kuò sān xiá lán hé dà bà sān xiá shuǐ diàn
宜昌市三斗坪镇，主要包括三峡拦河大坝、三峡水电
zhàn sān xiá chuán zhá hé chuí zhí shēng chuán jī sān xiá gōng chéng cóng nián zhèng
站、三峡船闸和垂直升船机。三峡工程从1994年正
shì dòng gōng xīng jiàn dào nián quán bù wán gōng lì shí nián shì dāng jīn
式动工兴建，到2009年全部完工，历时15年，是当今
shì jiè shang guī mó zuì dà de shuǐ lì shū niǔ gōng chéng
世界上规模最大的水利枢纽工程。

sān xiá gōng chéng kě yǒu xiào kòng zhì cháng jiāng shàng yóu hóng shuǐ tí gāo cháng jiāng
三峡工程可有效控制长江上游洪水，提高长江
zhōng xià yóu tè bié shì jīng jiāng hé duàn de fáng hóng néng lì jiǎn shǎo hóng lào zāi hài
中下游，特别是荆江河段的防洪能力，减少洪涝灾害

带来的生态与环境的破坏，减缓洞庭湖的淤积和萎缩；提高长江中下游的抗旱能力，大旱之年能为中下游提供生活用水和实施生态补水，有利于珍稀鱼类越冬，减少上海市饮用水源受咸潮影响时间；增加长江中下游枯水期流量，有利于改善枯水期水质和增加航道水深，为“南水北调”提供水源条件；利用水能资源发电，大大减少温室气体的排放量。

▲三峡大坝

1919年，孙中山先生在《建国方略之二——实业计划》中谈及对长江上游水路的改良时，最早提出了建设三峡工程的构想。

127 世界上里程最长的人工运河是哪一条？

京杭大运河始建于春秋时期，是世界上里程最长、工程最大的古代运河，与长城、坎儿井并称为中国古代的三大工程，并且使用至今。运河南起余杭（今杭州），北到涿郡（今北京），途经江苏、山东、河北及天津，贯通海河、黄河、淮河、长江、钱塘江五大水系，全长约1794千米。

1842年，英军在鸦片战争中夺取京杭大运河与长江交汇处的镇江，封锁漕运。因此，清朝道光皇帝做出求和决定，

签下了中英《南京条约》。1853年后，太平天国占据南京和安徽沿江一带十多年，运河漕运被迫中断。1904年，漕运总督被撤。随着电车、火车的使用，京杭大运河逐渐淡出了人们的视线。

中华人民共和国成立后对京杭大运河进行了大规模整修，使其重新发挥航运、灌溉、防洪和排涝等多种作用。2002年，大运河被纳入了“南水北调”东线工程。2014年6月22日，中国大运河项目成功入选世界文化遗产名录。

▲京杭大运河

京杭大运河从开凿到现在已有2500余年的历史。春秋时期，吴国为伐齐国开凿了“邗沟”，这便是京杭大运河的雏形。后来，随着历代京都的改变和黄河的改道，运河路线几经变迁。

128 为什么说都江堰水利工程是一个伟大的奇迹？

dū jiāng yàn shuǐ lì gōng chéng wèi yú sì chuān shěng chéng dū shì dū jiāng yàn shì chéng
都江堰水利工程位于四川省成都市都江堰市城
xī zuò luò zài chéng dū píng yuán xī bù de mín jiāng shang shì yī gè yóu qú shǒu shū
西，坐落在成都平原西部的岷江上，是一个由渠首枢
niǔ yú zuǐ fēi shā yàn bǎo píng kǒu guàn qū gè jí yǐn shuǐ qú dào gè lèi
纽（鱼嘴、飞沙堰、宝瓶口），灌区各级引水渠道，各类
gōng chéng jiàn zhù wù dà zhōng xiǎo xíng shuǐ kù hé táng yàn děng gòu chéng de páng dà
工程建筑物，大、中、小型水库和塘堰等构成的庞大
de gōng chéng xì tǒng
的工程系统。

qín zhāo xiāng wáng hòu qī shǔ jùn tài shǒu lǐ bīng zǒng jié le qián rén zhì shuǐ de
秦昭襄王后期，蜀郡太守李冰总结了前人治水的
jīng yàn zǔ zhī mín jiāng liǎng àn rén mín xiū jiàn dū jiāng yàn táng dài xiū jiàn le
经验，组织岷江两岸人民，修建都江堰。唐代，修建了
fēi shā yàn zhōng huá rén mín gòng hé guó chéng lì hòu yòu xiū jiàn le gōng yè gōng shuǐ
飞沙堰。中华人民共和国成立后，又修建了工业供水

qú wài jiāng zhá fēi shā yàn gōng yè yǐn shuǐ lín shí dǎng shuǐ zhá
渠、外江闸、飞沙堰工业引水临时挡水闸。

dū jiāng yàn shuǐ lì gōng chéng shì quán shì jiè qì jīn wéi zhǐ nián dài zuì jiǔ yuǎn wéi yī liú cún yǐ wú bà yǐn shuǐ wéi tè zhēng de gǔ dài shuǐ lì gōng chéng duō nián jīng jiǔ bù shuāi qiě fā huī zhe yuè lái yuè zhòng yào de zuò yòng kān chēng wěi dà de qí jì tā chōng fèn lì yòng dāng dì xī běi gāo dōng nán dī de dì lǐ tiáo jiàn gēn jù jiāng hé chū shān kǒu chù tè shū de dì xíng shuǐ mài shuǐ shì chéng shì lì dǎo wú bà yǐn shuǐ zì liú guàn gài shǐ dī fáng fēn shuǐ xiè hóng pái shā kòng liú xiāng hù yī cún gòng wéi tǐ xì bǎo zhèng le fáng hóng guàn gài shuǐ yùn gōng néng yǐ jí shè huì yòng shuǐ zōng hé xiào yì de chōng fèn fā huī
都江堰水利工程是全世界迄今为止，年代最久远、唯一留存、以无坝引水为特征的古代水利工程，2000多年经久不衰，且发挥着越来越重要的作用，堪称伟大的奇迹。它充分利用当地西北高、东南低的地理条件，根据江河出山口处特殊的地形、水脉、水势，乘势利导，无坝引水，自流灌溉，使堤防、分水、泄洪、排沙、控流相互依存，共为体系，保证了防洪、灌溉、水运功能以及社会用水综合效益的充分发挥。

▲都江堰风景区

都江堰是世界文化遗产、世界自然遗产的重要组成部分，为全国重点文物保护单位、国家级风景名胜区、国家5A级旅游景区。

129 你知道“千湖省”是哪里吗？

湖北省因地处洞庭湖以北而得名，又称“千湖省”。湖北的地理位置很特别，位于中国中部、长江中游，被称为“九省通衢”。这里是楚文化的发源地，历史上还有“惟楚有才”的美誉。湖北省大部分地区为亚热带季风气候，日照充足，无霜期长，降水充沛。长江穿省而过，境内水资源极其丰富。

▲汤逊湖

汤逊湖位于湖北省武汉市江夏区、洪山区、东湖高新技术开发区之间，水域面积约47.6平方千米，是亚洲最大的城中湖。

湖北省的湖泊大都是由云梦泽（湖北省江汉平原上的古代湖泊的总称）淤塞分割而成，集中分布于长江与江汉之间，人们称之为“江汉湖群”，主要原因是长江在这里摆动很大，经过自然截弯取直，从而形成了众多的弓形湖泊。目前，湖北省列入省级保护名录的湖泊有755个，水面面积大于1平方千米的湖泊有200多个。

130 周庄为什么被誉为“中国第一水乡”？

周庄镇，古称泽国、贞丰里，隶属于江苏省苏州市昆山市，位于昆山、吴江、上海三地交界处。周庄镇始建于北宋元祐元年（1086年），因邑人周迪功捐地修建全福寺而得名，是江南六大古镇之一。

仅0.47平方千米的古镇核心保护区60%以上的民居仍为明清建筑，有近百座古典宅院和60多个砖雕门楼。周庄是典型的江南水乡，有人把它称作“东方威尼斯”。四条交叉形成“井”字的河道将古镇分割，形成8条街道、15座各式小桥。周庄四面临水，被淀山湖、澄湖、南湖环抱着，犹如水上孤舟。也正是由于河湖所阻，才使周庄避开了历代的战乱，保存了原有的古镇风光。

镇上大部分居民住宅都临港背河，过街骑楼、临河水阁、水墙门、河埠廊坊、穿竹石栏、深宅大院，处处显露出中国传统水乡的古朴幽雅，周庄因此成为中国水乡古镇风貌的“活化石”，被誉为“中国第一水乡”。吴冠中教授游览周庄后说：“黄山集中国山川之美，周庄集中国水乡之美。”

▲周庄

2023年，国家航天局和中国科学院联合发布了火星22个地理实体分布图，以西柏坡、漠河、周庄等中国地名为之命名。

131 港珠澳大桥为什么被誉为“桥梁界的珠穆朗玛峰”？

▲港珠澳大桥

港珠澳大桥的设计使用寿命为120年。整个桥体部分使用的是高性能钢筋混凝土，同时桥体连接部分使用了高阻尼橡胶，可以抵御8级地震、16级台风。

2018年底，经过6年筹备、9年建设，全长55千米的港珠澳大桥正式通车。港珠澳大桥是当今世界上里程最长、沉管隧道最长、设计使用寿命最长、钢结构最大、施工难度最大、技术含量最高、科学专利和投资金额最多的跨海大桥。大桥工程的技术及设备规模创造了多项世界纪录，被业界誉为“桥梁界的珠穆朗玛峰”，还被英国评为“新的世界七大奇迹之一”。

富庶的农业

阳澄湖大闸蟹、洪湖莲藕、北海南珠……这里农业发达、物产丰富。

132 长江三角洲地区为什么会成为我国著名的“鱼米之乡”？

长江三角洲地区，简称“长三角”，包括上海市、江苏省、浙江省、安徽省，涵盖41个城市。长江三角洲是长江入海之前形成的冲积平原，位于我国长江的下游地区，紧邻黄海与东海，地处江海交汇之地，沿江沿海港口众多。

长江三角洲属于亚热带季风气候，雨热同期，加上地势低平，土壤肥沃，非常适合水稻的生长，是我国重要的稻米产区。另外，这里还是我国河网密度最

gāo shuǐ zī yuán zuì fēng fù de dì qū měi píng fāng qiān mǐ
高、水资源最丰富的地区，每平方千米
hé wǎng cháng dù zài qiān mǐ yǐ shàng píng yuán shang gòng yǒu
河网长度在4千米以上，平原上共有
duō gè hú pō qí zhōng huái hé cháng jiāng qián táng
200多个湖泊。其中，淮河、长江、钱塘
jiāng jīng háng dà yùn hé wān yán bēn téng cháo hú tài hú
江、京杭大运河蜿蜒奔腾，巢湖、太湖、
xī hú děng hú pō xīng luó qí bù rú cǐ guǎng kuò de shuǐ
西湖等湖泊星罗棋布。如此广阔的水
yù bù jǐn wèi shuǐ dào zhòng zhí tí gōng le fēng fù de guàn gài
域，不仅为水稻种植提供了丰富的灌溉
shuǐ yuán hái wèi dàn shuǐ yú yǎng zhí tí gōng le kě kào de yǎng
水源，还为淡水鱼养殖提供了可靠的养
zhí chǎng suǒ hé sì liào lái yuán tóng shí cháng jiāng sān jiǎo zhōu
殖场所和饲料来源。同时，长江三角洲
dì qū gǎng kǒu zhòng duō háng yùn fā dá wèi dào mǐ chǎn yè
地区港口众多，航运发达，为稻米产业
fā zhǎn tí gōng le yōu yuè de yùn shū tiáo jiàn zōng hé yǐ
发展提供了优越的运输条件。综合以
shàng tiáo jiàn cháng jiāng sān jiǎo zhōu chéng le wǒ guó zhù míng de
上条件，长江三角洲成了我国著名的
yú mǐ zhī xiāng
“鱼米之乡”。

▲渔民捕鱼

长江三角洲地区水网密布，渔业资源十分丰富。但近年来，随着人口的急剧增长和经济的飞速发展，长江三角洲地区的生态环境遭到破坏，渔业资源受损。

133 为什么南方地区的水稻一年可以熟两三次？

水稻是稻属谷类作物，中国是水稻原产地之一。早在约7000年前，长江流域的先民们就已种植水稻。

水稻喜高温、多湿、短日照，对土壤要求不严，但更适宜在水稻土种植。一般≥10℃活动积温在2000~4500℃的地方适于种一季稻，4500~7000℃的地方适于种双季稻，5300℃是双季稻的安全界限，7000℃以上的地方可以种三季稻。良好的水稻土壤应具有较高的

bǎo shuǐ bǎo féi néng lì hái yīng jù yǒu yī dìng de shèn tòu
保水、保肥能力，还应具有一定的渗透
xìng suān jiǎn dù jiē jìn zhōng xìng
性，酸碱度接近中性。

wǒ guó cháng jiāng liú yù nèi gè shěng shì huó dòng
我国长江流域内各省市≥10℃活动
jī wēn zài diān nán gǔ dì léi zhōu bàn
积温在4500～8000℃，滇南谷地、雷州半
dǎo hǎi nán dǎo hé tái wān nán bù zài yǐ shàng
岛、海南岛和台湾南部在8000℃以上。
yīn cǐ wǒ guó nán fāng bù fen dì qū kě yǐ mǎn zú shuāng
因此，我国南方部分地区可以满足双
jì dào hé sān jì dào shēng zhǎng zhōng duì wēn dù yǔ guāngzhào de
季稻和三季稻生长中对温度与光照的
xū qiú
需求。

zài jiā shàng cháng jiāngzhōng xià yóu píng yuán zhū jiāng sān
再加上长江中下游平原、珠江三
jiǎo zhōu yǐ jí sì chuān pén dì tǔ rǎng féi wò yě shí fēn
角洲以及四川盆地土壤肥沃，也十分
yǒu lì yú shuǐ dào de shēng zhǎng
有利于水稻的生长。

▲种植水稻

目前，世界上种植水稻面积最大的国家是印度，我国水稻的种植面积居世界第二，但是我国是世界上水稻产量最高的国家。

134 为什么南方地区多红壤？

红壤是发育于热带和亚热带雨林、季雨林或常绿阔叶林植被下的土壤。我国长江以南，特别是湖南、江西、浙江中部、福建、安徽南部、湖北南部等地，分布着大片红壤。

红壤是岩石经过长期风化作用以后，逐渐破碎变成风化壳，加上微生物的进一步参与发育形成的土壤。分布在长江、湘江、沅江、赣江、钱塘江等几条大河谷地里的风化壳，是以红色砂岩、粉砂质泥岩、黏土岩及砂砾岩为主的“红色岩系”，还有相当一部分是距今1.95亿~1.4亿年的“火山岩系”，它们都含有较多的铁质矿物。

由于南方大部分地区地处亚热带，这里气温高，降水丰富。风化壳中的钾、钠、钙、镁等活泼的元素，很容易被雨水溶入而带走，而铁、铝之类的不活泼元素，随水流的渗透，会沉淀在土壤中。氧化后，生成红色的氧化铁和灰色的氧化铝。由于土壤中氧化铁的含量大于氧化铝，所以红的色彩占了上风，又因受氧化铝的影响，红中略带灰色，进而成为砖红色土壤。

▲红壤

红壤适合种杉树、棕榈、油桐、水稻、茶叶、蜜柚、柑橘、柿子、甘蔗等植物。红壤酸性强，栽种过程中要适当撒施一些石灰来中和土壤酸性，同时补充磷肥。

135 为什么南方地区多种植冬小麦而不是春小麦？

小麦是在世界各地广泛种植的禾本科植物，总产量仅次于玉米。据统计，世界上有43个国家，约40%的人口以小麦为主要粮食。我国不仅是全世界最大的小麦生产国和消费国，也是小麦国际贸易大国。

根据播种季节，小麦可分为两大类，即冬小麦和春小麦。冬小麦抗寒的能力极强，其幼苗能够过冬，但还不足以抵抗长城以北大部分地区的低温，一般在每年的9—10月播种，然后于次年的4—5月收获。

chūn xiǎo mài de kàng hàn néng lì jí qiáng zhū ǎi suì dà shēng
春小麦的抗旱能力极强，株矮穗大，生
zhǎng qī duǎn shì yú chūn tiān bō zhǒng yī bān zài yuè
长期短，适于春天播种，一般在3—4月
bō zhǒng rán hòu yú dāng nián de yuè shōu gē
播种，然后于当年的8—9月收割。

yīn cǐ yī bān yǐ cháng chéng wéi jiè cháng chéng yǐ běi
因此一般以长城为界，长城以北，
mín shān dà xuě shān yǐ xī dì qū zhǔ yào zhòng zhí chūn xiǎo mài
岷山、大雪山以西地区主要种植春小麦。
cháng chéng yǐ nán qín lǐng huái hé yǐ běi de hé nán hé
长城以南，秦岭—淮河以北的河南、河
běi shān dōng shǎn xī shān xī zhū shěng qū zhǔ yào zhòng zhí dōng
北、山东、陕西、山西诸省区主要种植冬
xiǎo mài zhè lǐ shì zhōng guó zuì dà de xiǎo mài jí zhōng chǎn qū
小麦，这里是中国最大的小麦集中产区
hé xiāo fèi qū xiǎo mài bō zhǒng miàn jī hé chǎn liàng zhàn quán guó
和消费区，小麦播种面积和产量占全国
de zuǒ yòu qín lǐng huái hé yǐ nán de jiāng sū ān
的2/3左右；秦岭—淮河以南的江苏、安
huī sì chuān hú běi gè shěng jí wǒ guó nán fāng dì qū duō
徽、四川、湖北各省，即我国南方地区多
zhòng zhí dōng xiǎo mài
种植冬小麦。

▲小麦

在我国小麦有四大产区：西南麦区、长江中下游麦区、黄淮海麦区和西北麦区。河南省是全国最适宜种植小麦的地区，也是全国小麦产量第一大省，全年小麦产量占全国的1/4。

136 稻田里也能养鱼吗？

稻田养鱼是典型的生态循环农业模式，通过种养结合，实现水稻种植与水产养殖协调绿色发展。这种农业模式在我国浙江、四川、贵州等省的山区较普遍。

稻田养鱼一般以草鱼为主，因地制宜搭配一些鲤鱼和鲫鱼等。稻田环境为草鱼提供了良好的生存条件。草鱼是典型的杂食性鱼类，在有适口的动物性食料时，它先吃动物性食料，后吃草料。当草鱼体长达

到10厘米以后，转而以吃高等水生植物为主。目前，稻田里所知的常见杂草有30~50种，为草鱼提供了丰富而新鲜的食料。同时，草鱼除草能力强，吃虫本领大，排泄物量多，为水稻生长创造良好的条件。

不过，稻田养鱼也有一定缺点，比如水源难以保证、不方便使用化肥和农药等，因此这种生产方式更适合小面积的农田。

▲草鱼

草鱼是中国重要的淡水养殖鱼类，它和鲢、鳙、青鱼一起，构成了中国的“四大家鱼”。

137 洪湖为什么盛产莲藕？

洪湖是中国第七大淡水湖，湖北省第一大湖，历史上属云梦泽东部的长江泛滥平原。洪湖境内以洪水泛滥淤积形成的冲积土为主，主要有沙土、沙壤土、黏土和青泥巴。当地特有的青泥巴土壤自身肥力足（有机质含量高，水生蔬菜所需的氮、磷、钾等大量元素和钙、镁、硫、硼、锌、硒等中量及微量元素含量丰富），质地细腻柔软，抓肥能力强，适合莲藕生长。

洪湖莲藕

在全国十分有名，有“长江的鱼，洪湖的藕，才子佳人吃了不想走”的美誉。据说在元代，人们就已经开始种植莲藕，经过2000多年的长期栽培后，终于形成了莲藕中的特有品种——洪湖莲藕。洪湖莲藕形状长而饱满，淀粉含量高，富含铁、钙等微量及中量元素和植物蛋白等，具有香、脆等特点。

另外，莲藕全身都是宝，既可以做成美味的菜肴，又可以加工成藕粉、蜜饯等，甚至还可以入药。

▲藕汤

洪湖莲藕是湖北省荆州市洪湖市特产。洪湖莲藕煮汤易烂，炒食甜脆，煨汤易粉，品质优，产量高。

138 为什么阳澄湖的大闸蟹那么出名？

dà zhá xiè shì rén men cān zhuō shang cháng jiàn de měi shí wǒ guó xǔ duō dì
大闸蟹是人们餐桌上常见的美食。我国许多地
fang dōu yǒu yǎng zhí dà zhá xiè qí zhōng zuì fù shèng míng de dāng shǔ yáng chéng hú de
方都有养殖大闸蟹，其中最负盛名的当属阳澄湖的
dà zhá xiè
大闸蟹。

yáng chéng hú dà zhá xiè yòu míng jīn zhǎo xiè chǎn yú sū zhōu yáng chéng hú xiè
阳澄湖大闸蟹又名金爪蟹，产于苏州阳澄湖。蟹
shēn bù zhān ní sú chēng qīng shuǐ dà zhá xiè xiān huó de shí hou qīng bèi bái dù jīn
身不沾泥，俗称清水大闸蟹，鲜活的时候青背白肚，金
zhǎo huáng máo yán sè xiān míng wú zá sè tǐ dà biāo féi
爪黄毛，颜色鲜明，无杂色，体大膘肥。

yáng chéng hú de shuǐ zhì hǎo hú shuǐ zhōng gài měi guī lǚ yǎng děng hán
阳澄湖的水质好，湖水中钙、镁、硅、铝、氧等含
liàng gāo hú dǐ tǔ zhì jiān yìng yū ní xī shǎo bù jǐn shuǐ cǎo fēng mào hái yǒu
量高，湖底土质坚硬、淤泥稀少，不仅水草丰茂，还有
hé xiā luó sī děng shuǐ shēng dòng wù wèi dà zhá xiè tí gōng le yōu zhì de shēng cún
河虾、螺蛳等水生动物，为大闸蟹提供了优质的生存

huán jìng zhè yě shǐ de yáng chéng hú dà zhá xiè yíng yǎng fēng
环境，这也使得阳澄湖大闸蟹营养丰
fù xiāng duì qí tā hú xiè ér yán yáng chéng hú dà zhá xiè
富。相对其他湖蟹而言，阳澄湖大闸蟹
de ròu zhì gèng jiā xì nèn wèi dào gèng jiā xiān měi
的肉质更加细嫩，味道更加鲜美。

yáng chéng hú dà zhá xiè duì shēng zhǎng tiáo jiàn yāo qiú yán
阳澄湖大闸蟹对生长条件要求严
kē xū yào zài dàn shuǐ zhōng yù féi shēng zhǎng qiě mǔ chǎn liàng
苛，需要在淡水中育肥生长，且亩产量
yǒu míng què guī dìng yīn cǐ yáng chéng hú dà zhá xiè de chǎn liàng
有明确规定，因此阳澄湖大闸蟹的产量
xiāng duì jiào shǎo xiǎn de gèng wéi xī yǒu
相对较少，显得更为稀有。

měi nián nóng lì jiǔ yuè shí yuè shì chī páng xiè de huáng jīn shí jiān zhè shí
每年农历九月、十月是吃螃蟹的黄金时间，这时
de páng xiè xìng xiàn fā yù zuì jiā zhēng shú hòu ròu zhì xì nì cí xiè huáng sì jīn
的螃蟹性腺发育最佳，蒸熟后肉质细腻，雌蟹黄似金，
xióng xiè gāo ruò yù shēn shòu rén men xǐ ài
雄蟹膏若玉，深受人们喜爱。

▲大闸蟹

大闸蟹死后不能食用，因为其死后，体内会迅速滋生大量细菌，从而产生毒素，这些毒素不会因为烹饪产生的高温而分解，食用可能导致食物中毒。还有，食用前要去除蟹鳃、蟹肠、蟹心、蟹胃，这些是螃蟹过滤和代谢废物的器官，含有大量细菌和寄生虫。

139 为什么柑橘不宜在北方种植？

柑橘是橘、柑、橙、金柑、柚、枳等的总称。柑橘原产中国，栽培历史悠久，为中国著名果品之一，在秦岭—淮河以南地区广泛栽培。“淮海惟扬州，厥苞橘柚锡贡。小曰橘，大曰柚。”2000多年前的典籍《禹贡》中这样描述南方特产柑橘。“后皇嘉树，橘徕服兮。受命不迁，生南国兮。”先秦屈原在《橘颂》中这样称赞柑橘。

柑橘喜光、较耐阴，喜温暖气候，具有较强的抗寒性，对土壤的适应范围较广，但以疏松、肥沃、排水良

好的微酸性至中性土壤最为适宜。

柑橘的生长发育与温度、日照、湿度、土壤、海拔、地形等环境条件密切相关，这些条件中温度对其影响显著。温度不仅影响柑橘的分布，还影响柑橘的产量和品质。一般温度在13℃左右，柑橘才会开始成长；最适宜生长的温度在26℃左右，温度过低或过高都会限制其生长。适合栽培柑橘的地区，≥10℃年积温要在4500～9000℃。而我国北方四季分明，冬天温度特别低，会使柑橘产生冻害，且≥10℃年积温低于4500℃，因此不适宜种植柑橘。

柑橘的生长发育对降水量也有一定的要求。一般年降水量1000毫米左右的热带、亚热带地区都适宜种植柑橘，而我国北方地区年降水量小于800毫米，因此柑橘无法正常生长。

▲柑橘

据考证，直到公元1471年，橘、柑、橙等柑橘类果树才从中国传到欧洲。在中国，浙江省台州市黄岩区被称为“中国蜜橘之乡”。

140 为什么椰子树大都长在热带沿海和岛屿周围？

椰子树有“生命树”“宝树”之称，其是利用水来传播种子的。椰子树的果实是一种核果，外果皮是粗松的木质，中间由坚实的棕色纤维构成，成熟后掉在水里，会像皮球一样漂浮在水面上，有时会随着海水漂流数千米，一旦碰到浅滩，或被海潮冲向岸边后，遇到了适宜的环境，它们就在那里发芽成长。这就是热带沿海和岛屿周围会长出椰子树的秘密。

另外，椰子树特别喜欢含有盐渍的土壤。海水常

chángchōng shuā hǎi àn zài àn biān de tǔ rǎng zhōng liú xià le
常冲刷海岸，在岸边的土壤中留下了
fēng fù de yǎng liào tóng shí yě dài lái le dà liàng de yán fèn
丰富的养料，同时也带来了大量的盐分。
yē zi shù shēng zhǎng zài zhè yàng de tǔ rǎng zhōng zài jiā shàng
椰子树生长在这样的土壤中，再加上
shì yí de wēn dù chōng zú de yáng guāng jiù néng zhǎng de tè
适宜的温度，充足的阳光，就能长得特
bié kuài tè bié hǎo
别快、特别好。

▲椰子

椰汁及椰肉中含有丰富的蛋白质、糖类、脂肪、维生素、钾、钙、镁等营养元素。适量食用椰汁和椰肉能够为人体提供能量，补充营养。

141 为什么北海又叫“南珠之乡”？

广西壮族自治区北海市合浦县位于北部湾畔，南流江入海口，是古代海上丝绸之路的始发港之一。合浦是南珠的原产地，有“东方之珠”“中国南珠之乡”等称号。

北海南珠历史久远，合浦的珍珠采集历史可以追溯到秦朝。得天独厚的自然环境、洁净的水质、丰富的无机盐和浮游生物、温和的气候条件孕育出优质的合浦珍珠。合浦南珠不仅产量大，而且有凝重结实、

hún yuán tī tòu jīng yíng guāng rùn sè zé jīng jiǔ bù biàn de
浑圆剔透、晶莹光润、色泽经久不变的
tè diǎn zì gǔ biàn yǒu dōng zhū bù rú xī zhū xī zhū
特点。自古便有“东珠不如西珠，西珠
bù rú nán zhū zhī shuō nán zhū lì dài jiē bèi yù wéi guó
不如南珠”之说。南珠历代皆被誉为“国
bǎo qín hàn shí qī chéng wéi huáng jiā gòng pǐn míng yáng tiān xià
宝”，秦汉时期成为皇家贡品，名扬天下。

nán zhū bù jǐn shì jí hǎo de zhuāng shì pǐn hái yǒu hěn
南珠不仅是极好的装饰品，还有很
gāo de yào yòng jià zhí shì zhēn guì de yào cái yòng nán zhū
高的药用价值，是珍贵的药材。用南珠
mò chéng de zhēn zhū fěn qí xìng hán wèi gān xián jù yǒu
磨成的珍珠粉，其性寒，味甘、咸，具有
zhèn xīn ān shén qīng rè yì yīn huà tán de gōng xiào yīn cǐ
镇心安神、清热益阴、化痰的功效，因此
yǒu zhēn zhū rù yào yǐ nán zhū wéi shàng pǐn zhī shuō
有“珍珠入药，以南珠为上品”之说。

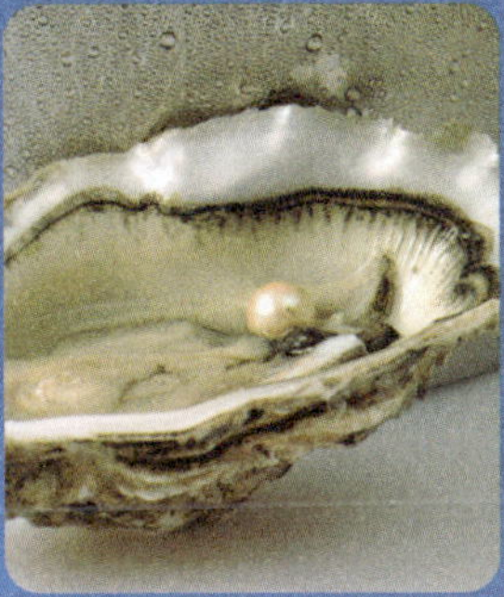

▲珍珠

合浦南珠是中国海水珍珠的典范。北海市铁山港区白龙海域一带所产的南珠，又称“白龙珠”，为南珠之极品，驰名寰宇。

142 为什么说南海是一个大渔场？

nán hǎi shì wǒ guó zuì dà de biān yuán hǎi tā dì chǔ rè dài yà rè dài
南海是我国最大的边缘海，它地处热带、亚热带，
hǎi dǐ dì xíng fēng fù wèi hǎi yáng shēng wù tí gōng le liáng hǎo de shēng cún huán jìng
海底地形丰富，为海洋生物提供了良好的生存环境。

yáng guāng shuǐ wēn yǐ jí xíng tài fēng fù de hǎi liú shì yǐng xiǎng hǎi yáng shēng
阳光、水温以及形态丰富的海流，是影响海洋生
wù shēng zhǎng de zhòng yào tiáo jiàn zài shuǐ wēn gāo yáng guāng chōng zú de huán jìng xià
物生长的重要条件。在水温高、阳光充足的环境下，
fú yóu shēng wù shēng zhǎng hé fán zhí sù dù kuài tā men shì hǎi yáng de chū jí shēng
浮游生物生长和繁殖速度快，它们是海洋的初级生
chǎn lì shì yú qún de zhòng yào shí wù lái yuán mù qián nán hǎi yǐ zhī de fú
产力，是鱼群的重要食物来源。目前，南海已知的浮
yóu zhí wù yǒu duō zhǒng fú yóu dòng wù yǒu duō zhǒng nán hǎi hǎi shuǐ
游植物有500多种，浮游动物有700多种。南海海水
qīng chè shuǐ wēn cháng nián jiào gāo hǎi liú yě fēi cháng shì hé yú qún chǎn luǎn fán zhí
清澈、水温常年较高，海流也非常适合鱼群产卵繁殖。
zài dé tiān dú hòu de dì lǐ tiáo jiàn hé qì hòu tiáo jiàn xià nán hǎi wèi hǎi yáng shēng
在得天独厚的地理条件和气候条件下，南海为海洋生
wù tí gōng le fēng fù de shí wù hé ān quán de fán zhí jí qī xī zhī suǒ suǒ
物提供了丰富的食物和安全的繁殖及栖息之所。所

yǐ nán hǎi kě yǐ shuō shì yī gè tiān rán de dà yú chǎng
以，南海可以说是一个天然的大渔场，
yě shì yī zuò yǒng xù de yú yè jīn kù
也是一座永续的渔业金库。

nán hǎi shì quán qiú qiǎn hǎi hé rè dài shēng wù duō yàng
南海是全球浅海和热带生物多样
xìng zhōng xīn yě shì wǒ guó chuán tǒng de yú chǎng nán hǎi bù
性中心，也是我国传统的渔场。南海不
jǐn zhōng shàng céng yú yè zī yuán fēng fù ér qiě míng guì gāo
仅中上层渔业资源丰富，而且名贵、高
dàng de hǎi chǎn pǐn zhǒng lèi yě fēi cháng duō yóu qí shì zài nán
档的海产品种类也非常多，尤其是在南
shā qún dǎo de jiāo pán nèi lóng xiā sū méi shí bān yú
沙群岛的礁盘内，龙虾、苏眉、石斑鱼、
qīng yī gōng luó děng shǔ bù shèng shǔ
青衣、公螺等，数不胜数。

▲南海

南海有丰富的海洋油气矿产资源、滨海和海岛旅游资源、海洋能资源、港口航运资源、热带和亚热带生物资源，是中国重要的海岛、珊瑚礁、红树林、海草床等热带生态系统分布区。

143 为什么茶树适宜在酸性土壤中种植?

chá shù shì yī zhǒng xǐ suān zhí wù, zhǐ yǒu zài suān xìng tǔ rǎng zhōng cái néng zhèng cháng shēng zhǎng
茶树是一种喜酸植物，只有在酸性土壤中才能正常生长。

jù yán jiū, chá shù gēn bù zhī yè zhōng hán yǒu jiào duō de níng méng suān、píng guǒ suān、cǎo suān jí bǐng tóng suān děng yǒu jī suān。zhè xiē yǒu jī suān suǒ zǔ chéng de zhī yè, duì suān xìng de huǎn chōng lì bǐ jiào dà, ér duì jiǎn xìng de huǎn chōng lì jiào xiǎo。yě jiù shì shuō, chá shù zài suān xìng de huán jìng xià shēng zhǎng, tā de xì bāo zhī yè bù huì yīn suān de qīn rù ér shòu dào pò huài, zhè shì chá shù shì yí zài suān xìng tǔ rǎng zhōng zhòng zhí
据研究，茶树根部汁液中含有较多的柠檬酸、苹果酸、草酸及丙酮酸等有机酸。这些有机酸所组成的汁液，对酸性的缓冲力比较大，而对碱性的缓冲力较小。也就是说，茶树在酸性的环境下生长，它的细胞汁液不会因酸的侵入而受到破坏，这是茶树适宜在酸性土壤中种植

的重要原因之一。

茶树是聚铝性植物，其生长过程中会吸收大量的活性铝离子。酸性土壤中含有丰富的活性铝离子，且酸性越强，活性铝离子就越多。而中性或碱性土壤则无法提供活性铝离子。

另外，茶树根系与菌根菌共生，形成“菌根”。这些菌根菌能分解土壤中的有机物质，吸收养分与水分满足茶树生长需要，而其只有在酸性环境中才能生长。

▲采茶

我国南方的山区大多是酸性土壤，能够为茶树提供良好的生长条件，而北方大部分地区由于冬季温度低，土壤又多为碱性，所以不太适合种植茶树。

144 为什么土壤会板结？

土壤板结是指土壤表层因缺乏有机质，结构不良，在灌水或降雨等外因作用下结构被破坏、土料分散，而干燥后受内聚力作用使土面变硬的现象。

农田土壤质地黏重，耕作层浅，土壤孔隙较少，通气、透水、增温性较差。下雨或灌水以后，孔隙容易堵塞，造成土壤表面结皮，容易板结。暴雨、水土流失、干旱等自然灾害也会导致土壤结构被破坏，引起土壤板结。

农业生产中，农家肥严重不足，土壤有机质下降，腐殖质不能得到及时补充，会引起土壤板结。长期采取机械镇压、翻耕等农耕措施，会破坏土壤团粒结构，造成土壤板结。另外，使用的地膜和塑料袋等没有及时清理干净，其在土壤中无法完全分解，则会形成有害的块状物，造成土壤板结。

部分地区的地下水和工业废水中含有大量的有毒物质，长期用其灌溉农田，会使有毒物质过量积累，引起表层土壤板结。

▲干裂的土壤

土壤板结会造成土壤的吸水、吸氧及吸收营养物质的能力降低，通透性下降，使作物根系发育不良，影响农作物产量。

145 什么是绿肥？

绿肥是用绿色植物体制成的肥料。种植绿肥不仅是增加肥源的有效方法，对改良土壤也有很大作用。

绿肥含有丰富的有机质和多种微量元素，其在分解过程中能释放出大量的有机酸，将土壤中不易分解的有机物质转化为可溶性养分，使土壤变得疏松，改善通气性，有利于土壤好气性微生物的活动，促进土壤团粒结构的形成，增强土壤保肥、保水性能。绿肥根系发达，能有效地预防水土流失和土壤沙化。同时，种植绿肥可以减少化肥的使用，从而降低生产成本，提高农产品的品质。

▲紫云英

紫云英喜欢生长在较为湿润的土壤中，在较为干旱的环境下，其生长会受到限制。此外，紫云英对土壤的酸碱度也有一定的要求，适合生长在酸性或中性的土壤中，是我国南方稻区主要的绿肥作物。

绿肥一般分为豆科和非豆科两大

类。在南方地区，适合种植紫云英、毛叶苕子、光叶苕子、箭筈豌豆、蚕豆、山黧豆、黄花苜蓿等豆科绿肥。其中，山黧豆主要在四川、重庆种植，黄花苜蓿主要在浙江、上海及苏南地区种植。非豆科绿肥可选用肥田萝卜、肥田油菜、多花黑麦草等。

需要注意的是，想要发挥绿肥的增产作用，必须要做到合理施用。视具体情况，选择合适的绿肥种类，适时、适量施用绿肥，注意土壤水分、温度和酸碱度对绿肥分解的影响。

146 围湖造田有什么危害？

wéi hú zào tián shì zhǐ jiāng hú pō de qiǎn shuǐ cǎo tān yóu rén gōng wéi kěn chéng
围湖造田是指将湖泊的浅水草滩由人工围垦成
wéi nóng tián de yī zhǒng huó dòng hóng hú pó yáng hú
为农田的一种活动。洪湖、鄱阳湖、
dòng tíng hú děng hú pō dōu céng bèi dà guī mó wéi kěn zào tián
洞庭湖等湖泊都曾被大规模围垦造田。

wéi hú zào tián kě néng huì zào chéng yǐ xià wēi hài
围湖造田可能会造成以下危害：
pò huài hú pō de shēng tài huán jìng shǐ shuǐ shēng dòng zhí
破坏湖泊的生态环境，使水生动植
wù de zhǒng lèi xià jiàng shù liàng jiǎn shǎo jiā kuài hú pō
物的种类下降，数量减少；加快湖泊
zhǎo zé huà de jìn chéng dà dà jiǎn ruò hú qū de tiáo xù
沼泽化的进程，大大减弱湖区的调蓄
kàng zāi néng lì dǎo zhì xùn qī hóng lào zāi hài pín fán
抗灾能力，导致汛期洪涝灾害频繁；
pò huài zhí bèi zào chéng shuǐ tǔ liú shī zuì zhōng dǎo zhì
破坏植被，造成水土流失，最终导致
hú tián tǔ rǎng huán jìng è huà xiào yì xià jiàng
湖田土壤环境恶化，效益下降。

▲农田

20 世纪六七十年代，大批农民迁移到洞庭湖区，围湖造田，建立了许多大坝，围堵洞庭湖湖水，使得历史上的“八百里洞庭”变成“三百里洞庭”。

有趣的民俗

深厚的历史沉淀，
丰富的文化内涵，
复杂的地理环境，
共同造就了多样的民俗。

147 傣族的泼水节，水泼得越多越好吗？

泼水节是中国傣族、阿昌族、布朗族、佤族、德昂族等少数民族和中南半岛某些民族的新年节日。中国傣族节期在傣历六七月（清明节后十日左右），相当于公历4月中旬。

节日期间，人们相互泼水祝福，并举行赛龙舟、放高升、点孔明灯等活动。泼水的寓意是用水冲走疾病

和灾难，获得美好、幸福的生活。在泼水节中，谁被泼的水越多，象征着该年谁最幸福。

泼水节是展现傣族水文化、音乐舞蹈文化、饮食文化、服饰文化等传统文化的综合舞台，是研究傣族历史的重要窗口，具有较高的学术价值。泼水节上的章哈、白象舞等艺术表演有助于人们了解傣族的民族特色，感受其文化底蕴。同时，泼水节还是加强西双版纳全州各族人民大团结的重要纽带，对促进西双版纳与东南亚各国友好合作交流和推动全州经济文化的发展发挥了积极作用。

▲泼水节

整个节日期间，除有赛龙舟、放高升、放孔明灯、泼水、丢包等传统娱乐活动外，还有斗鸡、放气球、游园联欢、物资交流等新活动。云南民族村的傣族、佤族男女身穿盛装与游客一起欢度泼水节。

148 你知道彝族火把节的由来吗？

在中国最大的彝族聚居区四川凉山，关于火把节由来的传说很多。其中影响最大、流传最广、最具代表性的是彝族英雄黑体拉巴斗败天神恶魔，团结民众与邪恶和灾害抗争的神话故事。

相传在远古的时候，彝族英雄支格阿龙的故乡有个叫黑体拉巴的人。他力大无穷，智力超群，与牧羊姑娘妮璋阿芝相恋。这引起了天神恩体古孜的儿子大力神斯热阿比的愤恨和嫉妒。于是，斯热阿比便想

与黑体拉巴摔跤决斗，结果被黑体拉巴摔死。天神为此大怒，便放出天虫（蝗虫）到人间毁灭成熟的庄稼。

妮璋阿芝翻山越岭，从大毕摩（祭司）那了解到消灭蝗虫要用火把。于是妮璋阿芝和黑体拉巴带领民众上山扎蒿秆火把，历经三天三夜，终于用火把烧死了所有的天虫，保住了庄稼。看到如此情景，天神便使用法力将劳累过度的黑体拉巴变成了一座高山。妮璋阿芝伤心欲绝，在大毕摩的祈祷声中化作美丽的索玛花盛开在高山上。这一天，正好是农历的六月二十四日。

从此，彝族人为了纪念这一天，每年的农历六月二十四日便要以传统方式击打燧石，燃起火把，走向田野，以祈求风调雨顺、来年丰收。

▲火把节

其实火把节不仅仅是彝族的节日，白族、佤族、纳西族、拉祜族、傈僳族也有火把节，其拥有深厚的民俗文化内涵，被称为“东方的狂欢节”和“中国民族风情第一节”。

149 苗族服饰有什么特征?

在我国南方民族中，苗族服饰独具特色。苗族服饰，苗语叫“呕欠”，主要由童装、便装、盛装组成，银饰、苗绣、蜡染是苗族服饰的主要特色。

如今，苗族服饰仍在使用中国民间织、绣、挑、染的传统工艺技法，往往以一种工艺手法为主，穿插使用其他的工艺手法，要么挑中带绣，要么染中带绣，要么织绣结合，使服饰看起来花团锦簇，流光溢彩，体现出鲜明的民族艺术特色。

苗族服饰颜色鲜艳，上面常常有手工绣制的各种各样的图案，如花纹、图腾、动植物等。这些图案不仅能够增加服饰的美观度，还能体现苗族文化的内涵。苗族服装非常注重搭配饰品，包括头饰、项链、耳环、手镯、腰带等，且多为银饰，有着鲜明的民族风格。

苗族虽然没有本民族的文字，但通过口口相传，将流传千年的故事、先民居住的城池、迁徙漂泊的路线等事件融入服饰文化当中，并一针一线绣进衣冠服饰，世代传承。因此，苗族服饰又被誉为“无字史书”和“穿在身上的史书”。2006年，云南省保山市申报的苗族服饰经国务院批准列入第一批国家级非物质文化遗产名录。

▲苗族姑娘

湘西方言和黔东方言苗区喜好银饰，黔南某些地区喜好贝饰，而西部方言区苗族服饰则少银饰。苗族服饰样式繁多，据不完全统计，有200多种样式。

150 你知道“三月街”是哪个少数民族的节日吗？

白族是中国少数民族之一，主要分布在云南、贵州、广西等地。其中，云南省的大理白族自治州是白族人口最多的地区。“三月街”始于唐代永徽年间，已有上千年历史，是白族传统盛大节日和民间物资交流、文娱活动的盛会，有“千年赶一街，一街赶千年”的盛誉。

1992年，为了更好地弘扬民族传统文化，大理白族自治州将“三月街”确立为大理的民族节。“三月街”为期七天，从农历三月十五日开始至二十一日结束。

“一年一度三月街，四面八方有人来。各族人民齐欢唱，赛马唱歌做买卖。”在“三月街”

期间，街上人山人海，商人和游客云集，进行牲畜、药材、茶叶、铜器等产品交易。白族人民会穿上传统的节日服装，戴上花环，手持花枝，沿着街道游行，欢庆节日。除游行之外，“三月街”还有很多其他的活动，比如对歌、跳舞、射箭、赛马、球类比赛等。白族人民也会在节日期间举行传统的祭祀仪式。

每逢“三月街”，大理都会举办盛大的节日活动，热闹非凡，吸引来自世界各地的游客前来参观。如今，“三月街”已成为世界认识大理，大理走向世界的重要桥梁。

▲白族建筑

白族崇尚白色，因此白族建筑多以白色为主色调。人们还会在墙上雕花、彩绘、题字等，使建筑颇具文化色彩。

151 壮锦是如何制作的？

壮族是一个拥有悠久历史的民族，主要分布在我国的广西壮族自治区、云南、贵州等地。壮锦是壮族传统的手工纺织工艺品，与云锦、蜀锦、宋锦并称中国四大名锦，是中华民族文化瑰宝之一。

壮锦是利用棉线或丝线编织而成的精美工艺品，图案生动，结构严谨，色彩斑斓，充满热烈、开朗的民族格调，体现了壮族人民对天地的崇拜和对美好生活的追求与向往。广西忻城县是壮锦的起源地之一，有着悠久的历史和深厚的文化底蕴。壮锦象征美好，曾被明王朝列为贡

pǐn guì zú guān shāng yě mò bù zhēng gòu zhī
品，贵族官商也“莫不争购之”。

chuán tǒng zhuàng jǐn de zhī zào gōng xù dà zhì fēn wéi suǒ
传统壮锦的织造工序大致分为锁
yǎn shàng suō zi xià suō zi yā tiáo xià jīng gē huā děng
眼、上梭子、下梭子、压条、下经、割花等
huán jié biān zhī zhuàng jǐn gōng yì bù jǐn xū yào jīng zhàn de
环节。编织壮锦工艺不仅需要精湛的
jì qiǎo hái yào yǒu jí gāo de nài xīn zhèng cháng qíng kuàng
技巧，还要有极高的耐心。正常情况
xià yī gè shú liàn de shǒu yì rén yī tiān zhǐ néng zhī sān shí
下，一个熟练的手艺人一天只能织三十
lí mǐ zuǒ yòu shǒu yì rén àn zhào shè jì hǎo de tú àn
厘米左右。手艺人按照设计好的图案，
yòng tiǎo huā chǐ jiāng huā wén tiǎo chū zài yòng yī tiáo tiáo biān huā
用挑花尺将花纹挑出，再用一条条编花
zhú hé dà zōng xiàn biān pái zài zhú lóng shang zhī jǐn shí àn
竹和大综线编排在竹笼上。织锦时，按
zhào zhú lóng shang de biān huā zhú zhú tiáo yī cì zhuǎn yí tōng guò zōng xiàn qiān yǐn rú
照竹笼上的编花竹逐条依次转移，通过综线牵引，如
cǐ wǎng fù biàn jiāng huā wén zhī zài jǐn miàn shang yóu yú zhuàng jǐn zhī zào guò chéng
此往复，便将花纹织在锦面上。由于壮锦织造过程
xū yào shǒu gōng cāo zuò yǐ zhì yú wú fǎ pī liàng huà shēng chǎn zhè yě shì qí bǎo
需要手工操作，以至于无法批量化生产，这也是其保
hù hé chuán chéng de nán diǎn zhī yī
护和传承的难点之一。

▲壮族服饰

壮族服饰，简称“壮服”，主要有蓝、黑、棕三种颜色。男装比较素，女装则多姿多彩，族人特别喜欢在鞋、帽、胸兜上用五色丝线绣上人物、鸟兽、花卉等。

152 南北方的端午节习俗有什么不同？

端午节是我国传统节日，有丰富的民俗活动。但由于自然与人文环境的差异，端午节的习俗在南北方也有所不同。

“南咸北甜”：端午食粽，几乎是全国统一的习俗。可是对于粽子的口味，南北方却存在着巨大差异。南方以咸粽为主，粽子馅料有鲜肉、火腿、香菇、腊肉、蛋黄等。而北方以甜粽为主，粽子馅料有红枣、蜜枣、豆沙、果脯等，每个地域又有不同的特点。此外，南方多用竹叶或者芭蕉叶包粽子，北方多用芦苇叶包粽子。

▲端午节赛龙舟

端午节是中国的传统文化节日。传说战国时期的楚国诗人屈原在五月初五跳汨罗江自尽，后人亦将端午节作为纪念屈原的节日。

“南舟北柳”：南方由于水运交通非常便利，端午期间都会举办一些精彩刺激的龙舟比赛。在北方的端午节，古时人们常踏柳赋诗，如今演变成踏青出游。

“南艾条北铜钱”：端午时，南方家家户户都会挂艾条、悬菖蒲，人们还有佩戴香囊的习俗；北方则有佩戴祛五毒铜钱的习俗。

除了以上这些不同的习俗，南北方的端午节也有一些相同的习俗，如拴五色丝线、放纸鸢等。每到端午佳节，各种庆祝活动在全国各地举行，节味浓郁，热闹喜气。

153 “变脸”是我国哪个著名剧种的绝活？

“变脸”是川剧的绝活。川剧是汉族戏曲之一，主要流行于四川中东部、重庆和贵州、云南的部分地区。川剧变脸是塑造人物的一种特技，指演员在舞台上当众变换脸部色彩或改变脸谱样式，用以表现人物的情绪变化，是一种极具浪漫主义色彩的艺术表现手法。

▲川剧变脸

川剧，俗称川戏，是融汇高腔、昆曲、胡琴（皮黄）、弹戏（梆子）和四川民间灯戏五种声腔艺术的传统剧种。

相传，“变脸”是古代人类在面对凶猛野兽时，为了生存而将自己的脸用不同的方式画出不同的形态，以吓跑野兽。后来，川剧将变脸搬上了舞台，经过历史的沉淀，逐渐成了一门传世的艺术特技。

变脸的手法主要有抹脸、吹脸、

chě liǎn sān zhǒng mǒ liǎn shì jiāng huà zhuāng yóu cǎi tú zài liǎn shang de mǒu yī tè
扯脸三种。“抹脸”是将化妆油彩涂在脸上的某一特
dìng bù wèi yǎn yuán biǎo yǎn shí yòng shǒu zài liǎn shang yī mǒ biàn kě wán chéng biàn liǎn
定部位，演员表演时用手在脸上一抹，便可完成变脸。
chuī liǎn dà duō shì hé fěn mò zhuàng de huà zhuāng pǐn rú jīn fěn yín fěn děng
“吹脸”大多适合粉末状的化妆品，如金粉、银粉等，
yǎn yuán biàn liǎn shí duì zhe fěn mò chuī qì fěn mò jiù huì zhān zài liǎn shang chě
演员变脸时对着粉末吹气，粉末就会沾在脸上。“扯
liǎn yǒu yī dìng nán dù liǎn pǔ de nián hé jì bù néng tài duō fǒu zé róng yì chě
脸”有一定难度，脸谱的黏合剂不能太多，否则容易扯
bù xià lái huò zhě yī cì xìng jiāng suǒ yǒu liǎn pǔ chě xià lái lìng wài jiǎ dòng zuò
不下来或者一次性将所有脸谱扯下来。另外，假动作
yě yào gèng jiā gān cuì lì luo
也要更加干脆利落。

154 为什么川渝地区的人爱吃辣椒？

zhōng guó dì yù liáo kuò bù tóng dì qū xíng chéng le bù tóng de yǐn shí wén
中国地域辽阔，不同地区形成了不同的饮食文
huà chuān yú dì qū de yǐn shí wén huà yǒu yī gè fēi cháng zhòng yào de tè diǎn
化。川渝地区的饮食文化有一个非常重要的特点，
nà jiù shì wú là bù huān yǐ huǒ guō chuàn chuàn xiāng fū qī fèi piàn chóng
那就是“无辣不欢”。以火锅、串串香、夫妻肺片、重
qìng xiǎo miàn děng wéi dài biǎo de zhù míng chuān yú měi shí dōu lí bù kāi là jiāo nà
庆小面等为代表的著名川渝美食，都离不开辣椒。那
me wèi shén me chuān yú dì qū de rén zhè me ài chī là jiāo ne
么，为什么川渝地区的人这么爱吃辣椒呢？

▲辣椒

辣椒原产于中南美洲的热带地区，墨西哥栽培甚广，于16世纪后期引入中国，如今中国各地都有栽培。

chuān yú dì qū de wú là bù huān yǔ qí tè
川渝地区的“无辣不欢”与其特
shū de dì lǐ wèi zhì yǒu guān chuān yú dì qū wèi yú zhōng
殊的地理位置有关。川渝地区位于中
guó xī nán bù qì hòu cháo shī dǎo zhì dāng dì rén de tǐ
国西南部，气候潮湿，导致当地人的体
nèi róng yì chǎnshēng yī xiē shī qì hé hán qì ér chī là
内容易产生一些湿气和寒气，而吃辣
jiāo kě yǐ qū hán qū shī yīn cǐ zài dāng dì rén men de
椒可以驱寒祛湿，因此在当地人们的
yǐn shí zhōng là jiāo bèi guǎng fàn shǐ yòng lìng wài chuān
饮食中，辣椒被广泛使用。另外，川
yú dì qū dì xíng fù zá wēn dù shì yí tǔ dì féi
渝地区地形复杂、温度适宜、土地肥
wò wèi là jiāo de shēng zhǎng tí gōng le yōu yuè de tiáo jiàn
沃，为辣椒的生长提供了优越的条件。

在这里种植的辣椒产量高、品质优良、口感鲜美，这为川渝地区饮食文化中的辣椒文化奠定了基础。

川渝地区的饮食文化历史悠久。据资料记载，清末年间，辣椒已成为川人烹饪时的主要佐料之一。徐心余在《蜀游闻见录》中记载：“惟川人食椒，须择其极辣者，且每饭每菜，非辣不可。”在这样的文化背景下，辣椒作为一种调味品被广泛应用于当地美食中，逐渐形成了“无辣不欢”的饮食文化。

155 为什么沿海地区的人们要祭拜妈祖？

妈祖，俗称“海神娘娘”，是传说中掌管海上航运的女神。据史料记载，妈祖确有其人，是宋朝福建莆田望族九牧林氏后裔，因从出生到满月都不啼哭，取名默，人称默娘。她扶危济困，深受百姓爱戴，28岁时因救助渔民而不幸遇难。

妈祖被看作是集无私、善良、亲切、慈爱、英勇等传统美德于一体的精神象征和女性代表。去世后，她被人们尊称为“海上保护神”“海上和平女神”。后来，出海者们为了祈求航行平安，出海时常携带妈祖

神像随行，在船舶上立妈祖神位供奉。

在漫长的历史中，妈祖信仰不断传承和弘扬，成为中国沿海地区民间重要的信仰之一。现如今，妈祖庙在中国沿海地区、内陆河道，以及世界各地华侨聚集的埠头仍分布较广，其影响力遍及多个国家和地区。

▲莆田湄州岛妈祖庙

莆田湄洲岛妈祖庙被尊称为湄洲祖庙，始建于宋代，是世界上第一座妈祖庙，被列为全国文物重点保护单位。目前，全球有一万多座妈祖分灵庙。

妈祖祭典与黄帝陵祭典、祭孔大典并称为“中华三大祭典”。三大祭典均具有鲜明的地方特色和深厚的文化内涵，是古代民俗活动与宫廷祭礼的结合，表达了中华民族对至真、至善、至诚的推崇，以及国泰民安的美好愿望。

156 你知道“过桥米线”名字的来历吗？

过桥米线是云南省滇南地区的一种特色小吃，属滇菜系，该菜品起源于蒙自地区，是由汤料、佐料、生的猪里脊肉片、鸡胸肉片、乌鱼片及五成熟的猪腰片、

肚头片、水发鱿鱼片制作而成的。辅料有韭菜、葱丝、草芽丝、姜丝、玉兰片等。

过桥米线已有一百多年的历史，关于它的来历有很多种说法，其中广为流传的故事是这样讲的：相传，清朝时滇南蒙自城外有一

湖心小岛，一个秀才在岛上读书。秀才的妻子经常送米线给他吃，但送到岛上时，米线已不热了。后来一次偶然的机会，妻子发现鸡汤上的鸡油可以让汤保持温度，而且如果等吃时再放佐料和米线，米线的味道会更好。于是，她先把肥鸡、筒子骨等煮成清汤，上覆一层厚厚的鸡油。带上切得薄薄的配料，到岛上后，用滚汤将其烫熟，之后加入在家烫好的米线，这样一来，米线吃起来鲜香滑爽。此法一经传开，人们纷纷效仿，因为到岛上要经过一座桥，也为纪念这位贤妻，后世就把这种米线叫作“过桥米线”。

▲米线

米线，中华传统风味小吃。米线用米制成，长条状，于开水中稍煮后捞出，放入肉汤中，一般拌入葱花、酱油、肉酱等。其与粉丝类似，但口感稍有不同。

157 为什么广东人爱饮早茶？

饮早茶是广东的一种饮食风俗，也是一种普遍的社交方式。广东人饮茶按时间分为早茶、中午茶、下午茶和夜茶，而早茶则是重头戏。广东人饮早茶，不仅仅是喝茶，如今已经演变成以吃茶点为主。茶点讲究精、美、新、巧，可分为干点和湿点。干点有饺子、包子等，湿点有粥类、龟苓膏等。饮茶在广东又被称为“叹茶”（享受之意）。在广东人心中，饮茶是愉快的消遣活动，让人感觉十分惬意。

▲广州早茶

在广州的茶楼里，时常会看到一家老小坐在一起饮早茶。人们最常吃的当属广式点心的“四大天王”：叉烧包、虾饺、蛋挞和干蒸烧卖。

名胜古迹

观赏名胜古迹，
不仅可以领略祖国的大好河山，
还可以了解博大精深的历史文化。

158 神农架为什么被称为“绿色宝库”？

shén nóng jià lín qū jiǎn chēng shén nóng jià wèi yú hú běi shěng xī běi bù
yīn qí jìng nèi zuì gāo shān shén nóng jià ér dé míng shì wǒ guó wéi yī yǐ lín
qū mìng míng de xiàn jí xíng zhèng qū zhí shǔ hú běi shěng guǎn xiá lín qū nèi zuì
gāo fēng shén nóng dǐng hǎi bá yuē mǐ shì huá zhōng dì yī fēng yǒu huá zhōng wū
jǐ zhī chēng

神农架林区（简称“神农架”）位于湖北省西北部，因其境内最高山“神农架”而得名，是我国唯一以“林区”命名的县级行政区，直属湖北省管辖。林区内最高峰神农顶海拔约3106米，是华中第一峰，有“华中屋脊”之称。

shén nóng jià shì hú běi shěng xī bù cháng jiāng hé hàn jiāng de fēn shuǐ lǐng yōng yǒu
dāng jīn shì jiè zhōng wěi dù dì qū wéi yī bǎo chí wán hǎo de yà rè dài sēn lín shēng
tài xì tǒng jìng nèi yǒu dòng zhí wù duō zhǒng shì zhōng guó zhòng yào de wù zhǒng

神农架是湖北省西部长江和汉江的分水岭，拥有当今世界中纬度地区唯一保持完好的亚热带森林生态系统，境内有动植物5000多种，是中国重要的物种

资源库，被世人誉为“物种基因库”“天然动物园”。

神农架林区处于我国南部亚热带与北部暖温带的过渡地带和我国西部高原与东部低山丘陵的过渡区域，复杂的生态地理环境孕育了多样化的植被类型，成为我国多种植物区系成分交汇的“绿色宝库”。据了解，神农架林区有超4000种植物，包括珙桐、水青树等原始古老植物，红豆杉等国家一级保护植物以及神农香菊等特有植物，堪称“华中最大的天然植物园”。

▲神农架

2016 年 7 月 17 日，湖北神农架正式被列入世界遗产名录，荣膺“世界自然遗产地”称号。

159 九寨沟为什么被称为“童话世界”？

jiǔ zhài gōu yī bān zhǐ jiǔ zhài gōu guó jiā jí zì rán bǎo hù qū wèi yú sì
九寨沟一般指九寨沟国家级自然保护区，位于四
chuān shěng ā bà zàng zú qiāng zú zì zhì zhōu jiǔ zhài gōu xiàn jìng nèi shì bái shuǐ gōu
川省阿坝藏族羌族自治州九寨沟县境内，是白水沟
shàng yóu bái hé de zhī liú yīn yǒu jiǔ gè zàng zú cūn zhài ér dé míng shì guó jiā
上游白河的支流，因有九个藏族村寨而得名，是国家
zhòng diǎn fēng jǐng míng shèng qū
重点风景名胜区。

jiǔ zhài gōu měi jǐng yuán yú dà zì rán de guǐ fǔ shén
九寨沟美景源于大自然的鬼斧神
gōng cuì hǎi dié pù cǎi lín xuě fēng lán bīng zàng
工，“翠海、叠瀑、彩林、雪峰、蓝冰、藏
qíng bèi chēng wéi jiǔ zhài gōu liù jué
情”被称为“九寨沟六绝”。

jiǔ zhài gōu hú shuǐ wǔ cǎi bān lán jīng yíng tī tòu
九寨沟湖水五彩斑斓、晶莹剔透，
pù bù jī hū quán dōu cóng mì lín li kuáng bēn chū lái cǎi lín
瀑布几乎全都从密林里狂奔出来；彩林
fù gài le dà bàn gè jǐng qū lín zhōng qí huā yì cǎo sè
覆盖了大半个景区，林中奇花异草，色
cǎi xuàn lì sì zhōu xuě fēng lín lì zhōng nián bái xuě ái ái
彩绚丽；四周雪峰林立，终年白雪皑皑，
jǐng sè shí fēn mí rén dào le dōng jì bīng xuě wèi jiǔ zhài
景色十分迷人。到了冬季，冰雪为九寨
gōu de cuì hǎi dié pù mì lín xiāng qiàn shàng le jīng yíng de
沟的翠海、叠瀑、密林镶嵌上了晶莹的
biān kuàng bīng zhù bīng guà hé bīng màn zài yáng guāng xià tòu
“边框”。冰柱、冰挂和冰幔在阳光下透
zhe dàn dàn de lán sè gòu chéng le mèng huàn bān de bīng xuě xiān
着淡淡的蓝色，构成了梦幻般的冰雪仙
jìng jiǔ zhài gōu sì jì rú huà měi gè jì jié dōu chéng xiàn
境。九寨沟四季如画，每个季节都呈现
chū bù tóng de měi jǐng bèi yù wéi měi lì de tóng huà shì jiè
出不同的美景，被誉为“美丽的童话世界”。

lìng wài zuò wéi zàng zú jù jū dì jiǔ zhài gōu dú tè de zàng zú wén huà
另外，作为藏族聚居地，九寨沟独特的藏族文化
yǔ qí miào de shān shuǐ fēng guāng róng wéi yī tǐ shǐ qí bié jù fēng qíng xī yǐn wú
与奇妙的山水风光融为一体，使其别具风情，吸引无
shù yóu kè qián lái cān guān
数游客前来参观。

▲九寨沟

九寨沟的湖泊紧傍森林，天光、云影、雪峰、彩林倒映湖中，镜像清晰。湖水颜色丰富，有黛绿、深蓝、翠蓝等多种颜色。

160 你知道孙悟空的老家花果山水帘洞在哪里吗?

shuō dào huā guǒ shān dà duō
说到花果山，大多
shù rén dì yī shí jiān dōu huì xiǎng dào
数人第一时间都会想到
xī yóu jì zhōng de huā guǒ shān
《西游记》中的花果山。
zhè bù míng zhù zhōng miáo xiě de huā guǒ
这部名著中描写的花果
shān tè bié shén mì gěi rén liú xià
山特别神秘，给人留下
le hěn shēn de yìn xiàng ér guān yú
了很深的印象。而关于
xiàn shí zhōng zhè zuò huā guǒ shān de dì
现实中这座花果山的地
zhǐ zhòng shuō fēn yún xiàn yǒu hé nán
址众说纷纭。现有河南
shuō gān sù shuō jiāng sū lián yún gǎng
说、甘肃说、江苏连云港
shuō hé shān xī lóu fán shuō děng qí
说和山西娄烦说等，其
zhōng yǐ lián yún gǎng huā guǒ shān rèn kě
中以连云港花果山认可
dù zuì gāo
度最高。

lián yún gǎng huā guǒ shān wèi yú
连云港花果山位于

江苏省连云港市南云台山中麓，为云台山脉的主峰，是江苏诸山的最高峰。它东临黄海，西接中原，北扼齐鲁，南达江淮，与日本及朝鲜半岛隔海相望。花果山风景区是国家重点风景名胜区，主要景点有猴石、老君堂、南天门、水帘洞、七十二洞等。

水帘洞是花果山上的代表性景点。洞门前有明嘉靖二十三年（1544年）海州知州王同的“高山流水”题刻，还有“神泉普润”“灵泉”等勒石。玉女峰是花果山的主峰，有很多野生猴子在此繁衍生息，成为一道有趣的景观。值得一提的是，在1986年拍摄的电视剧《西游记》中，水帘洞其实是在另外两个地方取景的，一个在贵州省的黄果树瀑布，另外一个在湖南省的波月洞。

▲云台山

《西游记》是中国古代第一部浪漫主义章回体长篇神魔小说。该小说以“玄奘取经”这一历史事件为蓝本，经作者的艺术加工，深刻地描绘出明代的社会生活状况。

161 日月潭名字的由来是什么？

rì yuè tán shì wǒ guó tái wān zhù míng de fēng jǐng qū zhū zǎi dǎo bǎ hú miàn
日月潭是我国台湾著名的风景区，珠仔岛把湖面
fēn wéi nán běi liǎng miàn hú de běi miàn xiàng yuán yuán de tài yáng gù jiào rì tán hú
分为南北两面：湖的北面像圆圆的太阳，故叫日潭；湖
de nán miàn xiàng wān wān de yuè yá gù chēng yuè tán
的南面像弯弯的月牙，故称月潭。

rì yuè tán shì yī gè qún shān huán rào shù mù mào shèng míng shèng gǔ jì zhòng
日月潭是一个群山环绕、树木茂盛、名胜古迹众
duō de lǚ yóu shèng dì rì yuè tán hú miàn liáo kuò tán shuǐ qīng chè liǎng àn de
多的旅游胜地。日月潭湖面辽阔、潭水清澈，两岸的
qún fēng dào yìng zài shuǐ zhōng yǎn rán yī fú měi lì de shān shuǐ huà
群峰倒映在水中，俨然一幅美丽的山水画。

guān yú rì yuè tán de míng zi hái yǒu yī gè
关于日月潭的名字还有一个
měi lì de shén huà chuán shuō huà shuō zài hěn jiǔ yǐ
美丽的神话传说。话说在很久以

qián zhè ge dà tán li zhù zhe liǎng tiáo è lóng tā men fēn bié chī diào le tài yáng
前，这个大潭里住着两条恶龙，它们分别吃掉了太阳

hé yuè liang wèi le zhěng jiù rì yuè dāng dì de nián qīng yú mín dà jiān gē hé shuǐ
和月亮。为了拯救日月，当地的年轻渔民大尖哥和水

shè jiě lì jīng jiān xiǎn zuì zhōng zhàn shèng è lóng wèi shì
社姐，历经艰险，最终战胜恶龙，为世

rén zhǎo huí le tài yáng hé yuè liang ér dà jiān gē hé shuǐ
人找回了太阳和月亮。而大尖哥和水

shè jiě huà zuò le liǎng zuò xióng wěi de dà shān yǒng yuǎn chù lì
社姐化作了两座雄伟的大山，永远矗立

zài tán biān hòu rén wèi le jì niàn zhè liǎng wèi yīng xióng jiù
在潭边。后人为了纪念这两位英雄，就

bǎ zhè liǎng zuò shān mìng míng wèi dà jiān shān hé shuǐ shè shān bǎ
把这两座山命名为大尖山和水社山，把

zhè ge dà tán chēng wéi rì yuè tán
这个大潭称为日月潭。

bù lùn chūn xià qiū dōng rì yuè tán de jǐng sè dōu gé
不论春夏秋冬，日月潭的景色都格

wài měi lì yóu qí zài qiū tiān de yè wǎn hú miàn shang lǒng
外美丽，尤其在秋天的夜晚，湖面上笼

zhào zhe bó wù míng yuè dào yìng zài hú zhōng jǐng sè gèng wéi
罩着薄雾，明月倒映在湖中，景色更为

yōu měi dòng rén
优美动人。

▲日月潭

日月潭是台湾省最大的天然淡水湖泊，为“台湾八景”之一，有“海外别一洞天”之称。

162 你知道"西湖十景"吗？

"西湖十景"是指分布在浙江省杭州市西湖区的十处特色风景：曲院风荷、苏堤春晓、平湖秋月、断桥残雪、花港观鱼、柳浪闻莺、三潭印月、双峰插云、雷峰夕照、南屏晚钟。

西湖十景形成于南宋时期，景观基本围绕西湖分布，有的就位于湖上。西湖十景涉及春夏秋冬、晴雾风雪等不同季节、气象下的景观特色，包含花、鱼、鸟、山、堤、岛、桥、亭、台、楼、阁、园林、宅院、寺塔等丰

富的景观元素。

西湖十景各擅其胜，组合在一起又能代表古代西湖胜景精华，是中国古代文化艺术中诗、画、景在审美和哲学层面上的有机结合。2011 年，包含西湖十景在内的“杭州西湖文化景观”被列入世界遗产名录，成为中国第 41 处世界遗产。2013 年，西湖十景被国务院公布为第七批全国重点文物保护单位。

▲西湖

西湖，又名钱塘湖，位于中国浙江省杭州市西湖区龙井路 1 号，杭州市区西部，为江南三大名湖之一。

163 苏州园林为什么世界闻名？

苏州是著名的历史文化名城和国家重点风景旅游城市，物华天宝，人杰地灵，被人们称作“园林之城”。

苏州作为国家首批历史文化古城，是姑苏文化的发祥地。苏州园林，又称苏州古典园林，是位于苏州市境内的中国古典园林的总称。苏州园林有2000余年历史，在世界造园史上有极其重要的地位和价值，素有“江南园林甲天下，苏州园林甲江南”之誉。

走进园林，仿佛走进一位古人的家，又好像进入了一个世外桃源。在这里，可以看到曲径通幽的长廊、太湖石砌成的假山、错落有致的亭台楼阁……一步一景，尽显江南风情。

▲拙政园

拙政园位于江苏省苏州市姑苏区东北街178号，占地面积约52000平方米，全园分东、中、西三部分。另有住宅部分现为园林博物馆展厅。

sū zhōu yuán lín xī shōu le jiāng nán yuán lín jiàn zhù yì shù de jīng huá duō yǐ
苏州园林吸收了江南园林建筑艺术的精华，多以
xiǎo qiǎo jīng zhì jiàn cháng bèi yù wéi zhǐ chǐ zhī nèi zài zào qián kūn yǐ zhuō
小巧精致见长，被誉为“咫尺之内再造乾坤”。以拙
zhèngyuán liú yuán wǎng shī yuán huán xiù shān zhuāng wéi diǎn xíng de sū zhōu gǔ diǎn yuán
政园、留园、网师园、环秀山庄为典型的苏州古典园
lín zuò wéi zhōng guó yuán lín de dài biǎo bèi liè rù shì jiè yí chǎn míng lù chéng wéi
林，作为中国园林的代表被列入世界遗产名录，成为
quán rén lèi gòng tóng de bǎo guì cái fù
全人类共同的宝贵财富。

164 丽江古城为什么被列为“国家历史文化名城”？

lì jiāng gǔ chéng wèi yú yún nán shěng lì jiāng shì gǔ chéng qū yòu míng dà yán
丽江古城位于云南省丽江市古城区，又名大研
zhèn shǐ jiàn yú sòng mò yuán chū yóu yú dì chǔ jīn shā jiāng de jiāng wān ér jīn
镇，始建于宋末元初。由于地处金沙江的江湾，而金
shā jiāng gǔ chēng lì jiāng yīn cǐ dé míng lì jiāng gǔ chéng zuò wéi gǔ chéng fēng
沙江古称丽江，因此得名“丽江古城”。作为古城风
mào zhěng tǐ bǎo cún wán hǎo de diǎn fàn nián lì jiāng gǔ chéng bèi lián hé guó
貌整体保存完好的典范，1997年，丽江古城被联合国
jiào kē wén zǔ zhī liè rù shì jiè wén huà yí chǎn míng lù
教科文组织列入世界文化遗产名录。

lì jiāng gǔ chéng lì shǐ yōu jiǔ qí zuò wéi shǎo shù mín zú jù jū chéng shì
丽江古城历史悠久，其作为少数民族聚居城市，
cóng chéng shì zǒng tǐ bù jú dào gōngchéng jiàn zhù róng hàn bái yí zàng gè mín
从城市总体布局到工程、建筑，融汉、白、彝、藏各民
zú jīng huá hái jù yǒu nà xī zú dú tè fēng cǎi jí zhōng tǐ xiàn le dì fāng lì
族精华，还具有纳西族独特风采，集中体现了地方历

史文化和民族风情。1986年，中国政府将其列为国家历史文化名城，确定了丽江古城在中国名城中的地位。

丽江古城还拥有古老的城市供水系统，这一系统精巧独特，依山就势，至今仍在发挥作用。古城建筑历经多个朝代的洗礼，在漫长的历史中形成了独特的文化风格，为人类城市建设史的研究、人类民族发展史的研究提供了宝贵资料，是珍贵的文化遗产。

▲丽江古城

丽江市，云南省辖地级市，位于青藏高原东南缘，是国际知名旅游城市、国家历史文化名城、古代“南方丝绸之路”和“茶马古道”的重要通道。

165 武当山为什么被称为“道教圣地”？

武当山是四大道教名山之首，古有“太岳”“玄岳”“大岳”之称，位于湖北省西北部十堰市丹江口市。东接襄阳市，西靠十堰市，南望神农架，北临“南水北调”中线源头丹江口水库。

▲武当山

在我国五大宗教中，道教是唯一发源于中国、由中国人创立的宗教，所以又被称为本土宗教。道教对我国古代的政治、经济和文化都产生了非常重要的影响。

武当山的道教历史悠久，文化底蕴深厚，被称作“中国道教圣地”。据传，汉武帝曾派遣张天师前往武当山修道，建立了武当派道教。隋唐时期，武当山被列为道教七十二福地之一，许多著名的道士都在这里修道。明清时期，武当山成为全国道教的中心，许多著名的道教宫观在此建立。

武当山不仅拥有奇特绚丽的自然景观，还拥有丰富多彩的人文景观，有“亘古无双胜仙境，天下第一仙山”的美誉。武当山还是武当武术的发源地。太极拳作为武当武术的代表，蕴含深刻的道家思想，是人类重要的非物质文化遗产。如今，太极拳已传播到全球150多个国家和地区，习练者超6亿人。

166 为什么庐山被认为是中华文化名山？

庐山位于江西省九江市庐山市境内，是中华文化的重要发祥地之一，具有深厚的历史文化底蕴，被称为中华文化名山。

庐山文化包括道教文化、佛教文化等，庐山道教文化曾经是庐山文化的中心。庐山是中国佛教净土宗的发祥地，有三大名寺、五大丛林，一度成为南方的佛教中心。

千百年来，无数名人雅士登临庐山，留下了赞美庐山的诗句。比如，陶渊明的“采菊东篱下，悠然见南山”，李白的“飞流直下三千尺，疑是银河落九天”，苏轼的“不识庐山真面目，只缘身在此山中”，等等。书院文化是中华优秀传统文化的重要组成部分。庐山白鹿洞书院是我国历史上著名的四大书院之一，有“海内第一书院”的美誉。

▲庐山瀑布

庐山瀑布是庐山的一大奇观，包括三叠泉瀑布、开先瀑布和石门涧瀑布等。诸多文人骚客在此赋诗，给庐山瀑布带来了极高的声誉。

167 三星堆遗址是怎样被发现的？

三星堆遗址位于四川省广汉市西北的鸭子河南岸，分布面积为12平方千米，距今已有3000至5000年历史，是迄今在西南地区发现的范围最大、延续时间最长、文化内涵最丰富的古城、古国、古蜀文化遗址。现有保存完整的东、西、南城墙和月亮湾内城墙。

三星堆遗址的发现，源于1929年当地农民燕道诚淘沟时偶然发现的一坑玉石器。1931年春，在广汉县传教的英国传教士董笃宜听到这个消息后，找到当地驻军帮忙调查，将收集到的

yù shí qì jiāo gěi huá xī dà xué bó
玉石器交给华西大学博
wù guǎn bǎo guǎn nián gēn
物馆保管。1934年，根
jù dǒng dǔ yí tí gōng de xiàn suǒ
据董笃宜提供的线索，
huá xī dà xué bó wù guǎn guǎn zhǎng gě
华西大学博物馆馆长葛
wéi hàn hé zhù lǐ lín míng jūn zǔ chéng
维汉和助理林名钧组成
kǎo gǔ duì zài yān shì fā xiàn yù
考古队，在燕氏发现玉
shí qì de fù jìn jìn xíng le wéi qī
石器的附近进行了为期
shí tiān de fā jué shōu huò fēng fù
十天的发掘，收获丰富。
zhī hòu gēn jù fā jué dé dào de
之后，根据发掘得到的
zī liào gě wéi hàn zhěng lǐ chū hàn zhōu fā jué jiǎn bào
资料，葛维汉整理出《汉州发掘简报》。

▲三星堆出土的黄金面具

在三星堆出土的文物中，有高2.62米的青铜大立人、宽1.38米的青铜面具，还有高达3.95米的青铜神树等，皆为独一无二的旷世神品。

sān xīng duī yí zhǐ shì gōng yuán qián shì jì zhì gōng yuán qián shì jì shì jiè qīng
三星堆遗址是公元前16世纪至公元前14世纪世界青
tóng wén míng de zhòng yào biāo zhì jù yǒu jí gāo de kǎo gǔ jià zhí hé yì shù jià
铜文明的重要标志，具有极高的考古价值和艺术价
zhí nián yuè sān xīng duī yí zhǐ bèi guó wù yuàn gōng bù wéi dì sān pī
值。1988年1月，三星堆遗址被国务院公布为第三批
quán guó zhòng diǎn wén wù bǎo hù dān wèi
全国重点文物保护单位。

168 哪吒的出生地陈塘关真实存在吗？

né zhā de gù shi zài zhōng guó mín jiān guǎng wéi liú chuán zài fēng shén yǎn
哪吒的故事在中国民间广为流传。在《封神演
yì xī yóu jì děng gǔ dài wén xué zuò pǐn zhōng dōu yǒu né zhā de shēn yǐng
义》《西游记》等古代文学作品中，都有哪吒的身影。
ér chén táng guān jiù shì né zhā de chū shēng dì zhè ge dì fang zài xiàn shí zhōng zhēn
而陈塘关就是哪吒的出生地。这个地方在现实中真
de cún zài ma
的存在吗？

chén táng guān shì shén huà gù shi li xū gòu de dì míng xiàn shí zhōng bìng bù cún
陈塘关是神话故事里虚构的地名，现实中并不存
zài dàn yǒu guān diǎn rèn wéi chén táng guān de yuán xíng shì míng dài zhè zhí zǒng bīng zhù
在。但有观点认为，陈塘关的原型是明代浙直总兵驻
dì dìng hǎi guān jí jīn tiān de zhè jiāng shěng níng bō shì zhèn hǎi qū zhèn hǎi zài gǔ
地定海关，即今天的浙江省宁波市镇海区。镇海在古

dài shì wǒ guó wéi yī yī gè yǔ dà yùn hé xiāng tōng de bù
代是我国唯一一个与大运河相通的不
dòng gǎng jù yǒu zhòng yào de hǎi yùn dì wèi ér zài fēng
冻港，具有重要的海运地位。而在《封
shén yǎn yì zhōng né zhā de fù qīn lǐ jìng de zhí wù shì
神演义》中，哪吒的父亲李靖的职务是
chén táng guān zǒng bīng zhè yě yǔ míng dài jūn shì zhì dù zhōng de
陈塘关总兵，这也与明代军事制度中的
zǒng bīng zhèn shǒu zhì dù xiāng wěn hé
总兵镇守制度相吻合。

chú cǐ zhī wài sì chuān fú jiàn tiān jīn děng dì yě
除此之外，四川、福建、天津等地也
yǒu guān yú né zhā de chuánshuō zhè xiē mín jiān chuánshuō jūn jù
有关于哪吒的传说，这些民间传说均具
yǒu yī dìng de qí huàn sè cǎi
有一定的奇幻色彩。

▲封神演义

《封神演义》，俗称《封神榜》，是中国古代著名的神魔小说，成书于明代。小说以商周交替为背景，融合了大量神话传说和历史元素，构建了一个宏大的神魔世界。

169 福建土楼有什么独特之处？

福建土楼始建于宋朝，主要分布在福建省和广东省，以福建居多，比较出名的有龙岩市境内的永定土楼，漳州市境内的南靖土楼、华安土楼，以及泉州土楼，等等。

▲福建土楼

福建土楼是客家人的聚居地，因其大多数为客家人所建，又称“客家土楼”，是“没有大门的中国客家博物馆”。

福建土楼属于集体性建筑，能够容纳大量人口，是世界独一无二的大型民居，被称为“中国传统民居的瑰宝”。土楼造型多样，包括圆形、半圆形、方形、四角形等，每种造型都有独特的审美和实用价值。墙体由土、沙石、竹木等材料建造，墙壁有1~2米厚，有良好的抗震和防火性能。在古代，为了防止敌人的攻击，土楼中还

jiàn yǒu chuán shēng tǒng hé dì xià táo shēng tōng dào děng shè shī
建有传声筒和地下逃生通道等设施。

fú jiàn tǔ lóu bù jǐn shì jū zhù chǎng suǒ yě shì zú qún wén huà hé lì shǐ
福建土楼不仅是居住场所，也是族群文化和历史
de zǎi tǐ qí jiàn zhù fēng gé fǎn yìng le kè jiā rén de shēng huó fāng shì
的载体，其建筑风格反映了客家人的生活方式。2008
nián yuè zài jiā ná dà jǔ xíng de dì jiè shì jiè yí chǎn dà huì shang fú
年7月，在加拿大举行的第32届世界遗产大会上，福
jiàn tǔ lóu bèi zhèng shì liè rù shì jiè yí chǎn míng lù cǐ cì chéng wéi shì jiè yí
建土楼被正式列入世界遗产名录。此次成为世界遗
chǎn de fú jiàn tǔ lóu yóu fú jiàn shěng lóng yán shì yǒng dìng qū nán jìng xiàn huá
产的福建土楼，由福建省龙岩市永定区、南靖县、华
ān xiàn sān dì de liù qún sì lóu gòng zuò tǔ lóu zǔ chéng jí yǒng dìng qū
安县三地的“六群四楼”共46座土楼组成，即永定区
chū xī tǔ lóu qún hóng kēng tǔ lóu qún gāo běi tǔ lóu qún jí yǎn xiāng lóu zhèn fú
初溪土楼群、洪坑土楼群、高北土楼群及衍香楼、振福
lóu nán jìng xiàn tián luó kēng tǔ lóu qún hé kēng tǔ lóu qún jí huái yuǎn lóu hé guì
楼，南靖县田螺坑土楼群、河坑土楼群及怀远楼、和贵
lóu huá ān xiàn dà dì tǔ lóu qún
楼，华安县大地土楼群。

170 历史上黄鹤楼为什么屡次重建？

黄鹤楼位于湖北省武汉市武昌区，地处蛇山之巅，濒临万里长江，为武汉市地标建筑。因唐代诗人崔颢登楼所题的《黄鹤楼》一诗而名扬四海，自古有“天下绝景”之美誉。黄鹤楼与晴川阁、古琴台并称为“武汉三大名胜”，与湖南岳阳楼、江西滕王阁并称为“江南三大名楼”。

在战乱纷争的年代，黄鹤楼可以说是多灾多难、

饱经风雨，数次被毁又数次被重建，仅明清两代，就曾被毁七次。在清光绪年间，黄鹤楼被大火焚毁，只剩下一件铜制楼顶。1957年，武汉长江大桥的建设需占用黄鹤楼旧址，因此1981年重建黄鹤楼时，将地址选在了不远处的蛇山峰岭上。

2018年2月20日，黄鹤楼公园管理处启动景观改造工程，补修黄鹤楼。黄鹤楼历经毁坏、迁址和重修，在世人眼中似乎已经“面目全非”，但事实并非如此。黄鹤楼重修时使用了精湛的复刻技术，为了增加赏玩趣味，还加入了一些新元素，风采不减当年。

▲晴川阁

晴川阁，又名晴川楼，位于湖北省武汉市汉阳区，地处长江北岸龟山东麓的禹功矶上，北临汉水，东濒长江，与黄鹤楼隔江相望，互为衬托。

你知道吗？

关于南方地区，还有许多问题值得我们思考和学习。快来看看，你知道这些问题的答案吗？

171

珠江三角洲平原位于我国广东省的中南部。这里气候湿热、地形平坦，在历史上是我国重要的农业基地。你知道珠江三角洲平原是怎样形成的吗？

172

四川是我国地震活动比较活跃的地区之一。你知道这是为什么吗？

173

从空间分布来看，我国降水量整体上呈现出东南多、西北少的特点。为什么我国南方地区的降水比较多呢？

174

焚风是山区特有的天气现象。你知道为什么山区会刮焚风吗？

175

为了便于全球追踪和沟通，台风被赋予了各种稀奇古怪的名字。这些名字是如何选定的呢？

176

河流常常呈现出弯弯曲曲的形态，为什么它不是笔直地流淌呢？

177

我国最大的瀑布位于贵州省。你知道它叫什么吗？

178

巢湖为长江水系下游湖泊，是我国五大淡水湖之一。你知道巢湖的名字是怎么来的吗？

179

菱角是我国原产的野生水生植物，在珠江三角洲及长江下游沿岸分布较多。你知道菱角为什么长着尖尖的角吗？

180

榴梿的气味非常特别，以至于有的人十分喜爱，有的人避之不及。它那独特的强烈气味是怎么形成的？

181

南方人爱喝各种各样的茶，茶在南方人的生活中具有重要地位。你知道南方人为什么爱喝茶吗？

182

每逢元宵佳节，北方人会吃元宵，而南方人则会吃汤圆。那么，元宵和汤圆到底有什么区别呢？

183

乐山大佛是我国古代劳动人民智慧的结晶，堪称世界文化史上的奇迹。你知道乐山大佛有什么建造特点吗？

游学笔记

每一次旅行都是对书本知识的深刻理解和实践。

快将你在旅行途中的收获与感悟记录下来吧！

中国地理365问

陈孝广 主编

③ 西北地区

编写人员：李洪萍 陈晓峰
王 锐 张梦薇

时代出版传媒股份有限公司
安徽科学技术出版社

图书在版编目(CIP)数据

中国地理 365 问 / 陈孝广主编. -- 合肥: 安徽科学技术出版社, 2025.3 (2025.5 重印). -- ISBN 978-7-5337-9250-3

Ⅰ. K92-49

中国国家版本馆 CIP 数据核字第 202504B776 号

中国地理365问

ZHONGGUO DILI 365 WEN

陈孝广 主编

出 版 人: 王筱文　　选题策划: 高清艳　周璟瑜　　特约策划: 王秀才　陈　云
责任编辑: 周璟瑜　程羽君　李梦婷　　责任校对: 李　茜　　责任印制: 廖小青
出版发行: 安徽科学技术出版社　　http://www.ahstp.net
(合肥市政务文化新区翡翠路 1118 号出版传媒广场, 邮编: 230071)
电话: (0551)63533330
印　　制: 武汉鑫佳捷印务有限公司　　电话: (027)87531181
(如发现印装质量问题, 影响阅读, 请与印刷厂商联系调换)

开本: 889 × 1194　1/24　　印张: 28　　字数: 600 千
版次: 2025 年 3 月第 1 版　　印次: 2025 年 5 月第 2 次印刷

ISBN 978-7-5337-9250-3　　定价: 100.00 元(全 4 册)

本书部分图片由千目网、千图网、摄图网提供。

目录

MULU

地貌与环境 1

气候与气象 35

目录

MULU

目录 MULU

民俗风情 103

西北风光 129

目录

MULU

地貌与环境

辽阔的内蒙古高原，
一眼望不到边。
相间分布的高山和盆地，
形成了独特的西北风光。

184 你知道西北地区的范围吗?

西北地区位于我国北部和西北部边疆,地域辽阔,国界线漫长,邻国众多。西北地区主要包括新疆维吾尔自治区、内蒙古自治区、宁夏回族自治区、甘肃省等省级行政区域的大部分,大致位于大兴安岭以西,昆仑山、阿尔金山、祁连山脉、长城以北地区。

西北地区面积占全国的30%左右,人口约占全国

的4%，多数地区无人居住。西北地区也是我国跨经度最广的地理区域，东西最大距离超过3000千米。这里的主要地形包括山地、高原和盆地。

受距海远近和山脉阻挡影响，西北地区东西降水差异较大，但大部分地区年降水量低于500毫米，部分地区年降水量低于50毫米。这也导致西北地区从东到西植被逐渐稀疏，自然景观依次为森林草原、温带草原、荒漠草原和荒漠。

▲西北地区草原

西北地区草原面积广大，是我国重要的草原畜牧业分布区，一些优良的畜牧业产品从这里走向全国乃至全世界。

185 为什么内蒙古高原多草原？

nèi měng gǔ gāo yuán wèi yú wǒ guó xī běi dì qū shì wǒ guó sì dà gāo yuán
内蒙古高原位于我国西北地区，是我国四大高原
zhōng de dì èr dà gāo yuán yī bān lái shuō xiá yì de nèi měng gǔ gāo yuán zhǔ yào
中的第二大高原。一般来说，狭义的内蒙古高原主要
wèi yú yīn shān shān mài zhī běi dà xīng ān lǐng yǐ xī běi zhì guó jiè miàn jī yuē
位于阴山山脉之北，大兴安岭以西，北至国界，面积约
wéi wàn píng fāng qiān mǐ ér guǎng yì de nèi měng gǔ gāo yuán hái bāo kuò yīn shān
为34万平方千米。而广义的内蒙古高原还包括阴山
yǐ nán de è ěr duō sī gāo yuán hé hè lán shān yǐ xī de ā lā shàn gāo yuán
以南的鄂尔多斯高原和贺兰山以西的阿拉善高原。

zài nèi měng gǔ gāo yuán zhōng cǎo yuán miàn jī zhàn zǒng miàn jī de zuǒ yòu
在内蒙古高原中，草原面积占总面积的80%左右。
cóng wǒ guó zhěng tǐ lái kàn jiàng shuǐ liàng zì dōng nán yán hǎi xiàng xī běi nèi lù dì
从我国整体来看，降水量自东南沿海向西北内陆递
jiǎn zài jiàng shuǐ fēng fù de dì qū dì miàn zhí bèi yǐ shù mù wéi zhǔ suí zhe
减。在降水丰富的地区，地面植被以树木为主；随着

jiàng shuǐ liàng zhú jiàn jiǎn shǎo shù mù kāi shǐ jiǎn shǎo dì biǎo
降水量逐渐减少，树木开始减少，地表

zhí bèi yǐ cǎo dì wéi zhǔ
植被以草地为主。

nèi měng gǔ gāo yuán jù hǎi jiào yuǎn biān yuán yǒu shān
内蒙古高原距海较远，边缘有山

mài zǔ dǎng zhěng tǐ shang jiàng shuǐ jiào shǎo nián jiàng shuǐ liàng zài
脉阻挡，整体上降水较少，年降水量在

háo mǐ shì yí cǎo běn zhí wù de shēngzhǎng
150~400毫米，适宜草本植物的生长。

dàn dōng xī bù jiàng shuǐ chā yì jiào dà zài xī bù jiàng shuǐ
但东西部降水差异较大，在西部降水

jiào shǎo de dì fang huāng mò biàn chū xiàn le
较少的地方，荒漠便出现了。

▲内蒙古高原

由于内蒙古高原整体上降水较少，加上人类活动破坏了地表的植被，导致内蒙古高原上荒漠的面积在逐渐扩大。近年来，人们通过退耕还林、退耕还草等措施来保护植被。

186 呼伦贝尔草原为什么有“牧草王国”之称？

呼伦贝尔草原位于我国内蒙古自治区东北部，大兴安岭以西的呼伦贝尔高原上，因呼伦湖和贝尔湖而得名。呼伦贝尔草原东西长约350千米，南北宽约300千米，总面积约为11.3万平方千米。在这里，3000多条河流纵横交错，500多个湖泊星罗棋布。

呼伦贝尔草原年平均气温为0℃左右，年降水量

为250~350毫米。四季分明的气候适宜牧草生长。这里有碱草、针茅、苜蓿、冰草等120多种营养丰富的牧草，因此，呼伦贝尔草原有“牧草王国”之称。

此外，这里的畜牧业发达，肉、奶、皮、毛等畜产品备受国内外消费者青睐。

呼伦贝尔草原是世界四大草原之一，也是世界著名的天然牧场。过去，由于过度放牧，呼伦贝尔草原出现草场退化的现象。目前，当地有关部门针对此现象采取有效措施，使退化趋势得到明显遏制。

▲呼伦湖

呼伦湖，蒙古语意为“海一样的湖”。呼伦湖不仅是内蒙古第一大湖，还是北方众多游牧民族的主要发祥地，匈奴、契丹、女真、蒙古等民族曾繁衍生息于此。

187 我国四大高原里为什么没有帕米尔高原？

我国国土面积辽阔，地形复杂多样，高原约占国土面积的26%，其中内蒙古高原、青藏高原、云贵高原和黄土高原被称为“四大高原”。而位

▲乔戈里峰

乔戈里峰主要有6条山脊，其中西北—东南山脊是中国、巴基斯坦的国境线。乔戈里峰地形险恶，气候也十分恶劣，是国际登山界公认的8千米以上攀登难度最大的山峰。

yú wǒ guó zuì xī duān de pà mǐ ěr gāo yuán zé bù shǔ yú
于我国最西端的帕米尔高原则不属于
wǒ guó de sì dà gāo yuán pà mǐ ěr gāo yuán wèi yú zhōng
我国的四大高原。帕米尔高原位于中
yà dōng nán bù héng kuà tǎ jí kè sī tǎn zhōng guó hé ā
亚东南部，横跨塔吉克斯坦、中国和阿
fù hàn zhǔ yào zài tǎ jí kè sī tǎn jìng nèi wǒ guó jǐn
富汗，主要在塔吉克斯坦境内，我国仅
zhàn yī xiǎo bù fen ér wǒ guó sì dà gāo yuán de miàn jī
占一小部分。而我国四大高原的面积
dōu bǐ pà mǐ ěr gāo yuán dà de duō qiě sì gè gāo yuán dōu zài wǒ guó jìng nèi
都比帕米尔高原大得多，且四个高原都在我国境内。
yīn cǐ pà mǐ ěr gāo yuán méi yǒu rù xuǎn wǒ guó sì dà gāo yuán
因此，帕米尔高原没有入选我国四大高原。

pà mǐ ěr gāo yuán miàn jī yuē wéi wàn píng fāng qiān mǐ hǎi bá wéi
帕米尔高原面积约为10万平方千米，海拔为
mǐ zhè lǐ xuě fēng qún lì sǒng rù yún tiān quán shì jiè
4000~7700米。这里雪峰群立，耸入云天。全世界14
zuò hǎi bá mǐ yǐ shàng de dú lì shān fēng zhōng yǒu zuò jiù fēn bù zài pà
座海拔8000米以上的独立山峰中，有4座就分布在帕
mǐ ěr gāo yuán shang qí zhōng hǎi bá mǐ de qiáo gē lǐ fēng wéi shì jiè dì
米尔高原上。其中海拔8611米的乔戈里峰为世界第
èr gāo fēng dī yú shì jiè zuì gāo fēng zhū mù lǎng mǎ fēng
二高峰，低于世界最高峰——珠穆朗玛峰。

188 河套平原是怎么形成的？

黄河是中华民族的母亲河，千百年来无私地哺育着沿岸人民。河套平原位于我国内蒙古自治区和宁夏回族自治区境内，是黄河沿岸的冲积平原，面积约为2.5万平方千米。

从青藏高原奔流而下的黄河，本应一路东去，在路过这里时却循着低洼的地势改变了流向，从宁夏青

铜峡市的峡口流向北方，在狼山折向东流，经过巴彦淖尔全境，到托克托县由峡谷南下，到今陕西省府谷县的黄甫川口遇到大山，向东流回其原有的轨迹。这条轨迹从地图上看呈“几”字，形似绳套，“河套”由此得名。

河套平原地势平坦，又有河流携带的泥沙沉积，加上黄河带来的灌溉水源，使河套平原成为我国重要的商品粮基地。

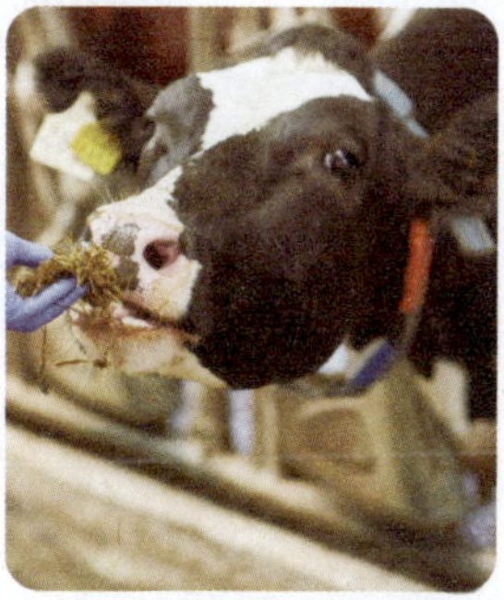

▲河套平原畜牧业

河套平原有“塞外米粮川”“塞上粮仓”“塞北江南”之称。除此之外，这里的畜牧业和水产业也非常发达。

189 宁夏平原为什么有“塞上江南”的美称？

宁夏平原位于宁夏回族自治区中部，东西两侧分别临近腾格里沙漠和黄土高原，又称“银川平原”，面积约为8000平方千米。穿过宁夏平原的黄河水流平缓，加之肥沃的土壤，所以这里的物产丰富而独特，有“天下黄河富宁夏”之说。

位于宁夏平原西部的贺兰山，南北长约200千

米，山地海拔在 1600～3000 米。高大的山峰有效地阻隔了寒冷的西北风，同时也阻挡了腾格里沙漠的东进。贺兰山挡住了来自西北的寒风，却迎来了东南季风。夏季，东南季风携带了充足的水汽，在遇到贺兰山后会形成降水。雨水顺着山势回流，为农业发展提供水源。同时，冰雪融水也为宁夏平原的农业生产提供了灌溉用水。

凭借天然的地理优势与人们辛勤的劳作，宁夏平原成为稻香鱼肥、瓜果飘香的地方，因此被誉为“塞上江南”。

▲贺兰山

贺兰山不仅阻挡了北方的冷空气和风沙，还带来了充足的降水和冰川融水，因此被称为“宁夏平原的守护神”。

190 新疆的地形特点为什么被称为“三山夹两盆”？

新疆维吾尔自治区，简称“新”，面积约为166万平方千米，占我国陆地面积的六分之一，是我国面积最大的省级行政区，首府是乌鲁木齐市。

新疆维吾尔自治区地形复杂多样，呈现出山脉、盆地相间分布的特点，从北至南依次是阿尔泰山脉、准噶尔盆地、天山山脉、塔里木盆地和

kūn lún shān mài wǒ men xíng xiàng de chēng zhī wéi sān shān jiā liǎng pén tiān shān
昆仑山脉。我们形象地称之为“三山夹两盆”。天山
wèi yú zhè ge dì xíng zǔ hé de zhōng bù jiāng xīn jiāng fēn wéi
位于这个地形组合的中部，将新疆分为
nán jiāng běi jiāng liǎng gè bù fen
南疆、北疆两个部分。

tǎ lǐ mù pén dì nèi yǒu zhe wǒ guó zuì dà de shā
塔里木盆地内有着我国最大的沙
mò tǎ kè lā mǎ gān shā mò shā mò biān yuán fēn bù
漠——塔克拉玛干沙漠，沙漠边缘分布
zhe wǒ guó zuì dà de nèi liú hé tǎ lǐ mù hé hé
着我国最大的内流河——塔里木河。河
liú fù jìn xíng chéng le lǜ zhōu xīn jiāng de dà duō shù rén jiù
流附近形成了绿洲，新疆的大多数人就
shēng huó zài zhè xiē lǜ zhōu shang zhǔn gá ěr pén dì nèi zé
生活在这些绿洲上。准噶尔盆地内则
yǒu zhe wǒ guó dì èr dà shā mò gǔ ěr bān tōng gǔ tè
有着我国第二大沙漠——古尔班通古特
shā mò
沙漠。

▲额尔齐斯河

阿尔泰山山麓孕育着一条河流，叫作“额尔齐斯河”。河流自南向北，流淌不息，最终注入北冰洋。

191 你知道中国陆地海拔最低的地方在哪里吗？

吐鲁番盆地是新疆天山东部南坡的一个山间盆地，范围以吐鲁番市为主，面积约为5万平方千米。“吐鲁番”是维吾尔语“低地”的意思。在吐鲁番盆地有一个湖泊，叫“艾丁湖”，其湖面低于海平面155米，是我国海拔最低的地方，在世界上是第二低地，仅次于低于海平面430.5

mǐ jié zhì nián de sǐ hǎi
米（截至2021年）的死海。

tǔ lǔ fān shì wén huà dǐ yùn shēn hòu zì rán fēng mào
吐鲁番市文化底蕴深厚、自然风貌
dú tè mín sú fēng qíng nóng yù lǚ yóu jǐng diǎn zhòng duō
独特、民俗风情浓郁、旅游景点众多，
shì chí míngzhōng wài de lǚ yóu míngchéng zhù míng jǐng diǎn yǒu pú
是驰名中外的旅游名城，著名景点有葡
tao gōu huǒ yàn shān děng
萄沟、火焰山等。

tǔ lǔ fān qì wēn gāo zhòu yè wēn chā dà guāngzhào
吐鲁番气温高，昼夜温差大，光照
qiáng dì xià shuǐ chōng zú shǐ zhè lǐ yōng yǒu yōu jiǔ de pú
强，地下水充足，使这里拥有悠久的葡
tao zhòng zhí lì shǐ jù zī liào jì zǎi zǎo zài liǎng qiān duō
萄种植历史。据资料记载，早在两千多
nián qián zhè lǐ jiù kāi shǐ zhòng zhí pú tao le tǔ lǔ fān
年前，这里就开始种植葡萄了。吐鲁番
zì gǔ jiù xiǎng yǒu zhōng guó pú tao shèngchéng de měi yù zhè lǐ de pú tao pǐn
自古就享有“中国葡萄圣城”的美誉，这里的葡萄品
zhǒng fán duō qiě pǐn zhì jí jiā wén míngzhōng wài
种繁多且品质极佳，闻名中外。

▲吐鲁番盆地

地质学家、古生物学家在这里发现了远古时期的鱼类化石和恐龙化石，证明这里曾是一片大海，因地壳运动逐渐变为陆地，盆地由此而形成。

192 塔里木盆地的地下为什么会有天然水库？

zài xīn jiāng wéi wú ěr zì zhì qū nán bù yǒu zhe wǒ guó dì yī dà pén dì
在新疆维吾尔自治区南部有着我国第一大盆地——
tǎ lǐ mù pén dì miàn jī yuē wéi wàn píng fāng qiān mǐ zài pén dì nèi bù
塔里木盆地，面积约为40万平方千米。在盆地内部，
yǒu zhe wǒ guó zuì dà de shā mò tǎ kè lā mǎ gān shā mò shā mò nián píng
有着我国最大的沙漠——塔克拉玛干沙漠。沙漠年平

均降水量不超过100毫米，最低的年份降水量仅四五毫米，而蒸发量非常高。令人诧异的是，在20世纪八九十年代，我国的石油开采工人在塔克拉玛干沙漠勘探石油天然气资源时，意外发现了塔里木盆地下面潜藏着地下水资源。

▲塔克拉玛干沙漠

塔克拉玛干在维吾尔语中的意思是“走得进，出不来”。西方探险家斯坦因在100年前将其称为“死亡之海”。

据地质学家探测，塔里木盆地的沙漠地下水资源达240万亿立方米，比世界上蓄水量最大的淡水湖贝加尔湖的容积还要大。科学家研究发现，塔里木盆地四周的山脉上有着众多的冰雪，冰雪融水流入盆地边缘并渗入地下，经过数百万年的时间，便积累了大量的地下水。

193 新疆的“魔鬼城”是怎么形成的？

zài wǒ guó xī běi dì qū xīn jiāng wéi wú ěr zì zhì qū zhǔn gá ěr pén dì
在我国西北地区，新疆维吾尔自治区准噶尔盆地
de xī běi biān yuán yǒu yī chù dú tè de dì fang zhè lǐ cháng nián kuáng fēng dà zuò
的西北边缘，有一处独特的地方，这里常年狂风大作，
xié dài zhe shā lì chōng zhuàng yán shí fā chū gè zhǒng qí guài de shēng yīn bèi chōng
携带着沙粒冲撞岩石，发出各种奇怪的声音。被冲
zhuàng de yán shí yě jiàn jiàn mó sǔn xíng chéng le gè zhǒng xíng zhuàng yǒu de xiàng chéng
撞的岩石也渐渐磨损，形成了各种形状，有的像城
bǎo yǒu de xiàng rén shòu yóu yú zhè lǐ ràng rén gǎn jué yīn sēn kǒng bù rén men
堡，有的像人、兽。由于这里让人感觉阴森恐怖，人们
jiù chēng zhī wéi mó guǐ chéng
就称之为“魔鬼城”。

其实，“魔鬼城”主要是因风力侵蚀而形成的，所以这种地貌类型被称为“风蚀地貌”。20世纪初，一些科学家到这里考察时，询问了当地人，当地人称这种地貌形态为“雅丹”，维吾尔语“雅丹”的意思是“陡峻的土丘”，因而这里也被称为“雅丹地貌”。

雅丹地貌以新疆塔里木盆地罗布泊西北楼兰附近的雅丹地区最为典型。后来在世界上其他干旱地区，也发现了许多类似的地貌，统称为“雅丹地貌”。雅丹是最全面的地质资料宝库，是丝绸古道上一道奇特的自然景观。

▲世界魔鬼城景区

世界魔鬼城景区位于新疆维吾尔自治区克拉玛依市乌尔禾区，以其鬼斧神工的雅丹地貌、层出不穷的地质奇观、独特的野生动植物资源、古朴的人文风情，深深吸引着来自海内外的观光游客。

194 “火焰山”真的存在吗?

《西游记》中写道，孙悟空踢倒太上老君的炼丹炉，炉砖掉落地面形成了火焰山。后来唐僧师徒到此，将大火扑灭，才得以继续西行取经。而在现实世界中，确实有着一座“火焰山”，它位于新疆维吾尔自治区吐鲁番市以东10千米，距首府乌鲁木齐市183千米。新疆火焰山是我国最热的地方，夏季最高气温曾达47.8℃，地表最高温度可超过70℃。

目前，火焰山风景区包括地面景观和地下景观。地下景观主要介绍了风土人情和地理文化，包括西游文化长廊、火焰山地理文化厅、高昌历史名人厅、巨型温度计展厅等景点。

▲火焰山

火焰山位于我国西北，距离海洋远，夏季降水较少，且沙漠升温快，加之位于盆地，热量不易散失，因此这里夏季非常炎热。

195 天山为什么被称为“新疆的脊梁”？

天山山脉位于地球上最大的欧亚大陆的腹地，是世界上最大的独立东西走向的山系。天山山脉同时也是世界上距离海洋最远的山系和全球干旱地区最大的山系。

天山山脉东西横跨中国、哈萨克斯坦、吉尔吉斯斯坦和乌兹别克斯坦四国，全长约2500千米，在我国

jìng nèi de xīn jiāng tiān shān dōng xī cháng dù yuē qiān mǐ
境内的新疆天山东西长度约1760千米。
tiān shān wèi yú xīn jiāng zhōng bù jiāng xīn jiāng fēn wéi běi jiāng hé
天山位于新疆中部，将新疆分为北疆和
nán jiāng yīn cǐ tiān shān chéng wéi xīn jiāng dì lǐ jié gòu de
南疆。因此，天山成为新疆地理结构的
jǐ liáng tiān shān yóu běi wǎng nán kě fēn wéi běi tiān shān
脊梁。天山由北往南，可分为北天山、
zhōng tiān shān hé nán tiān shān zuì gāo fēng tuō mù ěr fēng hǎi bá
中天山和南天山，最高峰托木尔峰海拔
yuē mǐ cǐ wài tiān shān nèi bù hái yǒu zòng héng jiāo
约7443米。此外，天山内部还有纵横交
cuò de gǔ dì hé nán běi liǎng lù de lǜ zhōu jí zhōng le xīn
错的谷地和南北两麓的绿洲，集中了新
jiāng zuì duō de cǎo yuán hé kě gēng dì
疆最多的草原和可耕地。

▲博格达峰

博格达峰海拔5445米，终年冰雪皑皑，气候恶劣，温度常在冰点以下，却生长着适应力极强的雪莲等花卉。

wèi yú tiān shān bó gé dá fēng běi cè de tiān chí bèi yù wéi tiān shān míng
位于天山博格达峰北侧的天池，被誉为“天山明
zhū tiān chí fēng jǐng qū yǐ gāo shān hú pō wéi zhōng xīn xuě fēng dào yìng yún shān
珠”。天池风景区以高山湖泊为中心，雪峰倒映，云杉
huán yōng bì shuǐ sì jìng fēng jǐng rú huà
环拥，碧水似镜，风景如画。

196 为什么说塔里木河是“无尾河”？

塔里木河位于新疆维吾尔自治区塔里木盆地北部，全长2179千米。塔里木河不仅是我国最长的内陆河，还是世界第五大内陆河。

塔里木河发源于天山山脉及喀喇昆仑山。在维吾尔语里，塔里木意为“无缰之马”和“田地、种田”。对于干旱的西北地区来说，水源极其珍贵。在水量较大的地区，绿洲形成，人们便生活在这里。塔里木河便成了南疆人民的母亲河。

▲昆仑山

昆仑山在中华民族的文化史上具有十分显赫的地位，被人们尊称为“万山之祖”。在《山海经》中，西王母就居住在昆仑山上，她是一位掌管罚恶的长生女神。

新疆地区气候干旱，降水稀少。塔里木河的水源主要来自于周边高大山脉的冰川融水。所以，夏季气温高的时候，冰川融化的速度很快，塔里木河

shuǐ liàng jiù huì biàn duō ér dōng jì qì wēn dī shí tǎ lǐ mù hé shuǐ liàng jiù huì
水量就会变多。而冬季气温低时，塔里木河水量就会
jiǎn shǎo zǒng de lái shuō tǎ lǐ mù hé quánchéng liú jīng shā mò dì dài shuǐ fèn
减少。总的来说，塔里木河全程流经沙漠地带，水分
róng yì xià shèn qiě zhēng fā wàngshèng jiā shàng yán àn rén menshēngchǎnshēng huó yòng shuǐ
容易下渗，且蒸发旺盛，加上沿岸人们生产生活用水，
shǐ de xià yóu dì qū bù fen hé duàn shuǐ liàng jí shǎo shèn zhì zhú jiàn xiāo shī chū
使得下游地区部分河段水量极少，甚至逐渐消失，出
xiàn le yǒu tóu wú wěi de xiàn xiàng
现了“有头无尾”的现象。

197 为什么戈壁上的石子那么多？

gē bì zài měng gǔ yǔ zhōng yǒu shā mò lì shí huāng mò gān hàn de dì
戈壁在蒙古语中有“沙漠、砾石荒漠、干旱的地
fang děng yì si zhǐ dì miàn jī hū bèi cū shā lì shí suǒ fù gài zhí wù xī
方”等意思，指地面几乎被粗沙、砾石所覆盖，植物稀
shǎo de huāng mò dì dài
少的荒漠地带。

kē xué jiā yán jiū fā xiàn yī xiē bǐ jiào shū sōng de yán tǐ zài tài yáng hé
科学家研究发现，一些比较疏松的岩体在太阳和
fēng de zuò yòng xià bù duàn bèi fēng huà qīn shí biàn chéng dà liàng suì xiè zhuàng wù zhì
风的作用下，不断被风化侵蚀，变成大量碎屑状物质。
zhè xiē suì xiè zhuàng wù zhì cóng shān shang bēng jiě xià lái duī jī zài shān jiǎo xià gān
这些碎屑状物质从山上崩解下来，堆积在山脚下。干

zào shí jié dà fēng guā guò chén tǔ bèi guā dào qiān lǐ wài de dì qū xíng chéng
燥时节，大风刮过，尘土被刮到千里外的地区，形成

le huáng tǔ gāo yuán ér nà xiē xì shā zé bèi fēng xié dài dào
了黄土高原；而那些细沙则被风携带到

fù jìn xíng chéng shā mò lì jìng bǐ jiào dà de lì shí
附近，形成沙漠；粒径比较大的砾石，

zé liú zài yuán dì xíng chéng le rú jīn de gē bì
则留在原地，形成了如今的戈壁。

nèi měng gǔ gāo yuánshang biàn yǒu zhe guǎng mào zhuàng guān de
内蒙古高原上便有着广袤壮观的

ā lā shàn hàn hǎi gē bì qiáng dà de xī běi fēng jiāng dì
阿拉善瀚海戈壁。强大的西北风将地

miàn xì tǔ xié juǎn ér qù zhǐ liú xià cū shā hé lì shí
面细土携卷而去，只留下粗沙和砾石，

biàn xíng chéng guǎng kuò de gē bì
便形成广阔的戈壁。

▲戈壁滩

戈壁，亦称“戈壁滩”。产自戈壁滩的戈壁石，材质优良，造型多样，给这里的牧民带来了丰厚的经济收入。

198 沙漠里为什么会有绿洲？

shā mò zhǔ yào zhǐ dì miàn wán quán bèi shā suǒ fù gài quē fá liú shuǐ qì
沙漠，主要指地面完全被沙所覆盖，缺乏流水，气
hòu gān zào zhí wù xī shǎo de dì qū yī bān qíng kuàng xià shā mò dì qū de
候干燥，植物稀少的地区。一般情况下，沙漠地区的
nián jiàng shuǐ liàng zài háo mǐ yǐ xià yǒu xiē shā mò dì qū de nián jiàng shuǐ liàng
年降水量在250毫米以下，有些沙漠地区的年降水量
gèng shǎo shèn zhì zài háo mǐ yǐ xià lì rú wǒ guó xīn jiāng wéi wú ěr zì
更少，甚至在100毫米以下，例如我国新疆维吾尔自
zhì qū de tǎ kè lā mǎ gān shā mò yóu yú jiàng shuǐ shǎo zhēng fā liàng dà yī
治区的塔克拉玛干沙漠。由于降水少，蒸发量大，一
bān rén yǐ wéi shā mò zhōng méi yǒu shēng mìng de cún zài shí jì shàng shā mò zhōng
般人以为沙漠中没有生命的存在。实际上，沙漠中

yě cún zài zhe yī xiē zhí wù hé dòng wù zài yè jiān dòng
也存在着一些植物和动物，在夜间，动
wù men huì fēn fēn chū lái huó dòng hé xún zhǎo shí wù zhè
物们会纷纷出来活动和寻找食物。这
xiē dòng wù hé zhí wù shì rú hé shēng cún de ne
些动物和植物是如何生存的呢？

qí shí shā mò de dì xià yǒu zhe fēng fù de shuǐ yuán
其实沙漠的地下有着丰富的水源，
zhè xiē dì xià shuǐ lái zì fù jìn gāo shān de bīng xuě róng shuǐ
这些地下水来自附近高山的冰雪融水。
gāo shān shang jī yǒu hòu hòu de bīng xuě xià jì bīng xuě xiāo
高山上积有厚厚的冰雪，夏季冰雪消
róng xuě shuǐ chuān guò shān gǔ fèng xì liú dào shā mò de dī gǔ
融，雪水穿过山谷缝隙流到沙漠的低谷
dì duàn xíng chéng dì xià hé zhè xiē dì xià shuǐ zī rùn le
地段，形成地下河。这些地下水滋润了
shā mò shang de zhí wù yě kě gōng rén chù yǐn yòng gěi shā mò dài lái shēng jī xíng
沙漠上的植物，也可供人畜饮用，给沙漠带来生机，形
chéng le yī gè gè lǜ zhōu
成了一个个绿洲。

▲沙漠中的绿洲

绿洲附近土壤肥沃、灌溉条件便利，一般来说农牧业比较发达。很多村庄乃至城市都依托着绿洲而建。

199 我国最大的沙漠是哪个？

tǎ kè lā mǎ gān shā mò wèi yú wǒ guó xīn jiāng wéi wú ěr zì zhì qū nán
塔克拉玛干沙漠位于我国新疆维吾尔自治区南
jiāng de tǎ lǐ mù pén dì zhōng xīn shì wǒ guó zuì dà de shā mò yě shì shì jiè
疆的塔里木盆地中心，是我国最大的沙漠，也是世界
dì shí dà shā mò shì jiè dì èr dà liú dòng shā mò tǎ kè lā mǎ gān yī
第十大沙漠、世界第二大流动沙漠。“塔克拉玛干”一
cí fēn wéi tǎ kè lā hé mǎ gān liǎng bù fen qí zhōng tǎ kè lā yì
词分为“塔克拉”和“玛干”两部分，其中“塔克拉”意
wéi dì xià xià miàn mǎ gān yì wéi lǐng yù jiā yuán shēng huó de dì
为“地下，下面”，“玛干”意为“领域，家园，生活的地

方”。所以“塔克拉玛干”的意思是“地底下的城市”。塔克拉玛干沙漠东西长约1000千米，南北宽约400千米，面积达33万平方千米，这个面积甚至超过了我国大多数省级行政区的面积。

由于气候极端干旱，塔克拉玛干沙漠植被稀少，几乎整个地区都缺少植物覆盖。但在沙漠边缘有地下水的地方，则有一定数量的植被。沙漠植被根系都比较发达，便于吸收地下水。

▲塔克拉玛干沙漠公路

塔克拉玛干沙漠公路是世界最长的贯穿流动沙漠的等级公路，也是中国最早的沙漠公路。为保护公路，人们沿线修建了塔里木沙漠公路绿化工程，它是一条长约 436 千米、宽 72~78 米的绿化带，于 2005 年 6 月全面建成。

200 沙坡头治沙工程为什么被誉为“人类治沙史上的奇迹”？

▲沙坡头

目前，沙坡头一跃成为国家级自然保护区和国家5A级旅游景区，并被评为“中国最美的地方”，纳入“中国十大最好玩的地方”。

shā pō tóu yīn shā qiū gāo dù chāo bǎi mǐ ér dé míng
沙坡头因沙丘高度超百米而得名，
tā suǒ zài de níng xià zhōng wèi shì céng shì fēng shā zāi hài zuì
它所在的宁夏中卫市曾是风沙灾害最
wéi yán zhòng de dì qū zhī yī dàn jīng guò yī dài yòu yī
为严重的地区之一。但经过一代又一
dài zhì shā rén de nǔ lì tàn suǒ chū gù shā xiào guǒ xiǎn
代治沙人的努力，探索出固沙效果显
zhù de mài cǎo fāng gé gù shā fǎ cǐ fǎ chéng běn dī
著的“麦草方格”固沙法。此法成本低
lián yì tuī guǎng duì rèn hé lèi xíng de liú dòng shā qiū dōu
廉易推广，对任何类型的流动沙丘都
jù yǒu lì gān jiàn yǐng de gù shā xiào guǒ yīn cǐ shā
具有立竿见影的固沙效果。因此，沙
pō tóu zhì shā gōngchéng bèi yù wéi rén lèi zhì shā shǐ shang
坡头治沙工程被誉为“人类治沙史上
de qí jì
的奇迹”。

气候与气象

夏季炎热、冬季严寒，
全年干旱少雨；
植被稀疏、沙漠广布、
带来了漫天的沙尘暴。

201 天气和气候有什么区别？

zài rì chángshēng huó zhōng wǒ men jīng cháng huì yù dào tiān qì qì hòu děng cí
在日常生活中，我们经常会遇到天气、气候等词
yǔ nǐ zhī dào tā men dài biǎo shén me yì si ma tiān qì zhǐ de shì mǒu yī dì
语。你知道它们代表什么意思吗？天气指的是某一地
qū zài mǒu yī shùn jiān huò mǒu yī duàn shí jiān nèi dà qì xiàn xiàng jí dà qì zhuàng tài
区在某一瞬间或某一段时间内，大气现象及大气状态
de zōng hé shí jiān kuà dù jiào duǎn tōngcháng wéi shù gè xiǎo shí zhì liǎng sān tiān
的综合。时间跨度较短，通常为数个小时至两三天。
tōngchángyòng yīn qíng fēng yǔ lěng rè děng lái miáo shù yī
通常用阴晴、风雨、冷热等来描述一
gè dì fang de tiān qì zhuàngkuàng lì rú jīn tiān zhōng
个地方的天气状况。例如：今天中
wǔ tiān qì yǒu diǎn rè jīn tiān bàng
午天气有点热，今天傍
wǎn xià yǔ le zhī lèi de shuō fǎ
晚下雨了之类的说法，
shuō de jiù shì tiān qì
说的就是天气。

而气候指的是在太阳辐射和气候系统各子系统相互作用下，地球上某一区域天气（气候）要素的多年平均状况及其极端情形。相对于天气来说，时间跨度较长，通常为一个月、一个季度、一年乃至多年，空间范围也较大。

德国气象学家、气候学家、地理学家、植物学家弗拉迪米尔·彼得·柯本，是现代气候学和气象学的主要创始人，对许多科学领域都做出了突出贡献。

▲竺可桢

竺可桢是我国物候学的创始人，对中国气候的形成、特点、区划及变迁等，还有地理学和自然科学史都有深刻的研究。

202 沙漠里也会出现海市蜃楼吗?

zài yuǎn fāng píng jìng de hǎi miànshang yìng xiàn chū dǎo yǔ chuán bó děng huàn jǐng
在远方平静的海面上,映现出岛屿、船舶等幻景,
huò zài shā mò yuǎn chù de kōngzhōng yìng xiàn chū shù mù fáng wū děng jǐng xiàng zhè
或在沙漠远处的空中,映现出树木、房屋等景象,这
zhǒng xiàn xiàng bèi chēng zuò hǎi shì shèn lóu yòu jiào shèn jǐng tā shì yī zhǒng yīn wèi guāng
种现象被称作海市蜃楼,又叫蜃景,它是一种因为光
de zhé shè hé quán fǎn shè ér xíng chéng de zì rán xiàn xiàng qí xíng chéng yǔ tiān qì
的折射和全反射而形成的自然现象。其形成与天气
xíng shì qì xiàng tiáo jiàn dì lǐ wèi zhì dì qiú wù lǐ děng yǒu mì qiè lián xì
形势、气象条件、地理位置、地球物理等有密切联系。

海市蜃楼在海上和陆地上均可以看到。通常会在同一地点、相同时间重复出现。海市蜃楼经常出现在海上，因为海上一定范围之内的空气湿度较大，这样大量的水蒸气在运动下会形成一个巨大的透镜系统。当近地面的气温剧烈变化时，则会引起大气密度的巨大差异，远方的景物在光线传播时，则会发生光的折射和全反射，从而出现海市蜃楼。

▲海市蜃楼

自古以来，蜃景就为世人所关注。在西方神话中，蜃景被描绘成魔鬼的化身，是死亡和不幸的凶兆，而我国古代则把蜃景看成是仙境。

沙漠里，白天沙石受太阳光照射，沙层表面的气温迅速升高。由于空气传热性能差，在无风时，沙漠上空的垂直气温下高上低，上层空气密度高，下层空气密度低。当太阳光从密度高的空气层进入密度低的空气层时，光的角度发生了改变，经过光的折射，便将远处的绿洲呈现于人们眼前了。

203 为什么会有寒潮出现？

寒潮，顾名思义就是寒冷空气像潮水一样奔流而来的意思，属于空气流动的一种形式。侵入中国的寒潮，主要是在北极沿岸、俄罗斯的西伯利亚以及蒙古

国等地暴发南下的冷高压。这些地区大多分布在高纬度地区，冬季长期光照不足，到处被冰雪覆盖着，停留在那些地区的空气团越来越冷、越来越干。当北方的冷气团积累到一定的程度，气压增大到远远高于南方时，如同贮存在高山上的洪水，向气压较低的南方袭来，这就形成了寒潮。

▲云南西双版纳

我国几乎不受寒潮影响的地区主要有青藏高原、云南西双版纳、广东省雷州半岛、台湾岛南部和海南岛及其以南岛屿等。

由于我国国土面积辽阔，受地理环境和气候条件影响，寒潮标准也不相同。由中央气象台2006年制定的中国冷空气等级国家标准中规定寒潮标准是：某一地区冷空气过境后，气温24小时内下降8℃以上，且最低气温下降到4℃以下；或48小时内气温下降10℃以上，且最低气温下降到4℃以下；或72小时内气温连续下降12℃以上，并且最低气温在4℃以下。

204 干热风对西北地区的农业生产有什么影响？

干热风，也叫“干旱风”“热干风”，还有人称其为“火南风”或“火风”。它是一种高温、低湿并伴有一定风力的农业气象灾害，是出现在温暖季节导致小麦乳熟期受害秕粒的一种干而热的风。西北地区春末夏初期间都有出现。

干热风使植株蒸腾加剧，体内水分平衡失调，叶片光合作用降低，还会使植株体内物质输送受到影响。西北干热风区主要包括河套平原、河西走廊及新疆的准噶尔盆地和塔里木盆地等，这里是中国春小麦主要产区。一般低洼盆地、沙漠边缘、谷地、山脉背风坡等受害相对较重，而丘陵薄地、

▲农田林建设

通过植树造林，加强农田林网化建设，浇灌浆水、麦黄水，以及在干热风来临前或小麦生育后期，向叶面喷施化学制剂，调节小麦新陈代谢的能力，增强株体活力，达到壮苗抗灾，都能够有效地缓解干热风带来的危害。

shā dì yáng pō dì shòu hài xiāng duì jiào qīng tóng shí suí hǎi bá shēng gāo wēi hài
沙地、阳坡地受害相对较轻。同时，随海拔升高，危害
chéng dù yě zhú jiàn jiǎn qīng
程度也逐渐减轻。

zài zhōng guó gān rè fēng tiān qì měi nián yuè jūn kě chū xiàn
在中国，干热风天气每年4—8月均可出现，2~4
nián chū xiàn yī cì wēi hài yán zhòng nián yuè fā shēng de gān rè fēng duì xiǎo mài
年出现一次危害严重年。5—7月发生的干热风对小麦
wēi hài zuì dà zài chángjiāngzhōng xià yóu dì qū shuǐ dào mián huā yě huì shòu qí
危害最大。在长江中下游地区，水稻、棉花也会受其
wēi hài chángjiāngzhōng xià yóu shuǐ dào zài chōu suì yáng huā qī yù gān rè fēng huì shǐ
危害。长江中下游水稻在抽穗扬花期遇干热风，会使
zhù tóu biàn gān yǐng xiǎng shòu fěn mián huā yù gān rè fēng huì dǎo zhì lěi líng dà liàng
柱头变干、影响授粉；棉花遇干热风会导致蕾铃大量
tuō luò wǒ guó xī běi dì qū shì mián huā de zhǔ chǎn qū pín fán de gān rè fēng
脱落。我国西北地区是棉花的主产区，频繁的干热风
yě huì shǐ mián huā jiǎn chǎn
也会使棉花减产。

205 为什么西北地区沙尘暴频发?

沙尘暴是沙暴和尘暴的总称，是荒漠化的标志，是指强风从地面卷起大量沙尘，使水平能见度小于1千米，具有突发性和持续时间较短特点的概率小、危害大的灾害性天气现象。

▲酸雨

沙尘暴对人类也有有益的一面，除了为黄土高原的形成提供沙源，碱性的沙尘进入大气中可以与空气中的酸性物质中和，从而抑制酸雨的形成。另外，沙尘暴从沙漠带走的营养成分落到海洋，也为鱼类提供了充足的养料。

沙尘暴形成的主要因素有特殊的地理位置和气候变化。我国西北地区属于温带大陆性气候，冬、夏季温差大，全年降水少。在春季，气温迅速回升，蒸发过程中会带走很多水汽，使地表变干。在西北地区，受副热带高气压带和西风控制，风力大，非常容易形成扬尘天气。当风力达到一定级数时，扬尘增多，就容易形成沙尘暴。植

bèi jù yǒu fáng fēng gù shā de gōng néng ér wǒ guó xī běi dì qū yīn qì hòu yīn
被具有防风固沙的功能，而我国西北地区因气候因
sù jiàng shuǐ shǎo guāngzhào qiáng rè liàng dà dǎo zhì zhí bèi fù gài lǜ jí xiǎo
素，降水少，光照强，热量大，导致植被覆盖率极小，
tǔ dì huāng mò huà yán zhòng suǒ yǐ hěn róng yì fā shēng shā chén bào
土地荒漠化严重，所以很容易发生沙尘暴。

cǐ wài rén lèi bù hé lǐ de kāi fā hé lì yòng bāo kuò rén wéi guò dù
此外，人类不合理的开发和利用，包括人为过度
fàng mù làn fá sēn lín zhí bèi gōngkuàng jiāo tōng jiàn shè yóu qí shì rén wéi guò dù
放牧、滥伐森林植被，工矿交通建设，尤其是人为过度
kěn huāng pò huài dì miàn zhí bèi shǐ tǔ rǎng tuì huà yán zhòng xíngchéng dà miàn jī shā
垦荒破坏地面植被，使土壤退化严重，形成大面积沙
mò huà tǔ dì zhí jiē zēng jiā le shā chén bào de fā shēng pín lǜ
漠化土地，直接增加了沙尘暴的发生频率。

206 新疆为什么会有“早穿皮袄午穿纱”的说法？

“早穿皮袄午穿纱，围着火炉吃西瓜”指的是早晚和中午的温差大，一天之内好像经历了寒暑变化。这种现象多发生在地表物质比热容较小的地区，即内陆地区。新疆处于内陆，受海洋影响小，是典型的温带大陆性气候。陆地比热容较小，升温快，降温也快，新疆的日温差就很大。新疆吐鲁番就是最为典型的地区。

造成这种现象的主要原因是物理因素。在新疆沙漠、戈壁上，地表多为砂石和干泥土，比热容较小，因此在早晨和晚上，冰冷的地表快速地吸收大量来自太阳的热量，使气温较低。而到了中午，地表就放出大量的热。所以在白天日照时，温度升高非常迅速，而到了傍晚太阳下山后，被晒得炽热的沙石却迅速降温。因而出现了“早穿皮袄午穿纱，围着火炉吃西瓜”的情形。

▲吐鲁番市高昌区

2023年7月16日，吐鲁番市高昌区三堡乡站最高气温达52.2℃。当天，吐鲁番火焰山景区地表温度达到了80℃，成为我国气温最高的地区。

207 为什么新疆的日落要比我国东部地区迟许多？

zhè shì yóu yú jīng dù bù tóng chǎnshēng de shí jiān chā yì dì qiú zì zhuàn
这是由于经度不同产生的时间差异。地球自转
shì rào dì zhóu zì xī xiàng dōng de zhuàndòng suǒ yǐ tài yáng shì cóng dōng fāng shēng qǐ
是绕地轴自西向东地转动，所以太阳是从东方升起，
cóng xī fāng luò xià de yīn cǐ dōng bù rì chū zǒng shì bǐ xī bù zǎo tài yáng shǒu
从西方落下的。因此东部日出总是比西部早，太阳首
xiān zhào liàng dōng bù yán hǎi guò yī duàn shí jiān zài zhào liàng xī bù dì qū tóng yàng
先照亮东部沿海，过一段时间再照亮西部地区。同样
de suí zhe dì qiú zì zhuàn dōng bù yán hǎi rì luò de shí jiān jiào zǎo xī bù dì
的，随着地球自转，东部沿海日落的时间较早，西部地
qū rì luò shí jiān zì rán jiù wǎn
区日落时间自然就晚。

由于地球自转，地球上不同经度的地方，有不同的地方时；经度每隔15度，地方时相差1小时。我国采用的是北京时间，也就是东八区的标准时间，而新疆幅员辽阔，大部分地区在东六区，所以有2小时的时差。其中新疆喀什属于东五区，所以喀什和北京的当地时间有三个小时的时差。

▲喀什古城

由于喀什与北京当地时间的差异，夏季晚上往往要到11点左右才会天黑，自然早晨起床时间也要比其他城市迟了许多，因此喀什也被人称为“我国最‘懒’的城市”。

208 伊犁河谷为什么要比新疆其他地区更加温暖湿润？

伊犁河谷北、东、南三面环山，北面有西北和东南走向的科古琴山、婆罗科努山，南有东北和西南走向的哈克他乌山和那拉提山，中部还有乌孙山、阿吾拉勒山等横亘，构成“三山夹两谷”的地貌轮廓。

由于伊犁河谷三面环山，所以温暖气流不易流出，并且侵袭新疆的冷空气主要来自于北方西伯利亚，恰好被天山山脉阻挡，不易侵袭到河谷，因此伊犁

河谷在新疆相对于其他地区就比较温暖。

从地理位置上看，由于欧洲以平原为主，地势低平，且多数山脉走向接近东西走向，在中纬度地区又盛行西风气流，对水汽的阻拦作用不大，大西洋水汽能够在合适的大气运动条件下直接深入欧亚大陆到达我国新疆。当受到高大的天山山脉阻挡时，山脉就如同一道屏障，将水汽汇聚在新疆西部的伊犁河谷，从而形成充沛的降水。

▲赛里木湖

大西洋的西风带携带着水汽，一路从欧洲西部到达天山山脉地区，受到天山山脉的地形抬升，水汽上升冷却凝结，最终会形成降水，落到赛里木湖及其周边，因此赛里木湖也被称为“大西洋最后一滴眼泪”。

209 你知道世界上距离海洋最远的内陆城市是哪个吗？

新疆的乌鲁木齐，处于中国的内陆地区，距离最近的海洋足足有2000千米以上，是世界上离海洋最远的城市。其具体位置在天山的北麓，新疆的中部地区，毗邻中亚各国。因此，乌鲁木齐拥有“亚心之都”的称号。乌鲁木齐是新疆的首府，全市面积超过了1.4万平方千米，人口超过了350万。乌鲁木齐原名迪化，“迪化”为“启迪教化”的意思，1953年改名为乌鲁

木齐，在蒙古语里是“优美的牧场”的意思。

正是由于距离海洋十分遥远，因此来自海洋的暖湿气流难以到达，使得乌鲁木齐相对较为干旱。然而乌鲁木齐也是全世界距离冰川最近的大城市。最近的冰川距离乌鲁木齐仅有100多千米，为其提供了充足的水源。

▲新疆国际大巴扎

新疆国际大巴扎（“巴扎”，维吾尔语，意为“集市、农贸市场”）是世界规模最大的巴扎，集伊斯兰文化、建筑、民族商贸、娱乐、餐饮于一体，重现了古丝绸之路的繁华，集中体现了浓郁的西域民族特色和地域文化。

210 沙漠地区也会下雨吗？

沙漠地区是会降雨的，其实沙漠地区降雨是一种正常的天气现象，只是通常情况下降雨量都非常少。

▲撒哈拉沙漠

近些年来，由于全球气候变暖导致的极端天气多发。撒哈拉沙漠、阿拉伯沙漠，以及我国的塔克拉玛干沙漠等沙漠地区都出现了罕见的大雨或大雪天气。

但在气候异常、沙漠上空有大的降雨天气系统经过时，如遇其他气流“阻截”而放慢前进速度，或干脆停滞不前，就会将云中携带的大量水汽以降雨或降雪的形式倾泻下来，其中有些降雨还与沙漠所处的特殊地理位置、地形有关。位于我国陕西靖边的毛乌素沙漠就被称为世界沙漠的暴雨中心。

多样的农业

一片片青葱的草场上，
有多少牛羊骏马；
一片片绿洲里，
是瓜果棉花的海洋。

211 新疆为什么有“瓜果之乡”的美誉？

新疆有着非常典型的温带大陆性气候，昼夜温差较大，日照时间充足（年日照时间在2500~3500小时）。这对作物的生长和光合作用有积极的影响，也十分有利于瓜果养分的转化和糖分的积累。同时，降水量少，气候干燥有助于控制农作物病虫害的传播，减少病虫害对作物的影响。

zài xīn jiāng yǒu jù mín yàn tǔ lǔ fān de pú tao
在新疆有句民谚:“吐鲁番的葡萄
hā mì de tián guā yè chéng de shí liu rén rén kuā kù ěr
哈密的甜瓜,叶城的石榴人人夸,库尔
lè de xiāng lí jiǎ tiān xià ā kè sū de píng guǒ dǐng guā
勒的香梨甲天下,阿克苏的苹果顶呱
guā ā tú shí de wú huā guǒ míngshēng dà shí hé zǐ xià
呱,阿图什的无花果名声大,石河子下
yě dì de xī guā tián yòu shā kā shí de yīng tao sài zhēn
野地的西瓜甜又沙,喀什的樱桃赛珍
zhū jiā shī de tián guā tián diào yá hé tián de báo pí hé
珠,伽师的甜瓜甜掉牙,和田的薄皮核
tao bù yòng qiāo kù chē lún tái de xiǎo bái xìng zuì zǎn
桃不用敲,库车、轮台的小白杏最攒
jìn yóu cǐ kě jiàn xīn jiāng guā guǒ pǐn lèi shí fēn fēng
劲。”由此可见,新疆瓜果品类十分丰
fù yě yīn cǐ xīn jiāng bèi chēng wéi guā guǒ zhī xiāng
富,也因此新疆被称为“瓜果之乡”。

▲沙湾大盘鸡

沙湾大盘鸡是新疆具有代表性的美食之一,而制作大盘鸡所需要的辣椒就来自于新疆沙湾市,沙湾辣椒不仅是美食的调味料,还是口红里面的红色素原料。

212 哈密瓜的名字真的是康熙皇帝取的吗？

哈密瓜是新疆维吾尔自治区哈密市的特产，也是中国国家地理标志产品。哈密瓜主产于吐鲁番盆地和哈密盆地，吐鲁番盆地和哈密盆地由于温度高，日照时间长，土壤含沙量大，略带碱性的特点，为哈密瓜的香甜、味美创造了天然条件。它形态各异，风味独特，瓜肉肥厚，清脆爽口。在汉代，哈密瓜作为稀有的西域贡品，被多位官员进献给汉明帝，并命名为库洪；到了清代，作为贡品，被康熙皇帝赐名哈密瓜。

哈密瓜的品种有近200种，营养价值极高，含糖量高达21%，而且富含糖分、纤维素，还有苹果酸、果胶

wù zhì wéi shēng sù ní kè suān yǐ jí gài lín tiě děng yuán sù chú cǐ zhī
物质、维生素、尼克酸以及钙、磷、铁等元素。除此之
wài hā mì guā hái yǒu yào yòng jià zhí
外，哈密瓜还有药用价值。

hā mì guā sù yǒu guā zhōng zhī wáng de měi chēng
哈密瓜素有“瓜中之王”的美称，
qí zhōng jiā shī guā yīn chǎn dì zài jiā shī xiàn ér dé míng
其中伽师瓜因产地在伽师县而得名，
yǐ yǒu yú nián de zhòng zhí lì shǐ pǐn zhǒng fán duō
已有1500余年的种植历史，品种繁多，
sì jì jiē yǒu jiā shī guā zāi péi lì shǐ yōu jiǔ jū
四季皆有。伽师瓜栽培历史悠久，居
quán jiāng tián guā zhī shǒu shì guó nèi gè lèi guā guǒ zhōng de
全疆甜瓜之首，是国内各类瓜果中的
jiǎo jiǎo zhě
佼佼者。

▲野山杏

作为哈密瓜的故乡，哈密市还盛产大枣、葡萄、野山杏和天山野菇。当地居民喜欢将野山杏制作成杏干，然后泡水饮用，具有清热解毒的作用。

213 你知道宁夏“五宝”分别是什么吗？

由于自身独特的自然地理条件，宁夏拥有许多独具特色的农副畜产品，其中最主要的是被誉为宁夏“五宝”的枸杞、甘草、贺兰石、滩羊皮和发菜。

▲发菜

发菜，因谐音“发财”并且具有一定营养价值，曾一度备受餐饮业欢迎。然而，大规模采集发菜造成植被大面积被破坏，使本就十分脆弱的生态环境进一步恶化。因此，发菜的采集和销售被全面禁止。

被称为“红宝”的是枸杞，是宁夏的传统出口商品，以皮薄、肉厚、籽少、品质优良驰名中外。“黄宝”是甘草，以骨重粉足、条干顺直、口面新鲜、加工精细著称。“蓝宝”为贺兰石，产于贺兰山悬崖上，石料结构均匀，质地细腻，刚柔相宜。经能工巧

匠用贺兰石雕饰而成的贺兰砚，深受历代书法家喜爱，是公认的砚中佳品。“白宝”为滩羊皮，毛长，柔软，光润，毛色大多为纯白色，也有少数为纯黑色。以滩羊毛为原料制作的提花毛毯，因其优良的品质和独特的风格驰名中外。“黑宝”是指发菜，是一种可食用藻类植物，因颜色黑并且细长，像人的发丝而得名。2000年起，发菜的采集和销售被全面禁止，宁夏另一特产太西煤逐渐成为新“黑宝”。

214 伊犁马为什么又被叫作“天马”？

早在公元前2世纪，西域乌孙（也就是现在的伊犁）就盛产良马。据《汉书乌孙传》记载：“天马来兮从西极”，“其国多马，富人至四五千匹”。足见当时伊犁牧马业的规模。乌孙国还常常向汉朝进贡良马。

▲马

马的视力其实并不好。它们的眼睛直径大约为5厘米，是所有陆地动物中眼睛最大的。但是它们没有像人类一样集中注意力的能力。它们眼睛的上部用于近距离观察，而眼睛的下部用于观察远处的物体。

汉武帝非常喜欢乌孙马的优良品质，亲笔赐名“天马”。此后，伊犁马便有了“天马”的美誉。

伊犁马外貌俊秀，体格魁伟，抗病性强，适应性强，有稳定的遗传性能和生产性能。其中，伊犁哈萨克自治州昭苏县天马体格高大，结构匀称。昭苏县气候冷凉，水资源丰富，土壤以草甸土、黑钙土为主，土质好，肥力高。同时昭苏县是新疆唯一没有荒漠化的县，牧草种类繁多，草质优良。昭苏县的生态条件非常适宜马匹生长繁衍，可谓是“牧马的天堂”。

215 新疆细毛羊有什么特别之处？

新疆细毛羊是1934年以高加索美利奴和泊列考斯美利奴两个细毛羊为父本，以当地哈萨克和蒙古种粗毛羊为母本，经过复杂杂交选种选配，并不断改善饲养管理而培育成功的，1954年由中国农业部正式命名为“新疆毛肉兼用细毛羊”。它是中国培育成功的第一个细毛羊品种，号称“天山一枝花”。

新疆细毛羊的头和脚非常短小，全身披满白色的绒毛，个别羊眼圈、耳、唇有小色斑。其毛长通常超过8厘米，主体细度为64支，而且不含草屑、地屑和杂毛。公羊有螺旋形大角，母羊无角。这个品种的羊具备了适应性强、耐粗饲料、产毛量高、净毛率高、遗传性稳定等优良品质。

新疆细毛羊不仅毛质好，而且羊肉细嫩味美，它的育成填补了我国细毛羊品种的空白，为新疆牧业经济发展做出了重要贡献。

▲羊

羊生活在开阔的草原上，它的眼睛长在头部两侧，瞳孔呈长方形，这种左右宽、上下扁的瞳孔能帮助羊看到远处两边的敌人。

216 骆驼为什么被称为“沙漠之舟”？

沙漠环境恶劣、气候干燥，昼夜温差很大，水源植物稀少。骆驼长期在沙漠中生活，身体机能具有一系列的适应能力。它能闭合鼻孔，具有厚实的保护性眼睑和多毛的耳孔，可以阻拦风沙的侵袭。它还有适于跪伏的角质膝垫以及约0.5厘米厚的足底肉垫，可耐受沙漠70~80℃的高温。此外，骆驼全身披有约10厘米

长的褐色绒毛，冬天可以用来抗寒，夏季在绒毛与皮肤间会形成降温的间隙，能防止高温辐射热。

骆驼有着惊人的耐力，在气温50℃、失水达体重的30%时，还能20天不饮水，而且骆驼只会在温度达40℃时才会流少量汗水。骆驼的驼峰是用来储存脂肪的，最多能储存50千克脂肪，约占体重的1/5。骆驼的胃和肌肉也能贮存一定量的水，它的胃可储水近百升。因而，在一时找不到食物和水的情况下，它可以动用贮存的脂肪和水维持生命。

▲双峰驼

骆驼有单峰驼、双峰驼两种，我国所产的骆驼是双峰驼。骆驼原为野生，四千多年前被驯化。骆驼的嗅觉特别灵敏，能辨察到远处的水源。

217 为什么骆驼可以吃下带刺的仙人掌？

shēng huó zài shā mò gē bì zhī zhōng tiáo jiàn è liè quē fá shuǐ zī yuán
生活在沙漠戈壁之中，条件恶劣，缺乏水资源，
shǐ de luò tuo yōng yǒu le fēi cháng lì hai de chǔ shuǐ néng lì ér zài shā mò zhōng
使得骆驼拥有了非常厉害的储水能力。而在沙漠中
shēng huó guāng yǒu chǔ shuǐ néng lì shì bù gòu de hái yào néng suí shí suí dì fā xiàn shuǐ
生活光有储水能力是不够的，还要能随时随地发现水
yuán de cún zài shēng zhǎng zài shā mò zhōng de xiān rén zhǎng biàn shì tiān rán de chǔ shuǐ chí
源的存在。生长在沙漠中的仙人掌便是天然的储水池。
wèi le néng gòu chī xià xiān rén zhǎng luò
为了能够吃下仙人掌，骆
tuo jìn huà chū le fēi cháng qiáng hàn de kǒu qiāng
驼进化出了非常强悍的口腔，
luò tuo de kǒu qiāng hé shé tou shang yǒu fēi cháng
骆驼的口腔和舌头上有非常

坚硬的组织，可以帮助它们咀嚼、咬碎和消化仙人掌的刺和纤维。此外，骆驼的瘤胃，可以将植物纤维素分解为能够被消化的营养物质，包括蛋白质和脂肪。而且，骆驼的肠道中含有大量的细菌，这些细菌能够帮助消化仙人掌中的糖类和其他营养成分。

骆驼在长期进食仙人掌的过程中，还会逐渐产生对其中毒性成分的耐受性。骆驼的唾液、胃液也能轻松软化仙人掌的尖刺。

▲单峰驼

野生单峰驼已经濒临灭绝，野生双峰驼也仅分布在中国和蒙古两国，我国野生双峰驼仅存约500峰，全世界也仅存800余峰。野生双峰驼已被列入《世界自然保护联盟濒危物种红色名录》。

218 为什么新疆的棉花闻名全国？

shì jiè mián huā kàn zhōng guó zhōng guó mián huā kàn xīn jiāng xīn jiāng guāng zhào shí
世界棉花看中国，中国棉花看新疆。新疆光照时
jiān cháng rè liàng chōng zú qiě xīn jiāng wéi wēn dài dà lù xìng qì hòu qì hòu jiào wéi
间长，热量充足，且新疆为温带大陆性气候，气候较为
gān hàn shì yí mián huā shēng zhǎng xīn jiāng jiàng xuě xiāng duì jiào duō bìng jù bèi jiào
干旱，适宜棉花生长。新疆降雪相对较多，并具备较
hǎo de guàn gài tiáo jiàn néng gòu wèi mián huā tí gōng zú gòu de shuǐ fèn xīn jiāng duō
好的灌溉条件，能够为棉花提供足够的水分。新疆多
wéi shā tǔ tǔ rǎng shū sōng tòu qì yǒu lì yú mián huā gēn xì xià zhā shēng zhǎng
为沙土，土壤疏松透气，有利于棉花根系下扎生长。

正因为如此，新疆棉花种植面积、单产、总产、商品量、调出量连续30多年居全国前列。

新疆长绒棉因纤维较长而得名，具有吐絮好、絮色白、品级高、纤维长等优点。其相较于普通棉花更加柔软，可以纺织更细的布匹，也就意味着透气性更强，大部分棉花纤维长度在31毫米以内，而长绒棉为33~39毫米。现在新疆已经成为世界上最大的棉花产地，产量远超位居第二位的美国。

▲毛巾

毛巾的类型主要有纯棉毛巾、提花毛巾、割绒毛巾、竹纤维毛巾等。纯棉毛巾是以纯棉纱线为原料织成的，比较柔软，特别适合肌肤较脆弱、易过敏的人群。

219 为什么天山山麓的绿洲农业那么发达？

绿洲农业又称绿洲灌溉农业或沃洲农业，指分布于干旱荒漠地区有水源灌溉地方的农业，有新老之分。老绿洲农业一般分布于干旱荒漠地区有水源保证的河湖沿岸、山麓地带与冲积扇地下水出露的地方。新绿洲农业是随着社会生产力的发展和水利条件的改善，在干旱荒漠地区宜农地、资源较丰

富、开发利用条件较优越的地方开辟的新垦区。

天山是一座非常高大的山脉，平均高度在3000～5000米，加上位置处于温带地区，因此4000米以上的地区终年积雪。根据调查发现，天山上的冰雪换算成蓄水量，约有700亿立方米。另外还有大量的冰川在此发育，冰川积雪融化后，通过地表径流或地下径流（包括通过坎儿井等水利工程）流到山麓地带，使得山麓地带有丰富的水资源，进而成为沙漠中水草丰美的绿洲，人们逐绿洲而居，在此发展绿洲农业。

▲坎儿井

坎儿井是与中国横亘东西的万里长城、纵贯南北的大运河齐名的中国古代三大工程之一，是伟大的地下水利灌溉工程。

220 贺兰山东麓为什么被誉为葡萄种植的黄金地带？

北纬38度是世界公认的酿酒葡萄种植“黄金地带”，分布着全球知名的葡萄酒产区，宁夏贺兰山东麓恰好在这一黄金地带上。

葡萄抗寒性不强，不适合在气温低的地区栽培。而南北走向的贺兰山隔挡了腾格里沙漠的狂风与黄沙，也抵挡了西伯利亚的寒冷空气。贺兰山东麓处于山洪冲积扇，土壤肥沃。贺兰山下有大片砾石性的土壤，砾石使得土壤有很好的透气性，使得葡萄根系可

▲葡萄上的白霜

葡萄上的白霜是果蔬本身分泌的糖醇类物质，也被称为果粉，它们属于生物合成的天然物质，对人体是完全无害的。葡萄上的白霜不仅无害无毒，而且白霜越多，代表越新鲜。

以深扎地下，生命力非常旺盛。贺兰山东麓产区气候宜人，日照充足，昼夜温差大，山下每年只有200毫米的降雨量，但是却有2000毫米的蒸发量。这种降雨量少、蒸发量大的气候条件正适合葡萄的生长。

在历史上，贺兰山东麓就是我国最早种植葡萄的地区之一。千年前，张骞出使西域，“古丝绸之路”将葡萄栽培与酿造技术通过河西走廊传入宁夏。如今，宁夏已经成为中国重要的葡萄酒产区之一，被誉为“中国葡萄酒新世界”。

221 我国最大的畜牧业基地是哪里？

内蒙古是我国传统的四大牧区之一，畜牧业历史悠久，素有“马背民族的摇篮”和“畜牧业王国”的美誉。内蒙古拥有广阔的草原资源，草原总面积达1.18亿公顷，占全国草原总面积的三分之一以上。内蒙古的气候条件适宜畜牧业的发展。内蒙古属于温带大陆性气候，夏季温度适宜，降雨量充足，有利于牧草的生长和畜牧业的发展。同时，内蒙古的冬季寒冷，有利于畜牧业的疫病防治。也因此内蒙古牧区畜种十

分丰富，包括牛、羊、马、骆驼等多种畜牧业品种。

随着人们生活水平的提高，对畜牧业产品的需求也越来越大。内蒙古的畜牧业产品在国内外市场上具有很高的竞争力，市场需求旺盛，为内蒙古畜牧业的发展提供了广阔的空间。并且政府部门高度重视畜牧业的发展，出台了一系列扶持政策，为畜牧业的发展提供了有力的保障。因此，内蒙古自治区成为我国重要的畜牧业基地。

▲风力发电

除了畜牧业，内蒙古自治区的能源产业也十分发达，其中煤炭储量位于全国前列，风力、光伏等可再生能源也得到飞速发展。

222 牧民为什么要转场放牧？

zhuǎnchǎng shì yī zhǒng suí zhe jì jié biàn huà bù duàn jiāng shēng chù gǎn wǎng cǎo
转场，是一种随着季节变化不断将牲畜赶往草
liào fēng fù dì qū de xún huán lún mù fāng shì shēng huó zài xīn jiāng ā lè tài de
料丰富地区的循环轮牧方式。生活在新疆阿勒泰的
shǎo shù mín zú yán xí sì jì zhuǎnchǎng zhōng nián fàng mù de chuántǒng wèi le
少数民族，沿袭“四季转场，终年放牧”的传统。为了
bǎo hù cǎo chǎng jǐ qiān nián lái mù mín yán xù zhe yī zhǒng chuántǒng de zhuǎnchǎng fāng
保护草场，几千年来，牧民延续着一种传统的转场方
shì chūn tiān bǎ shēng chù gǎn dào chūn qiū mù chǎng xià tiān gǎn dào xià mù chǎng qiū tiān
式：春天把牲畜赶到春秋牧场，夏天赶到夏牧场，秋天
zài zhuǎn huí chūn qiū mù chǎng dōng tiān zhuǎn dào dōng mù chǎng zhè yàng yī lái měi piàn
再转回春秋牧场，冬天转到冬牧场。这样一来，每片

cǎo chǎng dōu yǒu xiū yǎngshēng xī de shí jiān zì rán hé shēng tài
草场都有休养生息的时间，自然和生态
yě néng dé dào yǒu xiào huī fù
也能得到有效恢复。

xīn jiāng dì xíng yǒu zhe sān shān jiā liǎng pén zhī shuō
新疆地形有着“三山夹两盆”之说，
shān dì mù chǎng jù yǒu chuí zhí dì dài xìng cǎo chǎng suí shān dì
山地牧场具有垂直地带性，草场随山地
hǎi bá gāo dù bù tóng ér jù yǒu míng xiǎn de chā yì mù mín
海拔高度不同而具有明显的差异，牧民
men shì shì dài dài xíng chéng le bù tóng jì jié lì yòng bù tóng
们世世代代形成了不同季节利用不同
gāo dù cǎo chǎng de qiān xǐ yóu mù fāng shì zhè yàng zhuǎn chǎng
高度草场的迁徙游牧方式。这样转场
yě shì wèi le gěi chù qún gèng hǎo de shēng huó huán jìng
也是为了给畜群更好的生活环境。

▲哈萨克族

哈萨克族历史悠久而又丰富多彩的文化就集中体现贯穿于一年四季的转场生活中，有如候鸟一般，因此哈萨克族也被称为“搬家最勤的民族”。

223 过度放牧有哪些危害？

过度放牧是指草地放牧牲畜密度过大，超出生态系统调节能力的行为。过度放牧可能导致草原生态和经济社会无法承受的压力。过度放牧会破坏草原植被。而牛羊的过量赶放会造成草原的生态失衡，导致土壤侵蚀加剧，造成干旱、荒漠化等问题。此外，当土地被过度放牧时，耕地就被抢占，人们就面临着食物短缺的危险。

▲退化的牧场

世界上1/3的牧场由于过度放牧正在剧烈地退化。在过度放牧的国家中，危害最大、面积比例最大的是巴基斯坦等。

矿产与能源

广袤的沙漠里，
流出了石油河；
巍峨的高山下，
埋藏着丰富的矿石。

224 为什么沙漠地区盛产石油？

cóng shì jiè fàn wéi nèi lái kàn shí yóu jī běn shàng zài shā mò dì qū zhōng
从世界范围内来看，石油基本上在沙漠地区，中
dōng běi fēi yǐ jí wǒ guó de xī bù shā mò dì dài hé zhōng yà de shā mò dì
东、北非，以及我国的西部沙漠地带和中亚的沙漠地
dài dōu shì shí yóu zī yuán jí qí fēng fù de dì qū
带，都是石油资源极其丰富的地区。

rú jīn guān yú shí yóu shì rú hé xíng chéng de hái méi yǒu
如今关于石油是如何形成的还没有
dá chéng yī zhì de guān diǎn
达成一致的观点。
yǒu kē xué jiā rèn wéi
有科学家认为，
shí yóu shì yóu dòng zhí wù
石油是由动植物
chén jī ér lái de zài
沉积而来的。在
dì qiú màn cháng de yǎn huà
地球漫长的演化

guò chéng zhōng dà liàng de zhí wù hé dòng wù sǐ wáng hòu gòu chéng qí jī tǐ de yǒu
过程中，大量的植物和动物死亡后，构成其机体的有
jī wù zhì bù duàn fēn jiě yǔ ní shā huò wú jī yán chén diàn wù děng wù zhì hùn hé
机物质不断分解，与泥沙或无机盐沉淀物等物质混合
zǔ chéng chén jī céng jīng guò màn cháng de yā suō hé jiā rè hòu zhú jiàn xíng chéng là zhuàng
组成沉积层，经过漫长的压缩和加热后逐渐形成蜡状
de yóu yè yán hòu lái tuì huà chéng yè tài hé qì tài de tàn qīng huà hé wù tā
的油页岩，后来退化成液态和气态的碳氢化合物。它
men xiàng shàng shèn tòu dào fù jìn de yán céng zhōng zuì zhōng xíng chéng le yóu tián
们向上渗透到附近的岩层中，最终形成了油田。

ér zài dì zhì biàn huà de guò chéng zhōng yīn wèi dì qiào xià chén shǐ de yī
而在地质变化的过程中，因为地壳下沉，使得一
xiē dì qū zhōu wéi de dì shì biàn gāo xíng chéng chén jī pén dì zhōu wéi de gāo yuán
些地区周围的地势变高，形成沉积盆地，周围的高原、
gāo shān jiāng yǔ shuǐ hé shuǐ qì děng dǎng zài le wài miàn yú
高山将雨水和水汽等挡在了外面，于
shì shuǐ fèn biàn jìn rù bù liǎo pén dì jiǔ ér jiǔ zhī
是，水分便进入不了盆地。久而久之，
jīng guò jǐ qiān nián jǐ wàn nián zhè lǐ de tǔ dì zhú bù
经过几千年、几万年，这里的土地逐步
shā huà xíng chéng le cùn cǎo bù shēng de shā mò
沙化，形成了寸草不生的沙漠。

yě jiù shì shuō zài shā mò zhī qián zhè xiē tǔ dì
也就是说，在沙漠之前，这些土地
dōu fēi cháng féi wò yǒu fēng fù de zhí wù hé dòng wù zī
都非常肥沃，有丰富的植物和动物资
yuán zhǐ shì yīn wèi dì qiào de yùn dòng hé qì hòu de gǎi
源，只是因为地壳的运动和气候的改
biàn shǐ zhè lǐ de zì rán jǐng guān fā shēng le hěn dà de biàn
变，使这里的自然景观发生了很大的变
huà xíng chéng le yǐ shā mò wéi zhǔ de dì mào tè diǎn
化，形成了以沙漠为主的地貌特点。

▲石油工业的金属储油罐

古埃及人和古巴比伦人在很早以前就开采、利用石油了。“石油”这个中文名称是由北宋科学家沈括命名的。2023年，中国炼油产能已超过美国，成为世界第一炼油大国。

225 克拉玛依油田是什么时候被发现的？

克拉玛依，在维吾尔语中意为“黑油”。1955年1月，全国石油勘探会议举行，把新疆确定为重点勘探地区之一。1955年7月6日，准噶尔盆地黑油山南侧的一号井开钻；10月29日完钻，次日喷出工业油流。自此，新中国第一个大油田被发现，被命名为“克拉玛依油田”。克拉玛依一号井的发现是新中国石油工业发展史上的一座里程碑。

1958年，依托于石油工业的克拉玛依市建立。如今，克拉玛依市已成为中国乃至欧亚大陆重要的石油石化基地。克拉玛依一号井、中苏石油股份公司办公旧址、101窑洞房……这些工业遗址诉说着过往的峥

嵘岁月。

随着油气资源的加快开发，克拉玛依石油炼制及相关化学工业蓬勃发展。半个世纪前，人们在只有7万吨炼油能力的基础上，建成拥有50多套先进生产装置、原油一次加工能力为1000多万吨的石化企业；石油化工产品已达220多种，其中一批主导产品填补了国内空白。现在，克拉玛依－独山子石油化工基地，已经成为新疆国民经济的重要增长点。

▲丰富的油气资源

准噶尔盆地油气资源十分丰富，预测石油资源总量为86亿吨，天然气资源总量为2.1万亿立方米。目前石油探明率仅为21.4%，天然气探明率不到3.64%，勘探前景广阔，发展潜力巨大。

226 为什么石油勘探中常常发现金属矿藏？

在勘探矿藏的过程中，常常会出现这样的情形：在寻找油气田时，意外地发现了金属矿藏；或是在找金属矿藏时，意外地发现了油气田。随着对石油、天然气、金属矿等研究的不断深入，人们逐渐认识到石油、天然气、金属矿、非金属矿等相互之间存在着密切的联系。

▲钻探石油

石油勘探的主要方法有以下四类：地质法、地球物理法（地震勘探、重力勘探、磁力勘探、电法勘探）、地球化学法和钻探法。

对于这种现象，主张“无机成因”理论的研究者认为，组成石油的有机化合物是在地球形成之前在宇宙中合成的，并和其他星云物质一起参与地球的物质组成。随着地球的演化，它们才慢慢分离出来，并逐渐聚集成为油田。近代的宇宙探测发现，宇宙中

cún zài zhe bǎi zhǒng yǐ shàng de yǒu jī wù zhì zài mù xīng
存在着百种以上的有机物质，在木星
hé tǔ xīng de dà qì zhōng yě dōu fā xiàn yǒu jiǎ wán děng
和土星的大气中也都发现有甲烷等
tàn qīng huà hé wù zhè xiē sì hū yòu zhèng míng tàn
碳氢化合物。这些似乎又证明，碳
qīng huà hé wù de hé chéng wán quán bù xū yào yī lài shēng
氢化合物的合成完全不需要依赖生
wù de zhuǎn huà
物的转化。

lìng wài suí zhe yóu tián kān tàn shēn dù de zēng
另外，随着油田勘探深度的增
jiā rén men fā xiàn jī hū suǒ yǒu dà yóu
加，人们发现几乎所有大油
tián dōu yǔ yán jiāng zuò yòng yǒu qiān sī wàn lǚ
田都与岩浆作用有千丝万缕
de lián xì yóu qì tián yǔ jīn shǔ kuàng cáng
的联系。油气田与金属矿藏
bàn shēng de guān xì yě biǎo míng liǎng zhě
“伴生”的关系，也表明两者
cún zài zhe nèi zài lián xì kě néng shì dì
存在着内在联系，可能是地
qiú nèi bù huó dòng de gòng tóng jié guǒ
球内部活动的共同结果。

227 包头为什么被誉为“草原钢城”？

包头市，别称九原、鹿城、草原钢城、稀土之都、世界绿色硅都，位于内蒙古自治区西部，北与蒙古国接壤，南临黄河，东西接土默川平原和河套平原。包头是连接华北和西北的重要枢纽，是内蒙古对外开放的重点发展地区，与呼和浩特、鄂尔多斯共同构成内蒙古最具发展活力的优势区域。

▲炼钢工业

考古学家曾发掘出一把春秋时期的“铁剑”，后检测出它其实是钢制的。这说明春秋时期中国就有炼钢生产了，炼钢生产在中国已有2500多年的历史。

包头市内有一座大型的多种有用矿物共生矿——白云鄂博铁矿。包头市矿产资源具有种类多、储量大、品位高、分布集中、易于开采等特点，其中稀土矿不仅是包头的优势矿种，也是国家矿产资源的瑰宝。这里

已发现矿物74种，矿产类型14个。

“草原钢城”名字的由来，离不开包头钢铁(集团)有限责任公司(以下简称“包钢”)的建设与发展。1954年，国家在包头建立包钢，结束了内蒙古“手无寸铁”的时代，开启了为新中国钢铁工业贡献力量的崭新征程。“齐心协力建包钢”，也成为20世纪50年代的一段佳话。多年来，包钢持续创造了新中国工业史上多个“第一”，钢产量屡创新高。自有包钢以来，包头便以“草原钢城”而著称于世。

228 你知道“西气东输”工程吗？

“西气东输”工程是将中国西部新疆塔里木盆地的天然气资源，通过管道输送到东部地区的特大基础设施项目。全线采用自动化控制，供气范围覆盖中原、华东、长江三角洲地区。

改革开放以来，中国能源工业发展迅速，但结构很不合理，煤炭在生产和消费中的比重高。大量燃煤使大气环境恶化，发展清洁能源已迫在眉睫。中国西部地区的塔里木盆地、柴达木盆地、陕甘宁盆地和四

▲输送天然气

自投产以来，“西气东输”工程已累计输送天然气超7000亿立方米，折合替代标煤9.32亿吨，减少二氧化碳排放10.24亿吨、粉尘5.08亿吨。

川盆地蕴藏着全国87%的陆上天然气资源。特别是新疆塔里木盆地，天然气资源量有8000多立方千米。塔里木库车地区的天然气资源量有2000多立方千米，这里是塔里木盆地中天然气资源最富集的地区。塔里木盆地天然气的发现，使中国成为继俄罗斯、卡塔尔、沙特阿拉伯等国之后的天然气大国。

2000年2月，国务院第一次会议批准启动“西气东输”工程，这是仅次于长江三峡工程的又一重大投资项目，是拉开“西部大开发”序幕的标志性建设工程。

229 我国最大的铁陨石是哪个？

铁陨石，也叫陨铁，主要成分为铁、镍。一般铁镍含量在95%以上，其中铁含量在80%~95%，镍含量在5%~20%。密度为8%~8.5%。铁陨石中还存在一些其他成分，如硫化物、金刚石、稀土元素及硅酸盐等。

1898年，世界第三大、中国第一大铁陨石，发现于

新疆阿尔泰青河县西北，名为银骆驼。这块陨石外形不规则，近似圆锥体，表面呈现铁的光泽，且布满坑洞和疤痕，体积为3.5立方米，重约30吨。依据断裂面分析，其成分为黑白色铁镍金属，铁含量为88.67%，镍含量为9.27%。值得一提的是，其中含有6种地球上没有的矿物：锥纹石、镍纹石、变镍纹石、合纹石、陨硫铁和磷铁镍等宇宙矿物。现藏于乌鲁木齐市的新疆地质矿产博物馆。

▲铁陨石

全世界已收集到4万多块陨石样品，有各种样式的。它们大致可分为三大类：石陨石（主要成分是硅酸盐），铁陨石（铁镍合金）和石铁陨石（铁和硅酸盐混合物）。

历史上，青河县曾经发生过陨石雨大坠落。无论是陨石的散落面积、规模和数量，都堪称世界之最。

目前发现的世界最大的铁陨石是纳米比亚的戈巴陨铁，重约60吨。戈巴陨铁不仅是世界上最大的陨石，它来到地球上的时间也相当长，已有80万年。

230 为什么新疆要大力发展风能产业？

xīn jiāng dì yù liáo kuò fēng néng zī yuán fēng fù fēng néng zī yuán zǒng chǔ liàng
新疆地域辽阔，风能资源丰富。风能资源总储量
yuē yì qiān wǎ jì shù kāi fā liàng yuē yì qiān wǎ jì shù kě kāi fā
约8.9亿千瓦，技术开发量约7.8亿千瓦，技术可开发
miàn jī dá wàn píng fāng qiān mǐ
面积达20.4万平方千米。

xīn jiāng zuò wéi xī bù fēng diàn chǎn yè xiān qū yǒu guó jiā zhèng cè zhī chí
新疆作为西部风电产业先驱，有国家政策支持，
fā zhǎn qián jǐng hé yōu shì shì xiǎn ér yì jiàn de jìn nián lái xīn jiāng jiān chí lǜ
发展前景和优势是显而易见的。近年来，新疆坚持绿
sè fā zhǎn lǐ niàn àn zhào qīng jié dī tàn
色发展理念，按照清洁、低碳、
ān quán gāo xiào de fā zhǎn fāng zhēn yǒu xù
安全、高效的发展方针，有序
tuī dòng guó jiā dà xíng fēng diàn jī dì jiàn shè
推动国家大型风电基地建设，

dà lì fā zhǎn fēng diàn jié zhì nián xīn jiāng yǐ jí
大力发展风电。截至2019年，新疆已集
zhōng jiàn chéng hā mì qiān wàn qiān wǎ jí hé zhǔn dōng dá bǎn
中建成哈密千万千瓦级和准东、达坂
chéng yī lí ā lè tài tǎ chéng děng wǔ gè bǎi wàn qiān
城、伊犁、阿勒泰、塔城等五个百万千
wǎ jí kě zài shēng néng yuán fā diàn jī dì shí xiàn kě zài shēng
瓦级可再生能源发电基地，实现可再生
néng yuán guī mó huà jí yuē huà kāi fā lì yòng
能源规模化、集约化开发利用。

xīn jiāng fēng néng kāi fā lì yòng xíng shì yǐ jí zhōng shì
新疆风能开发利用形式以集中式
kāi fā wéi zhǔ jí zhōng shì fēn sàn shì bìng cún mù qián
开发为主，集中式、分散式并存。目前，
xīn jiāng cóng shì fēng diàn háng yè de qǐ yè yǐ yǒu jiā
新疆从事风电行业的企业已有278家。

▲玉门镇风电基地

位于甘肃省酒泉市玉门镇西南戈壁滩上的酒泉千瓦级风电基地是中国最大的风能基地，也是我国第一个千万级风电基地的启动项目，被誉为“风电三峡”。

231 为什么三片扇叶的风力发电机最常见？

▲风能

风能作为一种清洁的可再生能源，越来越受到世界各国的重视。中国风能储量很大、分布面广，仅陆地上的风能储量就有约2.53亿千瓦。

风力发电机组是将风的动能转换为电能的系统。风力发电机组包括风轮、发电机。风轮由叶片、轮毂、加固件等组成。

早期的风力发电机设计采用两片扇叶的形式。然而，这种设计并不是最优的，因为它只能利用来自风的一部分动能。如果想获得更多的风能，就需要增加扇叶的数量。

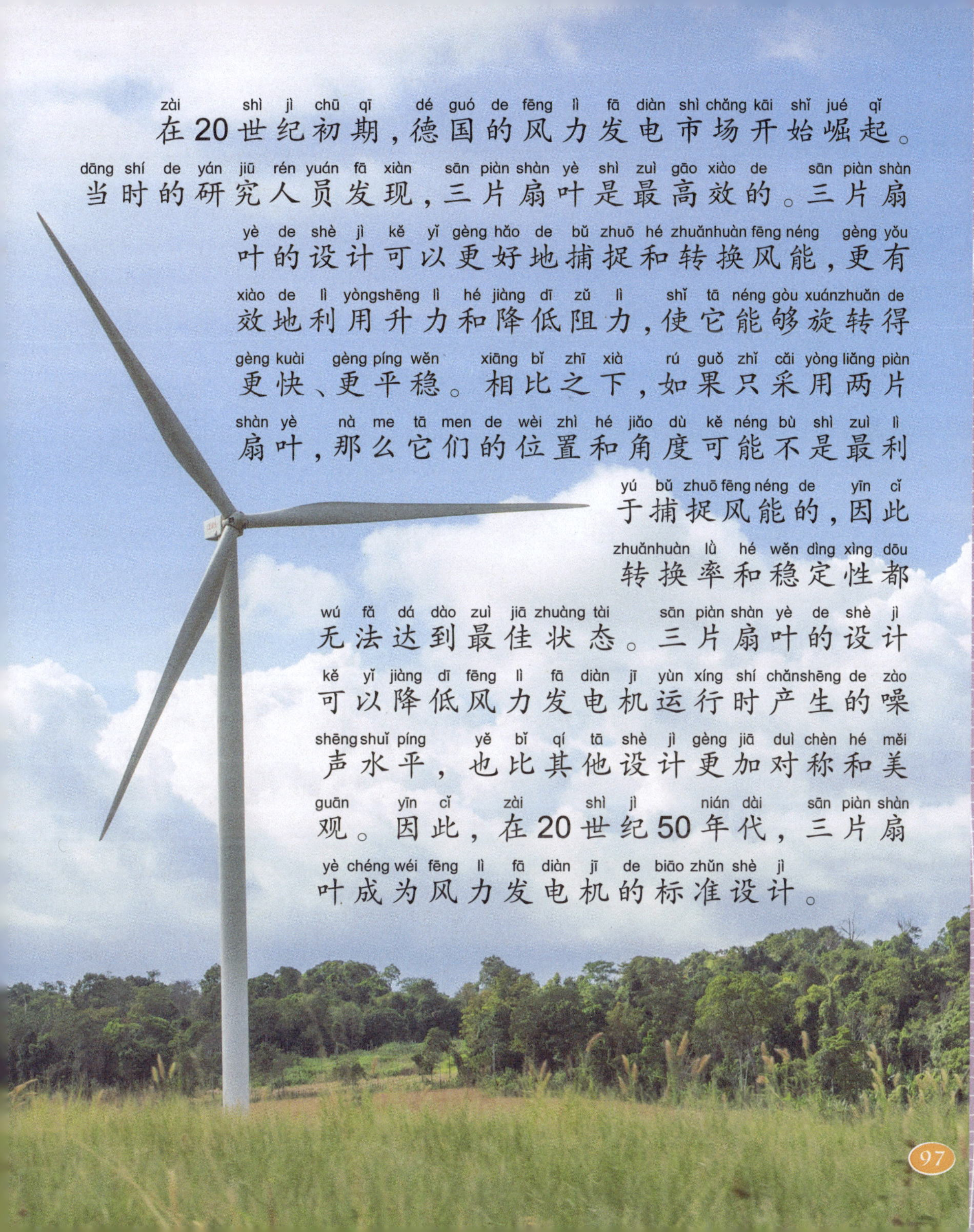

在20世纪初期，德国的风力发电市场开始崛起。当时的研究人员发现，三片扇叶是最高效的。三片扇叶的设计可以更好地捕捉和转换风能，更有效地利用升力和降低阻力，使它能够旋转得更快、更平稳。相比之下，如果只采用两片扇叶，那么它们的位置和角度可能不是最利于捕捉风能的，因此转换率和稳定性都无法达到最佳状态。三片扇叶的设计可以降低风力发电机运行时产生的噪声水平，也比其他设计更加对称和美观。因此，在20世纪50年代，三片扇叶成为风力发电机的标准设计。

232 阿尔泰山为什么又叫金山？

阿尔泰山，在蒙古语中的意思是“金山”。该山呈西北、东南走向，斜跨中国、哈萨克斯坦、俄罗斯、蒙古国境，绵延2000余千米。中国境内的阿尔泰山属中段南坡，山体长500余千米，海拔1000~3000米。北部的最高峰为友谊峰，海拔约4374米。

阿尔泰山矿产丰富，产黄金、宝石、有色金属等。有句谚语道：“阿尔泰山七十二条沟，沟沟有黄金。”阿尔泰山黄金储藏量之高名震一时，清代就有“金夫

逾万，产金逾万，列厂十区，矿工数万”的记载。

除了盛产黄金，阿尔泰山还是中国重要的有色金属和稀有金属分布区，总储量在全国占有相当大的比重。位于阿尔泰山的可可托海矿区是世界著名的三号矿脉，蕴藏着铍、锂、铌、铷、铯等70多种矿产，被誉为世界少有的“稀有金属天然博物馆”；而柯鲁木特矿区则是新疆第二个稀有金属生产基地，其铌精选矿始终在中国同类矿山中居第一位。

▲阿尔泰山

1998年，位于俄罗斯西伯利亚地区阿尔泰共和国的阿尔泰山脉被世界遗产委员会作为自然遗产列入《世界遗产名录》。

233 你知道坎儿井是怎么挖的吗?

xīn jiāng wéi wú ěr zú shì dài duō zài gē bì lǜ zhōu cóng shì nóng yè shēngchǎn
新疆维吾尔族世代多在戈壁绿洲从事农业生产,
shuǐ lì guàn gài zhì guānzhòng yào wén míng xiá ěr de kǎn ér jǐng biàn shì dāng dì shuǐ
水利灌溉至关重要。闻名遐迩的坎儿井便是当地水
lì guàn gài xì tǒng de yī dà tè sè
利灌溉系统的一大特色。

kǎn ér jǐng yǐn chū le dì xià shuǐ ràng shā mò biànchéng lǜ zhōu gǔ dài chēng
坎儿井引出了地下水,让沙漠变成绿洲,古代称
zuò jǐng qú yī bān ér yán yī gè wánzhěng de kǎn ér jǐng xì tǒng bāo kuò shù
作“井渠”。一般而言,一个完整的坎儿井系统包括竖
jǐng àn qú dì xià qú dào míng qú dì
井、暗渠(地下渠道)、明渠(地
miàn qú dào hé cuò xiàn xiǎo xíng xù shuǐ chí
面渠道)和错现(小型蓄水池)
sì gè zhǔ yào zǔ chéng bù fen
四个主要组成部分。

xīn jiāng kǎn ér jǐng de kāi wā gōng yì
新疆坎儿井的开挖工艺,
jī běn shàngréng bǎo liú zhe jiù de chuántǒng
基本上仍保留着旧的传统。
shǒu xiān gēn jù gēng dì huò nǐ kěn huāng dì wèi
首先,根据耕地或拟垦荒地位
zhì xiàngshàng yóu xún zhǎo shuǐ yuán bìng gū jì
置,向上游寻找水源并估计
qián liú shuǐ wèi de mái shēn què dìng kǎn ér jǐng
潜流水位的埋深,确定坎儿井

的布置。然后开挖暗渠，一般从下游开始，先挖明渠的首段和坎儿井的龙口，然后向上游逐段布置竖井开挖。每挖好一个竖井，即从竖井的底部向上游或下游单向或双向逐段挖通暗渠。最后再从头至尾修正暗渠的纵坡。挖暗渠和竖井所使用的工具，主要为镢头和刨锤。出土时，用土筐从竖井上使用辘轳起吊，一般用人力拉，在上游较深的竖井则用牛力拉。挖暗渠时工作面较窄，一处只能容一人挖，又在黑暗中摸索进行，仅靠油灯照明，其定向方法主要是在竖井内垂挂两个油灯，从这两个灯的方向和高低，可以校正暗渠的方向和纵坡。

▲水井

水井是古代社会中重要的水利设施，包括井口、井底、井壁和井台等结构。水井能帮助人们汲取上百米深的地下水，从而满足人们农业灌溉和生活用水的需求。

234 宁夏为什么会拥有丰富的石膏矿资源？

▲石膏模型

石膏是一种用途广泛的工业材料和建筑材料。可用于水泥缓凝剂、石膏建筑制品、模型制作、医用食品添加剂、硫酸生产、纸张填料、油漆填料等领域。

石膏矿是一种以钙的硫酸盐矿物为主要组分的非金属矿产。其主要矿物为石膏和硬石膏，共生矿物常有石盐、钾石盐、光卤石等。

石膏矿藏是宁夏的优势矿种，蕴藏量居全国首位，储量在45亿吨以上。宁夏石膏矿分别形成于地质上的两个时期——石炭纪早期和渐新纪。宁夏贺兰山地区在这两个时期气候比较干燥，侵入的海水、湖水受到影响，不断蒸发、咸化，沉淀形成了石膏。

民俗风情

热情的少数民族同胞们，
穿上盛装，捧出美食，
跳起舞蹈，唱起歌谣，
欢迎远道而来的客人。

235 蒙古族的长调为什么被称为“草原音乐的活化石”？

蒙古族长调，蒙古语称“乌日图道”，是蒙古族民歌的一种形式。在蒙古族形成时期，长调民歌就已存在。

早在一千多年前，蒙古族的祖先走出额尔古纳河两岸山林地带，向蒙古高原迁徙，生产方式也随之从狩猎业转变为畜牧业，长调这一新的民歌形式便产生、发展了起来。在相当长的历史时期内，它逐渐取代了狩猎歌曲，占据了蒙古族民歌的主导地位，最终形成了蒙古族音乐的典型风格，并对蒙古族音乐的其他形式均产生了深刻的影响。

蒙古族长调具有鲜明的游牧文化和地域文化特征，旋律悠长舒缓、意境开阔。它的特点为字少腔长、高亢悠远、舒缓自由，宜于叙事，又擅长抒情。歌词一般为上、下各两句，内容绝大多数描写的是草原、骏马、骆驼、牛羊、蓝天、白云、江河、湖泊等。蒙古族长调以独特的演唱形式讲述着蒙古民族人民对历史文化、人文习俗、道德、哲学和艺术的感悟，所以被称为“草原音乐活化石”。

▲蒙古族少女

有一类蒙古族女子的头饰样式，会把头发从中间分梳为两半，后脑勺的头发盘成团，戴发簪、额箍、垂饰、耳坠等，被称作“上忽”。

236 为什么蒙古族的舞蹈多表现骏马和雄鹰等形象？

“蒙古”，意为“永恒之火”，别称“马背上的民族”。蒙古族自古以来，在草原上过着游牧、狩猎、渔猎为主的生活。他们展现了草原文化型民间舞蹈中“天之骄子”的英姿。

对于草原人民来说，马是他们生活中不可缺少的伙伴。由于长期骑马，蒙古族的舞蹈多以肩部和臂部动作为主。如硬肩、软肩、圆肩、甩肩、碎抖肩，硬手、软手、压腕、弹腕、翻腕等动作，再加上绕圆、拧转、横

bǎi niǔ nǐng qīng děng zhǔ yào dòng lǜ
摆扭、拧倾等主要动律。

měng gǔ zú wǔ dǎo chú le jù bèi zhōng guó
蒙古族舞蹈除了具备中国
gǔ diǎn wǔ de xíng shén jìn lǜ sì gè yào
古典舞的形、神、劲、律四个要
diǎn hái jù yǒu hún hòu hán xù shū zhǎn háo
点，还具有浑厚、含蓄、舒展、豪
mài róu rèn gāng jiàn de tè diǎn zhè shì yīn
迈、柔韧、刚健的特点。这是因
wèi měng gǔ zú tú téng duō shì xiōng měng de fēi qín
为蒙古族图腾多是凶猛的飞禽
zǒu shòu
走兽。

cǎo yuán rén mín xǐ
草原人民喜
ài xióng yīng jùn mǎ yīn
爱雄鹰、骏马，因
cǐ bǎ tā men róng huì yú
此把它们融汇于
wǔ dǎo dòng zuò zhōng xǐ ài dà yàn hé tiān é nán zǐ wǔ
舞蹈动作中；喜爱大雁和天鹅，男子舞
dǎo jīng cháng chū xiàn hóng yàn gāo fēi de wǔ zī nǚ zǐ wǔ dǎo
蹈经常出现鸿雁高飞的舞姿，女子舞蹈
duō mó nǐ tiān é de xíng xiàng yù shì hóng hú zhī
多模拟天鹅的形象——预示“鸿鹄之
zhì duō cóng shì shòu liè yīn cǐ wǔ dǎo zhōng duō yǒu mó
志”；多从事狩猎，因此舞蹈中多有模
nǐ niǎo shòu de xíng tài
拟鸟兽的形态。

▲内蒙古草原上的马

马不仅是蒙古族人民的交通工具，同时也是蒙古民族文化的重要组成部分。蒙古马分几大系列，有乌珠穆沁马、上都河马、乌审马、三河马、科尔沁马等。

237 为什么蒙古族人民喜欢住蒙古包？

蒙古包古代称作穹庐、毡包，是蒙古族牧民居住的一种房子。蒙古族选择蒙古包居住，是因为他们是游牧民族，要放牧各种牲畜，就得到处寻找优质的草源和水源，人就要随时移动，住房也就要随人移动，而方便拆建的蒙古包就应需而生了。

蒙古包自上而下看呈圆形，有尖顶，顶上和四周以一至两层厚毡覆盖。蒙古包内的四大结构为：哈那（蒙古包围墙支架）、天窗、椽子和门。蒙古包以哈那

的多少区分大小，通常有4个、6个、8个、10个哈那。蒙古包虽然看起来小，但包内使用面积很大，而且室内空气流通，采光条件好，冬暖夏凉，不怕风吹雨打，非常适合经常转场放牧的人们居住和使用。

建造蒙古包所用的材料多为木头和布料，很容易收拾，转移的时候用几匹马运输就行了，十分经济快捷。草原上风沙往往较多，蒙古包是半圆形的，对风沙造成的阻力较小，所以很难被吹倒。由此可见，蒙古族人民高超的智慧。

▲烤牛肉

蒙古族的肉类主要是牛肉和绵羊肉，其次为山羊肉、骆驼肉和少量的马肉。除食用最常见的牛奶外，人们还食用羊奶、马奶、鹿奶和骆驼奶。

238 敖包是什么？

敖包在蒙古语中，意为木、石、土堆，就是由人工堆成的木块堆、石头堆、土堆。敖包很早以前就遍布内蒙古草原各地，多用石头或沙土堆成，也有用树枝垒成的，如今数量已大减。敖包其实最初就是草原上人们用石头堆成的道路和界限的标志，后来逐步演变成祭山神、路神和祈祷丰收、家人幸福平安的象征。

▲祭敖包

祭敖包的时间，一般在农历五月或七月。牧民聚集于敖包下，用松柏、红柳、五彩花卉将敖包装饰起来，摆设奶制品、糕点等供品，还要摆上全羊。

内蒙古大草原的各地都有敖包，敖包一般位于高坡或丘陵之上，形状多为圆锥体，高达数丈。从远处看，就像一座座尖塔，傲视苍穹。敖包还多有自己的名称，通常以所在地的地名等命名。

过去，各盟、旗有公用的大敖包，富裕的人家还有自己的“家敖包”。有的敖包是独立存在的，有的敖包则会以7个或13个组成敖包群。人们出门远行，凡路过敖包，都要下马参拜，祈祷平安，还要往敖包上添几块石头或几捧土，以求吉祥。

239 为什么那达慕在蒙古族人民生活中占有重要地位？

那达慕在蒙古语中意为“娱乐、游戏”，用来表示丰收的喜悦之情。那达慕在蒙古族人民的心中，古老而又神圣。它有着悠久的历史，最早记载那达慕活动的是1225年用畏兀儿蒙文（古蒙古文）铭刻在石崖上的《成吉思汗》。

那达慕已有近八百年的历史，一直在锡林郭勒草原上流传和发展，深受各族群众的喜爱，成为蒙古族文化传统的重要载体。那达慕上的各项活动是力与美的显现、体能和智慧的较量、速度和耐力的比拼，比较全面地展示了在草原上生活的群众的综合素质。那达慕是具有广泛群众性和娱乐

▲那达慕的主要活动

那达慕于每年农历六月初四开始，为期5天，活动主要有摔跤、赛马、射箭、套马、下蒙古棋等民族传统项目，有的地方还有田径、拔河、篮球等体育项目。

xìng de chuántǒng mín sú wén huà huó dòng jù yǒu guǎng fàn shēn kè de wén huà nèi hán
性的传统民俗文化活动，具有广泛、深刻的文化内涵，
fǎn yìng le měng gǔ mín zú de jià zhí guān hé shěn měi guān fā jué hé bǎo hù nà
反映了蒙古民族的价值观和审美观。发掘和保护那
dá mù duì zhōng guó tǐ yù shǐ nǎi zhì shì jiè tǐ yù shǐ de fēng fù hé wán shàn
达慕，对中国体育史，乃至世界体育史的丰富和完善
dōu yǒu zhe zhòng yào jià zhí nián yuè rì nà dá mù jīng guó wù yuàn
都有着重要价值。2006年5月20日，那达慕经国务院
pī zhǔn liè rù dì yī pī guó jiā jí fēi wù zhì wén huà yí chǎn míng lù
批准列入第一批国家级非物质文化遗产名录。

240 你知道内蒙古有哪些著名的美食吗？

提起内蒙古，总让人想起“天苍苍，野茫茫，风吹草低见牛羊”的景致。内蒙古由于地理位置、自然条件、生产发展状况的差异，在饮食习惯上也不尽相同。蒙古族人的传统饮食比较粗犷，以羊肉、奶、野菜和面为主要原料。烹调方法相对比较简单，以烤最为常见。菜肴崇尚丰满实在，注重原料的本味。

传统食品分为白食和红食两种。红食，蒙古语为“乌兰伊德”，即牛、羊等牲畜的肉制品。白食，蒙古

▲蒙古奶茶

蒙古奶茶是一种流行于蒙古族的奶制品，由砖茶、牛奶、盐熬煮而成，还可以放入奶豆腐、奶皮子、手把肉等。饮用蒙古奶茶不仅能解渴，还能补充营养。

yǔ wéi chá gān yī dé shì niú mǎ yáng luò tuo de
语为“查干伊德”，是牛、马、羊、骆驼的
nǎi zhì pǐn kě yǐ zài chī zhèng cān shí shí yòng yě shì lǎo
奶制品，可以在吃正餐时食用，也是老
yòu jiē yí de líng shí àn zhào měng gǔ zú de xí sú bái
幼皆宜的零食。按照蒙古族的习俗，白
sè biǎo shì chún jié jí xiáng chóng gāo yīn cǐ bái shí shì
色表示纯洁、吉祥、崇高，因此白食是
měng gǔ zú rén mín dài kè de zuì gāo lǐ yù rú yǒu lái kè yào xiān jiāng qí xiàn
蒙古族人民待客的最高礼遇。如有来客，要先将其献
shàng ruò shì yǒu xiǎo hái lái zuò kè zhǔ rén hái yào yòng nǎi pí zi huò nǎi yóu tú
上。若是有小孩来做客，主人还要用奶皮子或奶油涂
mǒ qí nǎo mén yǐ shì měi hǎo de zhù fú
抹其脑门，以示美好的祝福。

nèi měng gǔ de tè sè měi shí yǒu kǎo yáng tuǐ shǒu zhuā yáng ròu shuàn yáng ròu
内蒙古的特色美食有烤羊腿、手抓羊肉、涮羊肉
huǒ guō nǎi pí zi nǎi lào nǎi chá suān nǎi mǎ nǎi jiǔ fēng gān niú ròu
火锅、奶皮子、奶酪、奶茶、酸奶、马奶酒、风干牛肉、
hā dá bǐng měng gǔ xiàn bǐng mì má yè niàng pí děng
哈达饼、蒙古馅饼、蜜麻叶、酿皮等。

241 回族剪纸与汉族剪纸有什么区别？

回族剪纸起源于唐代，至明代形成独特的风格。银川市西夏区兴泾镇民风淳朴、民间艺术资源丰富，剪纸艺术源远流长。回族剪纸在西夏区剪纸中占有重要位置。

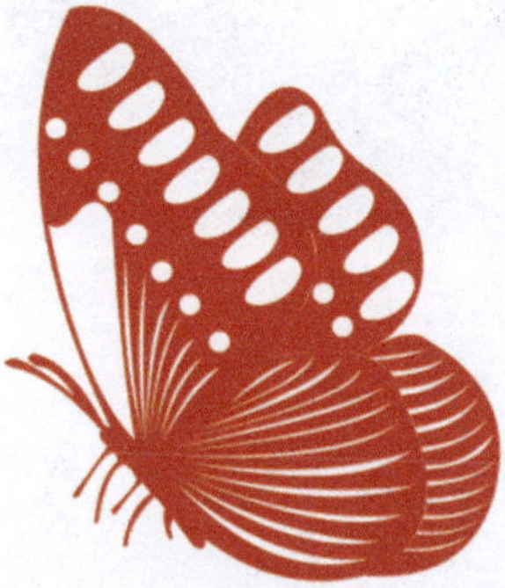

回族剪纸和汉族剪纸之间存在着一定的区别，主要表现在主题和内容方面。由于受民族信仰影响，回族不剪人物、猫、狗。回族剪纸内容主要表现五个方面：一是蔬菜类，如水萝卜、大白菜等；二是花卉类，如牡丹、莲花等；三是瓜果类，如葡萄、西瓜等；四是动物类，如黄牛、蝴蝶、草原鸡等；

wǔ shì jǐng wù lèi rú gài wǎn chá huí
五是景物类，如盖碗茶、回
zú tāng píng měi lì shā hú děng zào
族汤瓶、美丽沙湖等。造
xíng bī zhēn mín zú qì xī fēng gé nóng hòu
型逼真，民族气息风格浓厚。
huí zú jiǎn zhǐ fǎn yìng chū huí zú
回族剪纸反映出回族
rén mín dú tè de shěn měi yì shí chōng
人民独特的审美意识，充
fēn biǎo xiàn le huí zú rén mín de shēng huó
分表现了回族人民的生活
qíng qù hé pǔ sù dà fang zì rán de
情趣和朴素、大方、自然的
shěn měi guān niàn
审美观念，
hái biǎo dá le huí
还表达了回
zú rén mín zhēn zhì de gǎn qíng hái yǒu de zuò pǐn jì tuō
族人民真挚的感情。还有的作品寄托
zhe huí zú rén mín zhuī qiú měi hǎo shēng huó de yuàn wàng yù yì
着回族人民追求美好生活的愿望，寓意
shēn kè rén men tōng guò huí zú jiǎn zhǐ zuò pǐn kàn dào le
深刻。人们通过回族剪纸作品看到了
huí zú rén mín de xí sú hé xìn yǎng cóng ér jiā shēn duì huí
回族人民的习俗和信仰，从而加深对回
zú rén mín de liǎo jiě zēng jìn gǎn qíng
族人民的了解，增进感情。

▲花卉剪纸

剪纸的表现方法很多，有单色剪纸、彩色剪纸和立体剪纸三种。单色剪纸是剪纸中最基本的形式，主要有阴刻、阳刻、阴阳结合三种表现手法。

242 你知道贺兰皮影戏吗？

皮影戏又称牛皮影戏、灯影戏，是长期流传于我国北方的一种具有民族风格的传统戏。它用灯光把用兽皮或纸板做成的人物剪影照射在白色的影幕上，是配合音乐、唱白来表演故事的民间戏剧形式。作为甘肃皮影戏真实写照的贺兰皮影戏具备主题鲜明、风格显著的特点，在中国皮影戏行业的发展实践中独树一帜，形成了本地特有的设计风格。

贺兰皮影戏的唱腔既继承陕西“俗曲道情”和“西

府秦腔”，又对宁夏山花儿、时令小调广泛吸收。其主要演出剧目有30余部，宁夏张派皮影戏的传人张进绪在世时能完整演唱的剧目有《武松打虎》《孙悟空大闹天宫》等。发掘和保护贺兰皮影戏，不仅可以丰富和完善中国本土民间文化，而且对提高人民群众的欣赏水平和推动精神文明建设，都将产生重要的作用。

▲珍珠米

贺兰县自然条件优越，可引黄河水自流灌溉，土壤肥沃，盛产小麦、玉米、水稻，其中的珍珠米蛋白质含量高，色泽光亮，口味醇美，享誉全国。

243 你听说过羊肉泡馍吗？

羊肉泡馍，古时候被称为“羊羹”，是西北地区的一道著名美食，尤其以陕西的羊肉泡馍最为有名。羊肉泡馍的主要材料有馍、羊肉、粉丝、黄花菜、青蒜、香菜等。因为它料重味醇，香气诱人，具有暖胃的功能，所以素来就得到广大人民的喜爱。

羊肉泡馍的做法和吃法都非常讲究。烙馍、煮肉、切肉、煮馍等工艺，每个环节都必须一丝不苟。在吃之前，顾客须把馍掰成碎块。可别小看掰馍，这里面还有许多讲究：建议把圆饼形状的馍先横竖掰成

sì kuài zài bǎ měi kuài fēn bié bāi chéngliǎng céng zuì hòu bǎ
四块，再把每块分别掰成两层，最后把
měi xiǎo kuài jūn bāi chénghuáng dòu dà xiǎo wǒ men bǎ mó bāi suì
每小块均掰成黄豆大小。我们把馍掰碎
hòu zài jiāo gěi chú shī chú shī huì zài wǎn li fàngshàng yī
后，再交给厨师，厨师会在碗里放上一
dìng liàng de ròu yuán tāng bìng pèi yǐ fěn sī qīng suàn xiāng
定量的肉、原汤，并配以粉丝、青蒜、香
cài huáng huā cài děng fǔ liào jiù kě yǐ duānshàng lái chī le chī de shí hou zuì
菜、黄花菜等辅料，就可以端上来吃了。吃的时候，最
hǎo zuǒ shǒu ná sháo yòu shǒu ná kuài shùn zhe wǎn biān er yī diǎn yī diǎn chī
好左手拿勺，右手拿筷，顺着碗边儿一点一点吃。

bù guò yóu yú yáng ròu xìng rè yīn cǐ xià tiān de shí hou bù yí chī yáng
不过，由于羊肉性热，因此夏天的时候不宜吃羊
ròu pào mó dàn dōng tiān lái shàng yī wǎn rè téng téng de yáng ròu pào mó nà zhēn shì
肉泡馍，但冬天来上一碗热腾腾的羊肉泡馍，那真是
zài měi bù guò de shì le
再美不过的事了。

▲羊肉汤

据史料记载，羊肉泡馍是在古代牛羊羹的基础上演变而成的，那时候多用于祭祀及宫廷宴席。后来，随着朝代更替，羊肉泡馍已经从宫廷走向了民间。

244 你知道酸奶子是如何制作的吗？

酸奶子是一种发酵的乳制品，即“酸奶”。我国新疆、西藏、内蒙古、青海等少数民族地区称之为“酸奶子”。酸奶子早在一千多年前就已经开始被人研究制作了，加工方法代代相传，十分简单。它是以新鲜全脂牛（或羊）奶为原料，经消毒后，加入乳酸菌或已发酵的酸奶子发酵而成。乳酸菌大量生长繁殖，将奶中的乳糖分解为乳酸，乳酸又把奶中酸蛋白钙化物的钙离子夺走。酸蛋白开始沉淀。再把酸奶子放入10～15℃的房间，让其继续发酵，经过一两天之后，

酸奶子产生芳香时，味美质佳的酸奶子就做好了。

牛奶经过这样的加工后不仅营养物质得以保留，还成为更加适于人体吸收的营养保健品。牧民一般不爱喝鲜牛奶，而喜欢喝酸奶子，不论男女老少，都将其视为家常饮品。酸奶子如此备受青睐，自有它的魅力。它含有多种乳酸、乳糖、氨基酸、矿物质、维生素、酶等，营养价值极高。

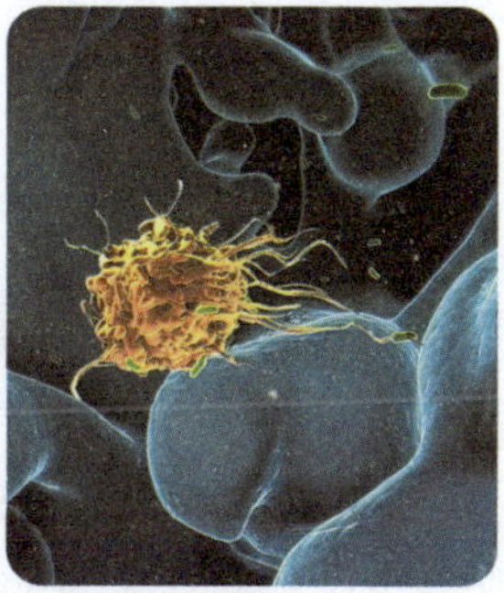

▲乳酸菌

乳酸菌是一类能利用可发酵碳水化合物产生大量乳酸的细菌的统称。这类细菌在自然界分布极为广泛，具有丰富的物种多样性，共有200多种。

245 馕为什么会成为维吾尔族人民饮食文化中的灵魂？

馕是维吾尔族的主要食品之一，以小麦面、玉米面或高粱面为原料，加少许盐水和酵面烤制而成。在维吾尔族人民的日常生活中，如遇娶妻生子、亲朋聚会、欢度节庆、丧葬祭祀等情况，馕都扮演着十分重要的角色。“可以一日无菜，但不可一日无馕”等谚语反映出馕在维吾尔族人民日常生活中的重要地位。

馕已有两千多年的历史，考古学者曾在古墓出土过古代

的馕。馕的含水量较少，久储不坏，便于携带，适宜在新疆干燥的气候中储存。传说当年唐僧取经穿越沙漠时，带的食物便是馕。

维吾尔族人民教育孩子不能糟蹋和浪费粮食，见了在地上的馕要捡起来，放在高处不容易被人踩到的地方。他们将日常美德渗入这朴素的食物中，使馕的价值超出纯粹的饮食意义，成为这个民族的民俗符号。它不仅是维吾尔族人民的主食，还承载了这个民族世世代代的生存发展和民族历史，反映着民族的精神信仰、民族生命力和生活态度。

▲土耳其

据说，“馕”源于波斯语，流行于阿拉伯半岛国家、土耳其等，最初被称为“俄可买克”，直到伊斯兰教传入新疆后，才改称为“馕”。

246 维吾尔族的传统民居是什么样的？

新疆维吾尔自治区地处祖国西北，地域辽阔，是多民族聚居的地区，其中以维吾尔族为主，人口约占全区的三分之二。新疆属温带大陆性气候，气温变化剧烈，昼夜温差很大，素有“早穿皮袄午穿纱，晚围火炉吃西瓜”的说法。所以，这里的建筑受到当地自然环境的影响，形成鲜明的地方特色和民族特色。

维吾尔族的传统民居以土坯建筑为主，多为带有地下室的单层或双层拱式平顶房屋，有些人家还会用土坯块砌成带有镂空花墙的晾房，用于晾制葡萄干。住宅分前后院，后院

▲维吾尔族

“维吾尔”是团结、联合、协助之意。维吾尔族主要聚居在新疆维吾尔自治区，主要分布于天山以南。

shì sì yǎngshēng chù hé jī féi de chǎng dì qián yuàn wéi shēng huó
是饲养牲畜和积肥的场地，前院为生活
qǐ jū de zhǔ yào kōng jiān yuànzhōng yǐn jìn qú shuǐ zāi zhí pú tao hé xìng děng guǒ
起居的主要空间，院中引进渠水，栽植葡萄和杏等果
mù pú tao jià jì kě bì rì nà liáng yòu kě wèi shì chǎng tí gōng fēngshèng de xiān
木。葡萄架既可蔽日纳凉，又可为市场提供丰盛的鲜
pú tao hé pú tao gān cóng ér bāng zhù rén men huò dé liáng hǎo de jīng jì xiào yì
葡萄和葡萄干，从而帮助人们获得良好的经济效益。

hái yǒu yī zhǒng ā yǐ wàng shì zhù zhái fáng wū lián chéng yī piàn tíng yuàn
还有一种“阿以旺”式住宅，房屋连成一片，庭院
zài sì zhōu píng miàn bù jú líng huó qián shì chēng ā yǐ wàng yòu chēng xià shì
在四周，平面布局灵活，前室称“阿以旺”，又称夏室，
kāi tiān chuāng yǒu qǐ jū huì kè děng duō zhǒng gōng néng hòu shì chēng dōng shì zuò wéi
开天窗，有起居会客等多种功能，后室称冬室，作为
wò shì yī bān bù kāi chuāng xīn jiāng mín jū jié gòu yǐ tǔ pī qiáng wéi zhǔ yóu
卧室，一般不开窗。新疆民居结构以土坯墙为主，由
yú gè dì qì hòu bù tóng zài gòu zào shang hái shì yǒu ruò gān chā bié
于各地气候不同，在构造上还是有若干差别。

247 为什么维吾尔族人民喜欢佩戴花帽？

▲维吾尔族少女

新疆维吾尔自治区，简称“新”，是中华人民共和国自治区，首府乌鲁木齐市，位于中国西北地区，是中国五个少数民族自治区之一。

维吾尔族的服饰富有民族特色，是维吾尔族人民生活和民族文化的外在表现，花帽是维吾尔族服饰的突出标志，佩戴这种帽子是他们几百年来的传统习惯。这种花帽不但实用，而且是一种具有装饰美感的工艺品。花帽上，一般用黑白两色或彩色的丝线绣出带有民族特色的花纹图案。佩戴花帽不仅能防寒防暑，更重要的是满足生活中礼仪的需要，探亲、访友和节日聚会等场合均需佩戴。

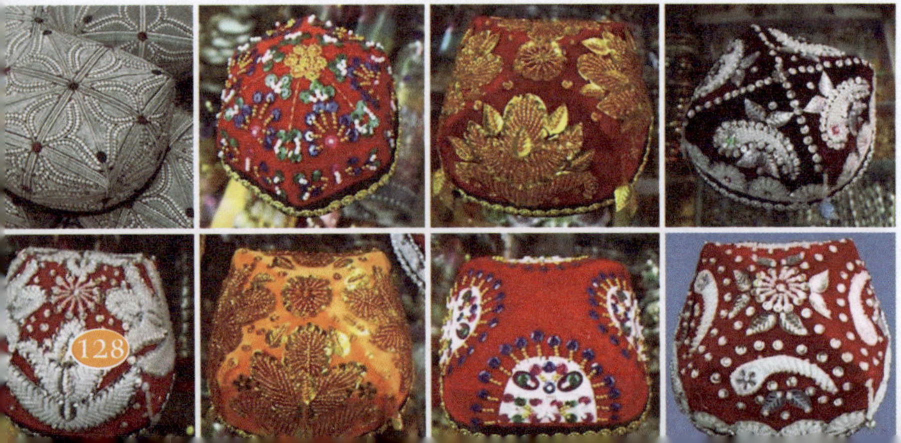

西北风光

繁花织锦的莽莽草原上，
点缀着珍珠般的湖泊；
气势磅礴的莫高窟里，
仿佛回响着千年前的驼铃声。

248 为什么敦煌莫高窟被称为“佛教艺术宝库”？

莫高窟，俗称千佛洞，坐落在河西走廊西端的敦煌。它始建于十六国的前秦时期，历经十六国、北朝、隋、唐、五代等朝代的兴建，形成巨大的规模，有洞窟735个，壁画4.5万平方米、泥质彩塑2415尊。彩塑题

材之丰富，手艺之高超，使莫高窟堪称佛教彩塑博物馆。窟内绘、塑佛像及佛典内容，为佛徒修行、观像、礼拜处所。

敦煌石窟是建筑、雕塑、壁画三者结合的立体艺术。洞窟分南北两区：南区 492 个洞窟是莫高窟礼佛活动的场所，北区 243 个洞窟主要是僧人和工匠的居住地，内有修行和生活设施土炕坑、烟道、壁龛、灯台等。

▲山西大同云冈石窟

敦煌石窟通常指莫高窟，是莫高窟、西千佛洞的总称，有时也包括安西的榆林窟。敦煌石窟与山西大同云冈石窟、河南洛阳龙门石窟并称中国三大石窟。

莫高窟是世界上现存规模最大、内容最丰富的佛教艺术圣地。莫高窟里有大量精美的壁画和无数形象生动的彩色塑像，类型众多、惟妙惟肖；窟内保存的大量佛经、文书等也极为珍贵，为中国古代史研究提供了珍贵的形象史料。因此，莫高窟堪称举世闻名的佛教艺术宝库。

249 为什么月牙泉永不干涸？

在很久以前，敦煌所在的地区也是有河流和草木的，并非一片荒芜。河流名为党河，贯通数百里（1里=500米），是敦煌的母亲河。但随着世事变迁，在风沙的侵袭下河流随之改道，古河床也掩埋在风沙下。

从形成来源上看，月牙泉属于古河道残留湖，也就是说月牙泉是地下河道显露在地表的部分，泉水与地下潜流相通。月牙泉就曾是党河的分支河道，它的底部是大量的地下潜流，而幸运的是月牙泉底部是砂砾构造的，潜流可以毫不费力地渗透。这也是月牙泉永不干涸的原因，有着地下水层的补给，即使是在最为炙热的时候，月牙泉也未曾干涸。

▲月牙泉

敦煌鸣沙山月牙泉景区位于甘肃省酒泉市敦煌市城南5千米处，占地面积为76.82平方千米，被誉为“塞外风光之一绝”。

ér zào jiù yuè yá quán qiān nián bù jié de yuán yīn chú fēng pèi de shuǐ yuán wài
而造就月牙泉千年不竭的原因除丰沛的水源外，
hái yǒu wài wéi míng shā shān de bǎo hù yuè yá quán dì shì dī xíng rú wān yuè
还有外围鸣沙山的保护。月牙泉地势低，形如弯月，
bèi míng shā shān huán rào zài nèi bù miǎn shòu shā mò de liè fēng yǔ huáng shā qīn xí
被鸣沙山环绕在内部，免受沙漠的烈风与黄沙侵袭。
zài dì xíng gòu zào shang yuè yá quán chéng xiàn nán běi cè děng gāo de tè shū dì xíng
在地形构造上，月牙泉呈现南北侧等高的特殊地形，
ér shā mò suī duō fēng shā dàn fēng lì wéi dōng xī xiàng huáng shā duō yóu nèi zhì wài
而沙漠虽多风沙，但风力为东西向，黄沙多由内至外，
yán zhe shān liáng xiàng shàng juǎn dǐ bù de yuè yá quán bìng bù huì duī jī shā chén suǒ
沿着山梁向上卷，底部的月牙泉并不会堆积沙尘。所
yǐ yuè yá quán suī bèi huáng shā huán rào dàn yī rán ān wěn wú yàng
以月牙泉虽被黄沙环绕，但依然安稳无恙。

250 鸣沙山为什么会发出声音？

鸣沙山作为敦煌胜景之一，每年吸引了全国乃至世界各地的游客远道而来，一睹其神秘风采。鸣沙山究竟为何会发出种种奇妙的声音呢？早在20世纪90年代，这一自然之谜就引起了科学家的关注。有人说，是鸣沙山的沙粒中含有云母所致；有人认为，是与

沙粒的排列结构有关；还有人认为，这是沙粒之间摩擦共振造成的。但迄今为止，众说纷纭，鸣沙山的发声机理仍是个未解的谜团。

大多数学者认为鸣沙表面的多孔结构是其发声的关键。当人为踩踏、滑沙或者沙丘发生崩塌造成整体位移时，大量沙粒相互摩擦碰撞振动发声，经表面空腔共振放大，从而产生类似飞机轰鸣或犬吠的声音。

▲云母

云母是一种造岩矿物，呈现六方形的片状晶形，是主要造岩矿物之一。其特性是绝缘、耐高温。因此，云母被广泛地应用于涂料、油漆、电绝缘、建材等行业。

风蚀、水蚀或化学溶蚀都可能使沙子表面形成多孔结构，表面有多孔结构的沙子并不罕见，但是为什么鸣沙现象如此罕见呢？实际上，地形、气候等环境因素也会影响鸣沙发声。沙漠地区气候干燥，敦煌鸣沙山的沙丘高大，沙子在风的反复“淘洗”下保持洁净，其表面的多孔结构不被破坏，因此能够发声。

251 那拉提草原为什么被称为“空中草原”？

nà lā tí cǎo yuán shì shì jiè sì dà cǎo yuán zhī yī zì gǔ yǐ lái jiù shì
那拉提草原是世界四大草原之一，自古以来就是
zhù míng de mù chǎng yīn qí hǎi bá jiào gāo dì shì xiǎn jùn bèi rén men chēng wéi
著名的牧场。因其海拔较高、地势险峻，被人们称为
kōng zhōng cǎo yuán nà lā tí cǎo yuán shang shān qīng shuǐ lǜ tiān lán rén yǔ
“空中草原”。那拉提草原上，山青、水绿、天蓝，人与

自然和谐相处，森林与草原融为一体，还凭借其为“哈萨克民族人口最多的草原”而编入上海大世界吉尼斯纪录，2005年被评定为“中国六大最美的草原”之一。

“那拉提”是太阳的意思，那拉提风景区植被覆盖率高，野生动物资源丰富，因自然生态景观和人文景观独具特色，而被誉为“天山绿岛”“绿色家园”“五彩草原”。景区的诱人之处在于秀丽的自然景观与当地哈萨克民俗风情融为一体。

天山雪峰熠熠生辉，山地植被呈明显的地域差异，上部雪线以下的为墨绿色冷杉林，中部为桦树林，下部为草甸草原，与天际相连接。在天山西段的那拉提山上，极目远眺，草原舒展起伏，松塔沿沟擎柱，溪流纵横交织，毡房星星点点，畜群悠悠云移，无怪乎被人们赞为“美丽的空中草原”。

▲天山山脉

天山属于比较年轻的山系，形成距今二三百万年。2013年，新疆天山入选世界遗产名录。

252 为什么额济纳旗的胡杨林举世闻名？

在中国北疆，内蒙古自治区的最西端，有一块被称为“祖先之地”的神奇秘境，那就是额济纳旗。额济纳旗过去是居延古道的核心区域，现在是我国除河西走廊外，通往新疆的必经之地，新建成的京新高速（北京至乌鲁木齐）、临哈

tiě lù lín hé zhì hā mì chuān jìng ér guò yǒu xiào lián jiē qǐ xīn jiāng yǔ zǔ guó
铁路(临河至哈密)穿境而过，有效连接起新疆与祖国
gè dì
各地。

é jì nà qí hú yáng lín shì xiàn jīn shì jiè shang jǐn cún de sān dà yuán shǐ
额济纳旗胡杨林是现今世界上仅存的三大原始
hú yáng lín zhī yī yě shì shì jiè shang cún huó miàn jī zuì dà de yī piàn hú yáng
胡杨林之一，也是世界上存活面积最大的一片胡杨
lín qū zhé mián yán shù shí wàn mǔ shēng jī àng rán wèi wéi zhuàngguān hú yáng
林，曲折绵延数十万亩，生机盎然，蔚为壮观。胡杨
jù yǒu jīng rén de kàng gān hàn yù fēng shā nài yán jiǎn de néng lì néng wán qiáng de
具有惊人的抗干旱、御风沙、耐盐碱的能力，能顽强地
shēng cún fán yǎn yú shā mò zhī zhōng yīn ér bèi zàn yù wéi shā mò yīng xióng shù
生存繁衍于沙漠之中，因而被赞誉为“沙漠英雄树”。
rén men kuā zàn hú yáng jù dà de shēngmìng lì shì sān gè yī
人们夸赞胡杨巨大的生命力是“三个一
qiān nián jí huó zhe yī qiān nián bù sǐ sǐ hòu yī qiān
千年”，即活着一千年不死，死后一千
nián bù dǎo dǎo hòu yī qiān nián bù xiǔ
年不倒，倒后一千年不朽。

měi nián jīn qiū shí yuè biàn yíng lái dāng dì shǎng hú yáng
每年金秋十月，便迎来当地赏胡杨
de zuì jiā shí jié yī yè jīn huáng yī mǒ qiū yī jì
的最佳时节。“一叶金黄一抹秋，一季
xiāng sī yī jiāng chóu qiū jì zài chéng chè míng jìng de lán tiān
相思一江愁”，秋季在澄澈明净的蓝天
bái yún yìng chèn xià é jì nà hé pàn jīn sè de hú yáng lín
白云映衬下，额济纳河畔金色的胡杨林
hǎi chéng wéi xī běi dà mò shēn chù yī mǒ lìng rén jīng yàn de
海，成为西北大漠深处一抹令人惊艳的
jǐng xiàng shì shè yǐng hé lǚ yóu ài hào zhě de tiān táng
景象，是摄影和旅游爱好者的天堂。

▲胡杨树

胡杨树高15~30米，树龄一般为100~300年。我国的胡杨分布在西北地区的沙漠戈壁地带。胡杨与其生存的干旱、多盐碱环境相互作用，形成特别的生物特性。

253 赛里木湖为什么令人流连忘返？

sài lǐ mù hú wèi yú tiān shān xī duàn de gāo shān pén dì zhōng yì wéi shān
赛里木湖位于天山西段的高山盆地中，意为“山
jǐ liángshang de hú zhè lǐ shì xīn jiāng hǎi bá zuì gāo miàn jī zuì dà de gāo
脊梁上的湖”。这里是新疆海拔最高、面积最大的高
shān hú pō shì dà xī yáng nuǎn shī qì liú zuì
山湖泊，是大西洋暖湿气流最
hòu juàn gù de dì fang yīn cǐ rén men bǎ zhè
后眷顾的地方，因此人们把这
yī wāng chún jìng de hú shuǐ chēng wéi dà xī yáng
一汪纯净的湖水称为“大西洋
zuì hòu yī dī yǎn lèi
最后一滴眼泪”。
sài lǐ mù hú shì guó jiā jí fēng jǐng míng
赛里木湖是国家级风景名

胜区、国家湿地公园，位于新疆博尔塔拉蒙古自治州境内，景区面积约为1314平方千米。赛里木湖风景名胜区，是一个集山、湖、林、草、湿地、冰川等原生态景观为一体的、具有浓郁西域民族风情的多功能综合性风景名胜区，也是适宜生态环境科考、文化研学、动植物普查、避暑与疗养的理想胜地，让游客流连忘返。

▲赛里木湖里的冷水鱼

赛里木湖原本没有鱼，1998年从俄罗斯引进高白鲑、凹目白鲑等冷水鱼养殖，2000年首次捕捞成品鱼，结束了赛里木湖不产鱼的历史。

七八月份是来赛里木湖避暑的好季节，湖畔林茂涧清，草深花繁，与静谧的湖水，构成了一幅令人沉醉的牧场风景画。十二月至来年二月是观赏赛里木湖另一种奇观——冰泡蓝冰的最佳时间。冬季，赛里木湖湛蓝的冰面下冰封着无数冰泡，像海底的水母，458平方千米的蓝冰幽静深邃，人踩在冰上，眼望这宽广的湖面，景色十分惊艳，令人心旷神怡。

254 呼伦湖和贝尔湖为什么被称为姊妹湖？

在呼伦贝尔大草原上，有一对双生姐妹湖——呼伦湖（姐姐）和贝尔湖（妹妹）。呼伦贝尔大草原就是因呼伦湖、贝尔湖而得名，它们是这个草原的象征。“呼伦”和“贝尔”都是蒙古语。“呼伦”意为“水獭”，“贝尔”意为“雄水獭”。“呼伦湖”和“贝尔湖”是镶嵌在内蒙古呼伦贝尔大草原上的两颗明珠，让草原的容颜变得更加丰盈美丽。

在贝尔湖的北侧，有一片叫乌尔逊的水域与呼伦湖相连，因两片水域一脉承连，故称之为“姊妹湖”。呼伦湖全部在中国境内，面积为2339平方千米，是内蒙古第一大湖。而贝尔湖位于呼伦贝尔草原的西南部边缘，是中蒙两国共有湖泊，面积为608.78平方千米，平均水深较深。姊妹湖就像是一根藤蔓上的两个宝葫芦，对维系呼伦贝尔大草原生物多样性和丰富动植物资源起到十分重要的作用。

▲呼伦贝尔草原

每年4月至10月，是呼伦贝尔草原最佳旅游时期。而7月到9月的草原景致最迷人，并且这期间正好举行一年一度的那达慕大会，届时登古塔、观赛马，乐趣无穷。

255 巴音布鲁克草原为什么会成为著名的天鹅保护区？

巴音布鲁克天鹅保护区为国家级湿地自然保护区，位于新疆维吾尔自治区巴音郭楞蒙古自治州和静县境内。巴音布鲁克天鹅省级自然保护区成立于1980年，1986年晋升为国家级自然保护区，是亚洲最大、中国唯一的天鹅自然保护区，栖息着我国最大的野生天鹅种群，也是世界上野生天鹅繁殖的最南限。保护对象为天鹅及其生活环境。

▲巴音布鲁克草原

巴音布鲁克草原地势平坦，水草丰茂，是新疆最重要的畜牧业基地之一，是集山岳、盆地、草原为一体的自然风景区。

巴音布鲁克是夹在天山中部的大盆地，面积大、海拔高是其突出特点。一方面，九曲十八弯的河流形成大面积沼泽湿地，水草丰茂，适合天鹅的栖息繁衍。另一方面，巴音布鲁克雪山环绕，

xià jì qì wēn jiào dī tiān é wú xū cháng tú bá shè qù gèng yuǎn de xī bó lì yà
夏季气温较低，天鹅无须长途跋涉去更远的西伯利亚
fán zhí tóng shí gāi dì qū rén lèi huó dòng jiào shǎo yě shǎo yǒu wén chóng jí qí
繁殖。同时，该地区人类活动较少，也少有蚊虫及其
tā tiān dí de gān rǎo shǐ qí chéng wéi zhòng yào de tiān é qī xī dì bǎo shǒu gū
他天敌的干扰，使其成为重要的天鹅栖息地。保守估
jì bā yīn bù lǔ kè de tiān é yǒu shù qiān zhī qiě jìn jǐ nián yī zhí chéng zēng
计，巴音布鲁克的天鹅有数千只，且近几年一直呈增
zhǎng qū shì chú le tiān é bā yīn bù lǔ kè bǎo hù qū nèi hái yǒu huī hè
长趋势。除了天鹅，巴音布鲁克保护区内还有灰鹤、
yǔ hè jīn diāo tū jiù děng yú zhǒng niǎo lèi yǐ jí xuě bào běi shān yáng
羽鹤、金雕、秃鹫等120余种鸟类，以及雪豹、北山羊
děng duō zhǒng guó jiā yī jí bǎo hù dòng wù wù zhǒng zī yuán jí qí fēng fù
等多种国家一级保护动物，物种资源极其丰富。

256 特克斯为什么被称为“八卦城”？

tè kè sī xiàn bā guà chéng wèi yú xīn jiāng wéi wú ěr zì zhì qū yī lí hā
特克斯县八卦城位于新疆维吾尔自治区伊犁哈
sà kè zì zhì zhōu tè kè sī xiàn jìng nèi shì yī zuò bǎo cún wán hǎo de míng dài chéng
萨克自治州特克斯县境内，是一座保存完好的明代城
chí yí zhǐ yě shì xīn jiāng dì qū bǎo cún de zuì wán hǎo de gǔ dài chéng chí zhī
池遗址，也是新疆地区保存得最完好的古代城池之
yī bā guà chéng shì míng cháo shí qī wèi dǐ yù wài zú qīn rǎo ér xiū jiàn de chéng
一。八卦城是明朝时期为抵御外族侵扰而修建的，城
qiáng chéng bā guà xíng yīn cǐ dé míng bā guà chéng
墙呈八卦形，因此得名“八卦城”。
gāi chéng shǐ jiàn yú nián yóu dāng shí de yī lí
该城始建于1937年，由当时的伊犁

屯垦使兼警备司令邱宗浚亲自查勘设计。

特克斯八卦城根据《周易》八卦“后天图”方位设计建成，城中心向外辐射乾、兑、离、震、巽、坎、艮、坤八条大街，由从内向外四条环路联通，县城方位“坎”北，“离”南，“震”东、“兑”西，神奇的《易经》方位学说以有形的方式规模宏大地再现于此，登上城中心30米高的观景塔，即可饱览八卦城全貌。街道布局如神奇迷宫，路路相通、街街相连。

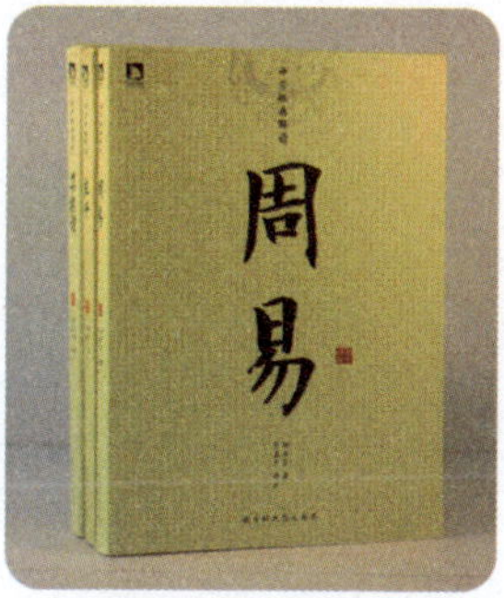

▲《周易》

《易经》，是阐述天地世间万象变化的古老经典，包括《连山》《归藏》《周易》三部易书，其中《连山》《归藏》已经失传，现存于世的只有《周易》。

八卦城的历史文化价值很高，不仅是伊犁地区的重要文化遗产，也是中国乃至世界上罕见的明代城池遗址之一。目前，该遗址已被列为国家级文物保护单位，并对外开放，成为旅游观光的热门景点之一。

257 你知道西夏王陵在哪里吗？

西夏王陵又称西夏帝陵、西夏皇陵，是西夏历代帝王陵以及皇家陵墓。王陵位于宁夏银川市西，西傍贺兰山，东临银川平原，海拔在1130~1200米，是中国现存规模最大、地面遗址最完整的帝王陵园之一，也是现存规模最大的一处西夏文化遗址，有“东方金字塔”“神秘的奇迹”之誉。

西夏王陵受到佛教建筑的影响，将汉族文化、佛教文化、党项族文化有机结合，构成了中国陵园建筑中别具一格的形式。在中国 119 处国家重点风景名胜区中，西夏王陵是唯一以单一的帝王陵墓构成的景区。景区占地面积 58 余平方千米，分布 9 座帝王陵墓，200 余座王侯勋戚的陪葬墓，规模宏伟，布局严整。每座帝陵都是坐北向南，呈纵长方形的独立建筑群体，规模同明十三陵相当，显示了西夏王陵的豪华和尊贵。

西夏国在历史上存在了 189 年，传位十主。蒙古军队武力灭亡西夏时，西夏文物典籍遭到大规模破坏，很多关于西夏的历史文化就被深埋在历史尘埃之中，使西夏变得朦胧而神秘。陵墓是什么人修建的？它们曾经遭受了怎样的破坏呢？西夏王陵至今仍有不少谜团等待揭晓。

▲踩高跷

银川是宁夏回族自治区的首府，其文艺活动非常丰富，每年春节期间都会举行社火，有踩高跷、跑旱船、跑竹马等活动。

258 张掖丹霞地质公园为什么世界闻名？

张掖丹霞地质公园地处祁连山北麓，位于甘肃省张掖市临泽县城以南30千米处，是中国丹霞地貌发育最好、地貌造型最丰富的地区之一，是中国彩色丹霞和宫殿式丹霞的典型代表，具有很高的科考和旅游观赏价值。张掖丹霞地质公园地貌色彩艳丽、层理交错、气势磅礴，景区以色彩之缤纷、观赏性之强、面积之大冠绝全国。著名的地理学家黄进教授曾这样赞誉它：“张掖彩色丘陵中国第一。”

张掖丹霞地质公园面积约50平方千米，瑰丽的红色砂砾岩或伟岸、或婀娜、或桀骜不驯地向人们展示着大自然的鬼斧神工，场面壮观、造型奇特，让人感受到西部特有的苍凉和壮美。古诗曰：“不望祁连山顶雪，错把张掖当江南。”因此，张掖也有着“塞上江南金张掖”的美誉。对于大多数人而言，张掖最出名的“七彩丹霞”，算得上是张掖市的城市名片。它是上仙遗落凡间的七彩调色盘，为色彩单一的大西北增添了一抹最靓丽的颜色，让人沉醉其中。

▲张掖丹霞地貌

丹霞地貌，是红色的砂岩经过长期的风化作用和流水作用，加上气候变化的影响形成的，是巨厚红色沙砾岩层中沿垂直节理发育的各种丹霞奇峰的总称。

259 为什么说不到喀什，等于没有到过新疆？

新疆旅游胜地非常多，其中不得不提的就是喀什地区。对于去过喀什地区的人来说，如果不到喀什，就不算真正去过新疆。喀什是南疆的政治经济文化中心，是中国内陆的第一个经济特区，是个多民族聚居区。维吾尔族人口数量占喀什总人口的90%以上，此外这里还生活着其他民族的人民，如汉族、塔吉克族、回族、哈萨克族、俄罗斯族等。

“喀什”是维吾尔语，意为“玉石集中的地方”。由

▲喀什古城风貌

喀什地区地处新疆西南部，东临塔克拉玛干沙漠，东北与柯坪县、阿瓦提县相连，西北与阿图什市、乌恰县和阿克陶县相连，东南与皮山县相连。

cǐ kě yǐ kàn chū zhè lǐ yǒu zhe hěn duō chún tiān rán de bǎo
此可以看出，这里有着很多纯天然的宝
zàng ér zài shǐ shū shang guān yú kā shí de jì zǎi kě yǐ
藏。而在史书上，关于喀什的记载可以
zhuī sù dào liǎng qiān duō nián qián de qín cháo shí qī nà ge shí
追溯到两千多年前的秦朝时期，那个时
hou kā shí dì qū bèi qín cháo huà fēn wéi xī yù zài hàn
候喀什地区被秦朝划分为西域。在汉
dài shí qī zhāng qiān chū shǐ xī yù de shí hou jiù céng jīng dào guo kā shí kā shí
代时期，张骞出使西域的时候就曾经到过喀什。喀什
zài qín hàn shí qī yǒu zhe fēi cháng zhòng yào de dì wèi
在秦汉时期有着非常重要的地位。

kā shí zuò wéi gǔ sī chóu zhī lù de jiāo tōng yào chōng shì zhōng wài shāng rén yún
喀什作为古丝绸之路的交通要冲，是中外商人云
jí de guó jì shāng bù hái shì xīn jiāng zhòng yào de guó jiā lì shǐ wén huà míng chéng
集的国际商埠，还是新疆重要的国家历史文化名城，
jí zhōng tǐ xiàn le wéi wú ěr zú mín sú fēng qíng wén huà yì shù jiàn zhù fēng gé
集中体现了维吾尔族民俗风情、文化艺术、建筑风格
jí chuán tǒng jīng jì de tè sè hé jīng huá
及传统经济的特色和精华。

260 喀纳斯湖水怪到底是什么？

kā nà sī hú shuǐ guài shì
喀纳斯湖水怪，是
zhǐ zài kā nà sī hú bèi mù jī
指在喀纳斯湖被目击
de shuǐ zhōng guài wu kā nà sī
的水中怪物。喀纳斯
hú zuò luò zài xīn jiāng běi bù ā
湖坐落在新疆北部阿
lè tài shān mài de kā nà sī zì
勒泰山脉的喀纳斯自
rán bǎo hù qū běi lín hā sà kè
然保护区，北邻哈萨克
sī tǎn hé é luó sī dōng lián měng
斯坦和俄罗斯，东连蒙
gǔ guó zài biān jìng xiǎo xiàn bù ěr
古国，在边境小县布尔
jīn jìng nèi dāng dì mù mín yī
津境内。当地牧民一
zhí chuán shuō hú zhōng yǒu jù xíng shuǐ
直传说湖中有巨型水
guài cháng cháng jiāng zài hú biān yǐn shuǐ
怪，常常将在湖边饮水
de mǎ pǐ tuō rù shuǐ zhōng
的马匹拖入水中。1980
nián shuǐ guài de mù jī xiāo xi kān
年，水怪的目击消息刊

登在《光明日报》上，引起各界人士的关注，此后不时也有游客声称见到水怪，这水怪便被称为喀纳斯湖水怪。

关于喀纳斯湖水怪，中央电视台节目《东方时空》曾专门报道过，也翔实地解读了“水怪”的真相，就是在捕食的大红鱼影子而已。大红鱼，学名哲罗鲑，是在淡水中生活的冷水性名贵鱼种，是世界第六大凶猛淡水鱼，它以鱼类、野鸭及同类为食，体形很大，因其身体在一定条件下呈现红色而得名，在我国仅在额尔齐斯河水系和黑龙江水域出现过。

喀纳斯湖大红鱼的真实情况究竟怎样还有待进一步探明。据说，喀纳斯湖有成群大红鱼出现，大的长15米左右，小的长约4米，这是目前最大的发现。有游客称，多次见到它们出没。

▲喀纳斯湖

“喀纳斯”是蒙古语，意为“美丽而神秘的湖”。喀纳斯湖海拔约1374米，是一个坐落在阿尔泰深山密林中的淡水湖，湖水来自奎屯、友谊峰等山的冰川融水和当地降水。

261 新疆天山天池的成因是什么？

天山天池，古称“瑶池”，位于新疆昌吉回族自治州阜康市境内博格达峰北坡山腰。湖面海拔1910米，南北长3.5千米，东西宽0.8~1.5千米，最深处103米。在这里，冬季降雪期有6~7个月，结冰期可达5个月，湖水冰层厚度在1米以上。

天山天池表现出典型的冰川堆积地貌的特征，是天然的冰碛湖，冰川运动时带动了大量的巨大砾石，

▲冰碛湖

冰碛湖，冰川消融时，终碛物堵塞河道或冰川谷形成湖盆，积水成湖。新疆博格达峰北坡的天池，即为第四纪冰川消退形成冰碛堤，堵塞冰川谷而形成的。

bīng chuān yùn dòng tíng zhǐ hòu lì shí páo shí chū le dà de
冰川运动停止后，砾石刨蚀出了大的
wā dì bīng xuě róng shuǐ huì jù yú cǐ lì shí duī jī
洼地，冰雪融水汇聚于此。砾石堆积
zài yī qǐ xíng chéng le tiān chí de běi àn
在一起，形成了天池的北岸。

tiān chí sì jì jǐng sè jù jiā gǔ wǎng jīn lái wén rén mò kè duō yín shī
天池四季景色俱佳，古往今来，文人墨客多吟诗
fù wén bèi jí zàn yù chuán shuō sān qiān duō nián qián mù tiān zǐ céng zài tiān chí
赋文，备极赞誉。传说三千多年前，穆天子曾在天池
zhī pàn yǔ xī wáng mǔ huān yán duì gē liú xià qiān gǔ jiā huà lìng tiān chí yíng dé
之畔与西王母欢筵对歌，留下千古佳话，令天池赢得
yáo chí měi chēng qīng dài tiān chí zhōu wéi céng xiū jiàn guo tiě wǎ sì niáng niang
“瑶池”美称。清代，天池周围曾修建过铁瓦寺、娘娘
miào děng bā dà miào xiàn yǐ dàng rán wú cún dōng tiān de tiān chí yín zhuāng sù
庙等“八大庙”，现已荡然无存。冬天的天池，银装素
guǒ hú shang jiān bīng rú yù shì quán guó shǎo yǒu de gāo shān huá bīng chǎng
裹，湖上坚冰如玉，是全国少有的高山滑冰场。

你知道吗？

关于西北地区，还有许多问题值得我们思考和学习。快来看看，你知道这些问题的答案吗？

262

茫茫草原上生活着众多的食草动物。草原上的草会被动物吃完吗？

263

罗布泊位于我国新疆维吾尔族自治区东南部。它又被称为“生命禁区”，你知道这是为什么吗？

264

在沙漠中，由于石头、植物等障碍物阻碍了气流，沙子在顺风的一侧堆积起来，便形成了沙丘。你知道沙丘分为哪些类型吗？

265

“三北”防护林体系工程是大型的人工林业生态工程。你知道“三北”是指什么吗？

266

沙尘暴是沙暴和尘暴的总称，是荒漠化的标志。你知道沙尘暴形成的主要因素有哪些吗？

267

芨芨草大多生长在微碱性的草滩及山坡上。你知道这种植物有什么特点吗？

268

和田玉是“中国四大名玉”之一。你知道新疆的和田玉有哪些特别之处吗？

269

新疆自古就有“歌舞之乡”的美称。为什么新疆舞别具一格？

270

蒙古袍是蒙古族的传统服饰，你知道蒙古袍是什么样的吗？

271

宁夏滩羊肉是宁夏的特色美食之一，它为什么会远近驰名呢？

272

新疆有许多当地特色的美食。你知道新疆人民喜爱的美食有哪些吗？

273

呼和浩特又被叫作“青色的城”，这是为什么呢？

274

著名的香妃是一位维吾尔族女子，你知道香妃墓位于哪里吗？

游学笔记

每一次旅行都是对书本知识的深刻理解和实践。

快将你在旅行途中的收获与感悟记录下来吧！

中国地理365问

陈孝广 主编

④ 青藏地区

编写人员：李洪萍　陈晓峰
王　锐　张梦薇

时代出版传媒股份有限公司
安徽科学技术出版社

图书在版编目(CIP)数据

中国地理 365 问 / 陈孝广主编. -- 合肥: 安徽科学技术出版社,2025. 3 (2025. 5 重印). -- ISBN 978 - 7 - 5337 - 9250 - 3

Ⅰ. K92 - 49

中国国家版本馆 CIP 数据核字第 202504B776 号

中国地理365问

ZHONGGUO DILI 365 WEN

陈孝广 主编

出 版 人: 王筱文　选题策划: 高清艳　周璟瑜　特约策划: 王秀才　陈　云

责任编辑: 周璟瑜　程羽君　李梦婷　责任校对: 李　茜　责任印制: 廖小青

出版发行: 安徽科学技术出版社　http://www.ahstp.net

(合肥市政务文化新区翡翠路 1118 号出版传媒广场, 邮编: 230071)

电话: (0551)63533330

印　　制: 武汉鑫佳捷印务有限公司　电话: (027)87531181

(如发现印装质量问题, 影响阅读, 请与印刷厂商联系调换)

开本: 889 × 1194　1/24　印张: 28　字数: 600 千

版次: 2025 年 3 月第 1 版　印次: 2025 年 5 月第 2 次印刷

ISBN 978 - 7 - 5337 - 9250 - 3　**定价: 100.00 元(全 4 册)**

本书部分图片由千目网、千图网、摄图网提供。

目录

MULU

奇特的高原地貌 1

高寒的气候 29

目录
MULU

高原上的动植物 49

丰富的自然资源 79

目录

MULU

目录

MULU

奇特的高原地貌

巍峨的青藏高原，
从古海中缓缓升起，
白雪皑皑的冰川下，
汇成了一条条河流，
哺育了无数中华儿女。

275 青藏高原为什么被称为“世界屋脊”？

qīng zàng gāo yuán wèi yú wǒ guó xī nán bù, píng jūn hǎi bá chāo guò
青藏高原位于我国西南部，平均海拔超过4000
mǐ, bù fen dì qū hǎi bá chāo guò le mǐ, shì zhōng guó zuì dà、shì jiè
米，部分地区海拔超过了5000米，是中国最大、世界
hǎi bá zuì gāo de gāo yuán。
海拔最高的高原。

qīng zàng gāo yuán shì yóu yú yà ōu bǎn kuài hé yìn dù yáng bǎn kuài xiāng hù jǐ
青藏高原是由于亚欧板块和印度洋板块相互挤
yā pèng zhuàng ér bù duàn lóng qǐ xíng chéng de, jù kē xué jiā guān cè, qīng zàng gāo yuán
压碰撞而不断隆起形成的，据科学家观测，青藏高原
hái zài bù duàn “zhǎng gāo”。qīng zàng gāo yuán nán bù yǒu zhe zhòng duō gāo dà de shān
还在不断“长高”。青藏高原南部有着众多高大的山
mài, qí zhōng shì jiè shang zuì gāo de shān mài —— xǐ mǎ lā yǎ shān mài biàn wèi yú
脉，其中世界上最高的山脉——喜马拉雅山脉便位于

cǐ zuò wéi qí zhǔ fēng de zhū mù lǎng mǎ fēng hǎi bá wéi
此，作为其主峰的珠穆朗玛峰海拔为
mǐ bèi yù wéi chú nán jí hé běi jí zhī wài de
8848.86米，被誉为除南极和北极之外的
shì jiè dì sān jí qīng zàng gāo yuán dōng xī cháng yuē
“世界第三极”。青藏高原东西长约2800
qiān mǐ nán běi kuān qiān mǐ zǒng miàn jī yuē
千米，南北宽300~1500千米，总面积约
wàn píng fāng qiān mǐ cóng dì tú shang kàn jiù xiàng yī gè
250万平方千米，从地图上看就像一个
lóng qǐ de wū jǐ yīn cǐ tā bèi yù wéi shì jiè wū jǐ
隆起的屋脊，因此它被誉为“世界屋脊”。
tā de biān yuán bèi gāo shān huán rào bì lì qiān rèn shǐ de
它的边缘被高山环绕，壁立千仞，使得
gāo yuán de xióng zī gèng jiā tū chū shì jiè wū jǐ tǐ
高原的雄姿更加突出。“世界屋脊”体
xiàn chū qīng zàng gāo yuán de xióng wěi zhuàng guān biǎo dá le rén men
现出青藏高原的雄伟壮观，表达了人们
duì zhè piàn gāo yuán de jìng wèi zhī qíng
对这片高原的敬畏之情。

▲青藏高原

高大雄伟的青藏高原在很久以前曾是一片海洋，因为科学家在这里发现了古代海洋生物的化石。

276 喜马拉雅山为什么会有海螺化石？

hǎi luó huà shí shì hǎi luó zài dì dǐ jīng lì le màn cháng de shí qī xíng chéng
海螺化石是海螺在地底经历了漫长的时期形成
de huà shí ér hǎi luó shǔ yú hǎi yáng shēng wù zài gāo dà de xǐ mǎ lā yǎ shān
的化石，而海螺属于海洋生物。在高大的喜马拉雅山
shang fā xiàn le hǎi yáng shēng wù huà shí zhè shuō míng xǐ mǎ lā yǎ shān mài zài hěn
上发现了海洋生物化石，这说明喜马拉雅山脉在很
jiǔ yǐ qián céng shì yī piàn hǎi yáng hòu lái jīng guò dì qiào yùn dòng tái shēng wéi lù
久以前曾是一片海洋，后来经过地壳运动抬升为陆
dì yě zhèng míng le hǎi lù shì kě yǐ biàn qiān de
地，也证明了海陆是可以变迁的。

zài màn cháng de dì zhì shí qī zhè xiē hǎi yáng shēng wù huà shí zài dì céng
在漫长的地质时期，这些海洋生物化石在地层
zhōng chén jī suí zhe bǎn kuài de huó dòng hé dì qiào de tái shēng hǎi yáng màn màn biàn
中沉积，随着板块的活动和地壳的抬升，海洋慢慢变
chéng le lù dì xíng chéng le xiàn zài de xǐ mǎ lā yǎ shān
成了陆地，形成了现在的喜马拉雅山
mài hǎi yáng zhōng de chén jī wù hé shēng wù yí hái bèi tái
脉。海洋中的沉积物和生物遗骸被抬

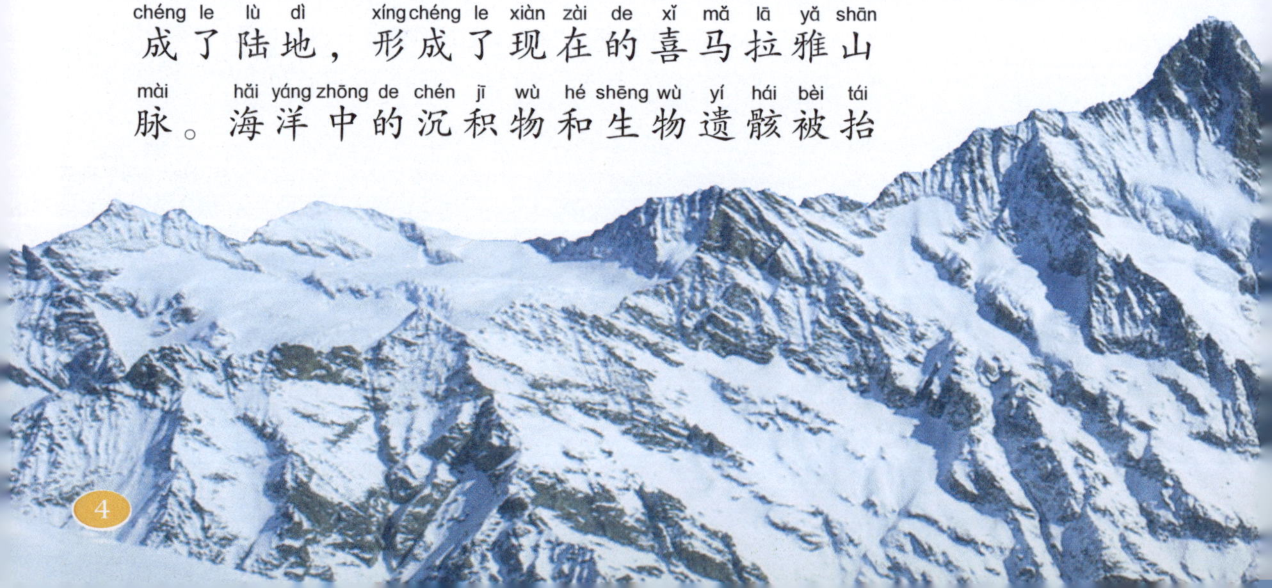

shēng dào shān mài de biǎo miàn qí zhōng jiù bāo kuò hǎi luó de huà
升到山脉的表面，其中就包括海螺的化
shí zǒng de lái shuō xǐ mǎ lā yǎ shān mài de hǎi luó huà
石。总的来说，喜马拉雅山脉的海螺化
shí jīng lì le bǎn kuài de piāo yí dì qiào de tái shēng děng zhū
石经历了板块的漂移、地壳的抬升等诸
duō guò chéng zhí dé yī tí de shì xǐ mǎ lā yǎ shān mài
多过程。值得一提的是，喜马拉雅山脉
de dì zhì yǎn huà guò chéng fēi cháng fù zá shè jí duō cì bǎn
的地质演化过程非常复杂，涉及多次板
kuài pèng zhuàng hé dì qiào biàn xíng yīn cǐ xǐ mǎ lā yǎ shān
块碰撞和地壳变形。因此，喜马拉雅山
shang de hǎi luó huà shí bù jǐn wèi dì zhì lì shǐ hé shēng wù yǎn
上的海螺化石不仅为地质历史和生物演
huà tí gōng le zhòng yào zhèng jù hái fǎn yìng le cháng qī yǐ lái
化提供了重要证据，还反映了长期以来
dì qiú de dì zhì biàn huà guò chéng
地球的地质变化过程。

▲喜马拉雅山

喜马拉雅山是地球上最雄伟的高山，从南到北跨度为 200 ~ 300 千米，高山终年积雪，冰川纵横。

277 为什么藏北高原地势那么高，地表却很平坦？

藏北高原又叫羌塘高原，而羌塘在藏语中意为北部高地。藏北高原位于青藏高原的北部，被昆仑山脉和冈底斯山脉所环绕。虽然它的海拔较高（平均海拔约5000米），但相对高差较小，只有200～500米。从整体来看，藏北高原地势开阔，起伏平缓。

藏北高原地势高是由于地壳运动的作用。该地区位于青藏高原腹地，是青藏高原的主体与核心部分。而青藏高原是世界上海拔最高的高原，亚欧板块

hé yìn dù yáng bǎn kuài xiāng zhuàng jǐ yā yǐn qǐ dì qiào shàng shēng
和印度洋板块相撞挤压引起地壳上升，
cóng ér xíng chéng le qīng zàng gāo yuán gāo hǎi bá de dì mào
从而形成了青藏高原高海拔的地貌。

zàng běi gāo yuán zhī suǒ yǐ dì biǎo píng tǎn shì yīn wèi
藏北高原之所以地表平坦，是因为
zài dì zhì yǎn huà guò chéng zhōng jīng guò dì qiào tái shēng dī
在地质演化过程中，经过地壳抬升，低
dì āo xiàn de dì mào bèi tái gāo lìng wài zàng běi gāo yuán
地凹陷的地貌被抬高。另外，藏北高原
dì qū qì hòu tiáo jiàn è liè rè liàng bù zú qì wēn dī
地区气候条件恶劣，热量不足，气温低，
jiàng shuǐ xiāng duì jiào shǎo shǐ fēng huà zuò yòng jiǎn ruò dì biǎo
降水相对较少，使风化作用减弱，地表
méi yǒu shòu dào qiáng liè de qīn shí hé gǎi biàn yīn cǐ dì biǎo
没有受到强烈的侵蚀和改变，因此地表
réng rán bǎo chí píng tǎn zǒng tǐ ér yán zàng běi gāo yuán dì
仍然保持平坦。总体而言，藏北高原地
shì gāo ér dì biǎo píng tǎn de yuán yīn zhǔ yào shì dì qiào yùn
势高而地表平坦的原因主要是地壳运
dòng de zuò yòng hé dì mào yǎn huà de jié guǒ
动的作用和地貌演化的结果。

▲西藏羌塘恰青赛马艺术节

每年的8月10日至16日在那曲举办的赛马节，是藏北草原规模最盛大的民间传统节日。跑马比赛是整个赛马会上的主要项目，此外，还有拔河、篮球、足球等体育竞技项目和各县的民间艺术表演、各寺庙的宗教艺术表演等。

278 你知道世界最高峰是哪一座山峰吗？

zhū mù lǎng mǎ fēng shì shì jiè hǎi
珠穆朗玛峰是世界海
bá zuì gāo de shān fēng jiǎn chēng zhū
拔最高的山峰，简称“珠
fēng zài zàng yǔ zhōng zhū mù lǎng
峰”。在藏语中，“珠穆朗
mǎ shì dà dì zhī mǔ de yì si
玛”是“大地之母”的意思。
zhū mù lǎng mǎ fēng yán miàn gāo chéng
珠穆朗玛峰岩面高程8844.43
mǐ xuě miàn gāo chéng mǐ jī
米，雪面高程8848.86米，几
hū xiāng dāng yú shì jiè shang zuì gāo de jiàn
乎相当于世界上最高的建
zhù wù hā lì fǎ tǎ gāo mǐ
筑物哈利法塔（高828米）
de bèi zhī duō
的10倍之多。

zhū mù lǎng mǎ fēng wèi yú zhōng guó
珠穆朗玛峰位于中国
hé ní bó ěr de biān jiè shang běi pō zài
和尼泊尔的边界上，北坡在
wǒ guó xī zàng jìng nèi nán pō zài ní bó
我国西藏境内，南坡在尼泊
ěr jìng nèi tā shì yóu yà ōu bǎn kuài
尔境内。它是由亚欧板块

和印度洋板块冲撞挤压而形成的，如今仍处在上升之中，每100年上升约7厘米。

珠峰的山体呈巨型金字塔状，有巨大冰川，最长达26千米，地形极端险峻，是世界上绝对高度最高的山峰。登上珠峰被很多登山爱好者视为梦寐以求的目标，但由于珠峰的气候条件极为恶劣，攀登珠峰之前需要做好充分的准备。

▲西藏甘丹寺

青藏高原有着丰富的宗教文化资源。其中，佛教在青藏高原有着悠久的历史和广泛的影响力，许多著名的寺庙和佛塔都位于此地。

279 冈仁波齐山为什么被称为“神山”？

冈仁波齐山是冈底斯山脉主峰，位于我国西藏自治区阿里地区，海拔6714米，也是冈底斯山脉第二高峰，被誉为我国最美的、令人震撼的十大名山之一。它的山峰四壁非常对称，形状酷似金字塔，被认为是自然界中的奇迹之一，这些景观加上冈仁波齐山洁白晶莹的雪峰，令人叹为观止。

冈仁波齐山与梅里雪山、阿尼玛卿山脉及青海玉树的尕朵觉沃山并称为藏传佛教四大神山。此外，冈仁波齐山还是西藏佛教、印度教和原始苯教等宗教的

cháo shèng zhōng xīn bèi yù wéi shén shān zhī wáng gāng rén
朝圣中心，被誉为“神山之王”。冈仁
bō qí shān chōng mǎn le zōng jiào wén huà de sè cǎi yīn cǐ qí
波齐山充满了宗教文化的色彩，因此其
zuò wéi yī zuò shén shān ér guǎng wéi rén zhī zōng shàng suǒ
作为一座“神山”而广为人知。综上所
shù gāng rén bō qí shān bèi chēng wéi shén shān yī fāng miàn
述，冈仁波齐山被称为“神山”，一方面
shì yīn wèi qí zhuàng lì de jǐng guān lìng yī fāng miàn shì yīn wèi
是因为其壮丽的景观，另一方面是因为
tā zài zōng jiào wén huà zhōng jù yǒu zhòng yào de dì wèi hé xiàng
它在宗教文化中具有重要的地位和象
zhēng yì yì
征意义。

▲冈仁波齐山

冈仁波齐山的峰顶终年积雪，雪峰在阳光的照耀下熠熠生辉，金黄色的山峰与蓝天交相辉映，构成了一幅绝美的画卷。

280 世界上最大的峡谷是哪一个?

雅鲁藏布大峡谷是世界上最大、最深的峡谷，呈马蹄形，全长504.6千米，最深处达6009米，平均深度为2268米。该峡谷位于我国西藏自治区东南部、雅鲁藏布江下游河段，跨林芝、米林和墨脱三县。它是由印度洋板块与亚欧板块碰撞形成的巨大褶皱构造带的一部分。雅鲁藏布大峡谷具有壮美的景观和丰富的生态资源，是一个令人叹为观止的自然地质奇观，也是一个世界级的旅游景点。

此外，雅鲁藏布大峡谷还是青藏高原上最主要的水汽通道，整个峡谷地区异常湿润，布满了郁密的森林，是世界上生物多样性最丰富的峡谷。2000年，大峡谷被国务院批准为国家级自然保护区。

▲拉萨

拉萨是西藏自治区的首府，地处雅鲁藏布江支流河谷平原。由于光照充足，拉萨也被称为“日光城”。

281 纳木错湖是世界上海拔最高的大湖吗？

纳木错湖位于我国西藏自治区中部，地处青藏高原，属于我国五大湖区之一的青藏高原湖区，属于内陆湖。“纳木错”在藏语里意为“天湖”，该湖是西藏“三大圣湖”之一。

纳木错湖呈长方形，海拔约4718米，面积约1940平方千米，是西藏第二大湖泊，是我国第三大咸水湖，也是世界上海拔最高的咸水湖。早期的科学考察认

wéi nà mù cuò de zuì dà shēn dù wéi mǐ dàn zuì jìn
为，纳木错的最大深度为33米，但最近
liǎng nián duì hú pō chóng xīn cè liàng hòu fā xiàn nà mù cuò zuì
两年对湖泊重新测量后发现，纳木错最
shēn chù chāo guò le mǐ xù shuǐ liàng yì lì fāng mǐ
深处超过了120米，蓄水量768亿立方米，
wéi shì jiè shang hǎi bá zuì gāo de dà xíng hú pō
为世界上海拔最高的大型湖泊。

měi nián xià rì shí jié nà mù cuò hú qīng chè tòu
每年夏日时节，纳木错湖清澈透
míng bō guāng lín lín tiān qíng shí yī bì qiān lǐ shuǐ tiān yī
明、波光粼粼，天晴时一碧千里、水天一
sè měi rú huà juàn bèi yù wéi tiān kōng zhī jìng měi
色，美如画卷，被誉为“天空之镜”，美
lì de jǐng sè hé níng jìng de fēn wéi xī yǐn le wú shù lǚ
丽的景色和宁静的氛围吸引了无数旅
xíng zhě
行者。

▲纳木错湖

内陆湖是指处于河流的尾闾或形成独立的集水区域，且湖水均不外泄入海的湖泊。除纳木错湖外，我国的内陆湖还有青海湖、博斯腾湖等。

282 青藏地区水量最大的河流是哪一条?

qīng zàng gāo yuán píng jūn hǎi bá chāo guò mǐ yùn hán zhe chāo guò wàn
青藏高原平均海拔超过4000米，蕴含着超过9万
yì lì fāng mǐ de shuǐ yuán bèi yù wéi yà zhōu shuǐ tǎ zhè lǐ guǎng fàn fā yù
亿立方米的水源，被誉为“亚洲水塔”。这里广泛发育
zhe bīng chuān jī xuě hé dòng tǔ yùn yù le zhòng duō de hé liú shì yà zhōu bù shǎo
着冰川、积雪和冻土，孕育了众多的河流，是亚洲不少
dà jiāng dà hé de yuán tóu cháng jiāng huáng hé lán cāng jiāng dōu fā yuán yú cǐ
大江大河的源头，长江、黄河、澜沧江都发源于此。

yà zhōu shuǐ tǎ de zhòng yào xìng bù jǐn tǐ xiàn zài qí
“亚洲水塔”的重要性不仅体现在其
bǔ yù le zhòng duō guó jiā wèi yì wàn rén de shēng huó hé nóng
哺育了众多国家，为亿万人的生活和农
yè shēng chǎn tí gōng le chōng zú de shuǐ yuán hái tǐ xiàn zài qí
业生产提供了充足的水源，还体现在其
duì dōng yà nán yà hé zhōng yà de shēng tài hé jīng jì fā zhǎn
对东亚、南亚和中亚的生态和经济发展
chǎn shēng le zhòng yào yǐng xiǎng
产生了重要影响。

yǎ lǔ zàng bù jiāng shì shì jiè hǎi bá zuì gāo de hé
雅鲁藏布江是世界海拔最高的河
liú quán cháng qiān mǐ zhǔ hé dào bēn yóu zài xǐ mǎ
流，全长2057千米，主河道奔游在喜马
lā yǎ shān mài de běi lù zǒng luò chā dá mǐ kān
拉雅山脉的北麓，总落差达5435米，堪
chēng shì jiè zhī zuì qí chū jìng chù de nián jìng liú liàng dá dào le yì lì
称世界之最。其出境处的年径流量达到了1600亿立
fāng mǐ xiāng dāng yú sān tiáo huáng hé de liú liàng yīn cǐ zhè tiáo hé liú huì jí le
方米，相当于三条黄河的流量，因此这条河流汇集了
jù dà de shuǐ néng jù kē xué jiā yán jiū yǎ lǔ zàng bù jiāng de shuǐ yuán yī bù
巨大的水能。据科学家研究，雅鲁藏布江的水源一部
fen shì lái zì xià jì zhōu biān bīng chuān de róng shuǐ hái yǒu yī bù fen shì lái zì yìn
分是来自夏季周边冰川的融水，还有一部分是来自印
dù yáng de shuǐ qì xíng chéng de jiàng shuǐ
度洋的水汽形成的降水。

▲雅鲁藏布大峡谷

雅鲁藏布大峡谷是世界第一大峡谷，获得中国世界纪录协会的世界最深大峡谷、世界最长大峡谷两项世界纪录的认证。

283 什么是高原不冻泉？

gāo yuán bù dòng quán shì zhǐ zài qīng zàng gāo yuán dì qū jí shǐ shì zài dōng jì
高原不冻泉是指在青藏高原地区，即使是在冬季
fēi cháng hán lěng de shí hou quán shuǐ yě bù huì jié bīng guǎng yì shang lái shuō gāo
非常寒冷的时候，泉水也不会结冰。广义上来说，高
yuán bù dòng quán hái bāo kuò qí tā gāo yuán dì qū bù huì jié bīng de quán shuǐ
原不冻泉还包括其他高原地区不会结冰的泉水。

guān yú qīng zàng gāo yuán bù dòng quán de fēn bù tè zhēng mù qián kē xué jiā de
关于青藏高原不冻泉的分布特征，目前科学家的
yán jiū hái bǐ jiào yǒu xiàn cóng xiàn zhuàng lái kàn bù dòng quán zhǔ yào jí zhōng fēn bù
研究还比较有限。从现状来看，不冻泉主要集中分布
zài kūn lún shān mài nán pō hé kě kě xī lǐ dì qū zhè xiē dì qū shǔ yú qīng
在昆仑山脉南坡和可可西里地区。这些地区属于青
zàng gāo yuán yǒng jiǔ dòng tǔ qū hǎi bá jiào gāo zì rán tiáo jiàn è liè
藏高原永久冻土区，海拔较高，自然条件恶劣。

不冻泉的水源主要来自地表深处的地下水。而不冻泉的水质特征和形成机理也备受关注。研究发现，不冻泉的水质状况一般属于V类水，水质较好。不冻泉的水源补给主要来自昆仑山南坡的冰川融水、大气降水和地表河水，平均循环时间一般为5～10年。在严寒的冬季，从不封冻的不冻泉成为著名的地貌景观和自然奇观。

▲秦岭山下

对于当地居民来说，不冻泉被视为神泉的圣水和珍贵的资源。

284 你知道长江和黄河的源头在哪里吗？

青海省位于我国青藏高原的东北部，被称为“三江源”，又被称为“中华水塔”。你知道这是为什么吗？

青海省平均海拔4000米以上，是“世界屋脊”青藏高原的腹地。这里的高山终年积雪，冰川纵横。冰雪融化后汇聚成河，再向东流入海洋，青海省便成了我国众多大江大河的源头，其中长江、黄河和澜沧江均发源于此。青海省因此得名“三江源”和“中华水塔”。

据科学家考证，长江的源头位于唐古拉山脉，沱沱河是长江的正源。长江流经了11个省级行政区，总长约6300千米，是我国最长的河流，也是世界第三长河。而黄河的源头则位于巴颜喀拉山脉，流经了9个省级行政区，总长约5464千米，是我国第二长河，黄河流域也是中华文明的发祥地之一。青海省作为大江大河的发源地，对于我国的水资源和经济发展都具有重要意义。

▲黄河

20世纪八九十年代，黄河上游的天然草场受多重影响，出现不同程度的沙化现象，水源涵养能力下降。然而近年来，通过退牧还草等一系列生态保护建设工程，黄河上游生态屏障被不断筑牢。

285 青藏地区有“石玫瑰”吗？

在内蒙古阿拉善盟的戈壁沙漠中，生长着一种千姿百态、瑰丽神奇的“玫瑰”，这种“玫瑰”实际上是一种石头，由于其上面有着一瓣一瓣的纹路，外形酷似玫瑰，再加上它既不会枯萎又不会凋零，因而得名沙漠“石玫瑰”。

这种石头又称戈壁石、风雕石或风砺石，其主要成分是含水硫酸钙，即石膏，是方解石、石英、硬透石膏的共生结晶体。沙漠“石玫瑰”主要形成于沙漠环境中，大多是因火山岩浆冷却后经过长期的自然变迁和日晒风蚀形成的，少部分是因石英砂经历了千万年凝结而成的，而青藏地区自然条件下出现“石玫瑰”的概率不大。沙漠“石玫瑰”按照它的生长形态，一般可分单体、联体、枝状与丛状。单体直径一般在1.5～10厘米，联体直径一般在10～80厘米或更大。

▲沙漠“石玫瑰”

相对于其他的一些石头来说，沙漠“石玫瑰”的硬度极低，容易损坏，因而不能随意用水清洗。如果用水去洗，它可能会变成一堆石头渣子。另外，“石玫瑰”也不能与硬物相撞，否则一碰就碎。

286 青藏高原上为什么会有冰川？

bīng chuān sú chēng bīng hé shì yóu jī xuě xíng chéng bìng néng yùn dòng de bīng tǐ
冰川，俗称冰河，是由积雪形成并能运动的冰体。
qīng zàng gāo yuán shì shì jiè shang píng jūn hǎi bá zuì gāo de gāo yuán ér hǎi bá gāo shì
青藏高原是世界上平均海拔最高的高原，而海拔高是
qīng zàng gāo yuán bīng chuān guǎng fàn fēn bù de yī gè guān jiàn yīn sù zhòng suǒ zhōu zhī
青藏高原冰川广泛分布的一个关键因素。众所周知，
hǎi bá yuè gāo qì wēn yuè dī dāng hǎi bá chāo guò yī dìng gāo dù wēn dù jiù huì
海拔越高，气温越低，当海拔超过一定高度，温度就会
jiàng dào yǐ xià zhè shǐ gāo hǎi bá dì qū de jiàng shuǐ yǐ gù tài xíng shì xuě
降到0℃以下，这使高海拔地区的降水以固态形式（雪
hé bīng bǎo liú zài dì biǎo xíng chéng le dà liàng de bīng chuān
和冰）保留在地表，形成了大量的冰川。
qīng zàng gāo yuán yóu xǔ duō shān mài hé shān gǔ zǔ chéng zhè xiē
青藏高原由许多山脉和山谷组成，这些

dì xíng tè zhēng yě yǐng xiǎng le gāi dì qū qì wēn hé jiàng shuǐ de
地形特征也影响了该地区气温和降水的
fēn bù jìn ér yǐng xiǎng le bīng chuān de xíng chéng hé fēn bù
分布，进而影响了冰川的形成和分布。
lì rú zài gāo yuán de yī xiē hǎi bá jiào gāo chù jiàng xuě liàng
例如，在高原的一些海拔较高处，降雪量
jiào dà xíng chéng le dà liàng de bīng chuān zài qīng zàng gāo yuán
较大，形成了大量的冰川。在青藏高原
nán bù biān yuán zhù lì zhe xiàn zài shì jiè shang zuì gāo de shān
南部边缘，伫立着现在世界上最高的山
mài xǐ mǎ lā yǎ shān mài xǐ mǎ lā yǎ shān mài shì
脉——喜马拉雅山脉。喜马拉雅山脉是
qīng zàng gāo yuán de tiān rán píng zhàng tā dǎng zhù le lái zì yìn
青藏高原的天然屏障，它挡住了来自印
dù yáng de nuǎn shī qì liú shǐ qīng zàng gāo yuán nèi bù qì hòu
度洋的暖湿气流，使青藏高原内部气候
gān zào qì wēn dī zhè yǒu lì yú bīng chuān de xíng chéng hé bǎo
干燥，气温低，这有利于冰川的形成和保
cún cǐ wài gāo yuán shang de qiáng fēng yě huì cù jìn bīng chuān
存。此外，高原上的强风也会促进冰川
de yí dòng hé fēn bù
的移动和分布。

▲绒布冰川

地处珠穆朗玛峰脚下的绒布冰川，是青藏高原最大、最为著名的冰川。它长达 26 千米，平均厚度达 120 米，最厚处超过 300 米。

287 三江源地区为什么有“中华水塔”之称？

sān jiāng yuán dì qū wèi yú wǒ guó qīng hǎi shěng nán bù píng jūn hǎi bá
三江源地区位于我国青海省南部，平均海拔
mǐ shì qīng zàng gāo yuán de fù dì yě shì wǒ guó miàn jī zuì dà
3500～4800米，是青藏高原的腹地，也是我国面积最大
de zì rán bǎo hù qū sān jiāng yuán dì qū hé liú mì bù hú pō zhǎo zé zhòng
的自然保护区。三江源地区河流密布，湖泊、沼泽众
duō xuě shān bīng chuān guǎng bù sù yǒu zhōng huá shuǐ tǎ zhī chēng
多，雪山、冰川广布，素有“中华水塔”之称。

sān jiāng yuán dì qū bèi yù wéi zhōng huá shuǐ tǎ de yuán yīn zhǔ yào yǒu yǐ
三江源地区被誉为“中华水塔”的原因主要有以
xià jǐ diǎn yī shì hǎi bá zú gòu gāo sān jiāng yuán zài wǒ guó qīng zàng gāo yuán
下几点。一是海拔足够高。三江源在我国青藏高原

shang qīng zàng gāo yuán píng jūn hǎi bá chāo guò mǐ yòu
上，青藏高原平均海拔超过4000米，又
chǔ zài wǒ guó dì yī jí jiē tī shang wú yí shì wǒ guó píng
处在我国第一级阶梯上，无疑是我国平
jūn hǎi bá zuì gāo de dì fang le èr shì yīn wèi sān jiāng yuán
均海拔最高的地方了。二是因为三江源
dì qū shì cháng jiāng huáng hé hé lán cāng jiāng de fā yuán dì
地区是长江、黄河和澜沧江的发源地。
huáng hé zǒng shuǐ liàng de cháng jiāng zǒng shuǐ liàng de
黄河总水量的49%、长江总水量的25%、
lán cāng jiāng zǒng shuǐ liàng de jūn lái yuán yú sān jiāng yuán dì
澜沧江总水量的15%均来源于三江源地
qū měi nián chūn xià jì jié suí zhe qì wēn shēng gāo gāo
区。每年春夏季节，随着气温升高，高
shān shang de bīng chuān xiāo róng shuǐ liú màn màn huì jù dào yī xiē
山上的冰川消融，水流慢慢汇聚到一些
hé liú zhōng rán hòu zhù rù dà hǎi sān shì sān jiāng yuán de shuǐ lái zì bīng chuān róng
河流中，然后注入大海。三是三江源的水来自冰川融
shuǐ shuǐ de chǔ liàng dà sān jiāng yuán dì qū gòng yǒu bīng chuān tiáo bīng chuān
水，水的储量大。三江源地区共有冰川715条，冰川
zī yuán yùn cáng liàng dá yì lì fāng mǐ
资源蕴藏量达2000亿立方米。

▲三江源地区之长江

三江源地区是世界上海拔最高、湿地面积最大、河湖分布最集中的地区，也是世界上高海拔生物多样性最集中的地区之一。

288 为什么青藏高原周边多地震？

dì qiú biǎo céng zhǔ yào yǒu liù dà bǎn kuài bǎn kuài yǔ bǎn kuài zhī jiān xiāng hù
地球表层主要有六大板块，板块与板块之间相互
jǐ yā pèng zhuàng zào chéng bǎn kuài biān yán jí bǎn kuài nèi bù chǎn shēng cuò dòng hé pò
挤压碰撞，造成板块边沿及板块内部产生错动和破
liè zhè shì yǐn qǐ dì zhèn de zhǔ yào yuán yīn qīng zàng
裂，这是引起地震的主要原因。青藏
gāo yuán dì chǔ yìn dù yáng bǎn kuài yǔ ōu yà bǎn kuài jiāo jiè
高原地处印度洋板块与欧亚板块交界
chù yìn dù yáng bǎn kuài měi nián dōu huì xiàng ōu yà bǎn kuài
处，印度洋板块每年都会向欧亚板块
yí dòng suí zhe bǎn kuài zhī jiān de pèng zhuàng hé jǐ yā dì
移动，随着板块之间的碰撞和挤压，地
qiào yùn dòng shí fēn huó yuè cóng ér dì zhèn pín fā bìng xíng
壳运动十分活跃，从而地震频发并形
chéng le dì zhèn dài qīng zàng gāo yuán dì zhèn dài bù jǐn shì
成了地震带。青藏高原地震带不仅是
wǒ guó zuì dà de dì zhèn dài cóng quán qiú lái kàn tā yě
我国最大的地震带，从全球来看，它也
shì dì zhèn huó dòng zuì qiáng dà dì zhèn duō fā de dì qū
是地震活动最强、大地震多发的地区。

▲喜马拉雅山脉

青藏高原地震带包括青海、西藏、新疆、甘肃、宁夏、四川、云南的全部或部分地区，这些省（区）靠近喜马拉雅山脉和横断山脉，地壳运动极为频繁。

高寒的气候

冬季寒冷夏季凉，
夜晚下雨白天晴；
明媚的阳光，
晒红了人们的脸庞。

289 拉萨市为什么被称为“日光城”？

拉萨市地处我国西藏自治区中部偏南，位于雅鲁藏布江中游的北岸，是西藏自治区的政治、经济、文化和科教中心。

拉萨市被称为“日光城”。资料显示，一年中，拉萨市日照时间达3000个小时，比同纬度的其他地区日照时间长得多。比如与拉萨临近的四川盆地，当地一

nián rì zhào shí jiān jǐn gè xiǎo shí cóng dì
年日照时间仅1000~1600个小时。从地
lǐ wèi zhì lái kàn lā sà shì wèi yú qīng zàng gāo yuán shang hǎi
理位置来看，拉萨市位于青藏高原上，海
bá jiē jìn mǐ kōng qì xī bó yī fāng miàn zhè shǐ
拔接近3700米，空气稀薄。一方面，这使
lā sà shì kōng qì zhōng de shuǐ qì hán liàng shǎo jiàng shuǐ shǎo
拉萨市空气中的水汽含量少，降水少——
lā sà yī nián de jiàng shuǐ liàng zhǐ yǒu háo mǐ zuǒ yòu ér
拉萨一年的降水量只有400毫米左右，而
wèi yú sì chuān pén dì de chéng dū yī nián de jiàng shuǐ liàng wéi
位于四川盆地的成都一年的降水量为
háo mǐ zuǒ yòu lìng yī fāng miàn lā sà shì de kōng qì
1000毫米左右；另一方面，拉萨市的空气
zhōng gù tǐ kē lì shǎo tài yáng guāng bèi xī shōu sǎn shè de shǎo
中固体颗粒少，太阳光被吸收散射得少，
yīn cǐ gāi dì qū yáng guāng tè bié càn làn
因此该地区阳光特别灿烂。

▲光伏发电站

丰富的太阳辐射能是拉萨市重要的能源，是无污染、价格低廉、能够被人类自由利用的能源。目前，拉萨市已建成多座光伏发电站。

290 你知道攀登珠穆朗玛峰大多选择在什么季节吗？

zhū mù lǎng mǎ fēng zài shì jiè shān mài zhōng dú shù yī zhì tā bù jǐn shì yī
珠穆朗玛峰在世界山脉中独树一帜，它不仅是一
gè dì lǐ biāo zhì gèng shì dēng shān zhě xīn zhōng de shèng diàn shì yǒng qì hé yì lì
个地理标志，更是登山者心中的圣殿，是勇气和毅力
de xiàng zhēng
的象征。

pān dēng zhū mù lǎng mǎ fēng shì shì jiè shang zuì jù tiǎo zhàn xìng de yùn dòng zhī
攀登珠穆朗玛峰是世界上最具挑战性的运动之
yī xū yào jīng guò jīng xīn cè huà hé zhōu mì zhǔn bèi cái néng qǔ dé chéng gōng fān
一，需要经过精心策划和周密准备才能取得成功。翻
yuè jìn jǐ nián wǒ guó dēng shān duì wu de lì shǐ jì lù fā xiàn dēng shān zhě duō xuǎn
阅近几年我国登山队伍的历史记录，发现登山者多选

择在五月份左右这段时间登顶。这背后有什么讲究？其实，登顶时机的选择主要与珠峰的天气状况有关。每年的十月到第二年的三四月份，是珠峰地区的风季，风速随着海拔高度的升高而增大。在珠峰地区8000米高空，由于没有遮挡物，风力非常强劲。而六月到九月又是珠峰地区的雨季，由于印度洋暖湿气流沿山谷而上，易凝结成云雨，所以多出现雨雪交加或大风雪天气。综合上述两个条件，攀登珠峰的季节以4月下旬到6月上旬、9月中旬到10月上旬为最佳。因此，五月份就成了登顶珠峰的黄金窗口期。

▲登山者

攀登珠穆朗玛峰的登山者需要克服重重困难，他们不仅需要选择最佳登山时间，还需要极强的体能和良好的身体素质。

291 在青藏高原上进行大气科学考察的意义是什么？

青藏高原是世界上海拔最高、地形最复杂的高原，占我国陆地面积的四分之一。它对当地和附近地区的气候有着深刻的影响。不仅如此，青藏高原还影响着我国中东部地区的大气环流、物质和水分循环等。因此，青藏高原对我国中东部地区暴雨及灾害性天气系统有着至关重要的影响。

来自中国科学院大气物理所的高登义是我国首位完成地球三极科学考察的研究员，他根据考察结果得知，青藏高原当年冬季的积雪量会直接影响我国来年夏季降水的分布情况。当冬季积雪厚度大、面积广时，来年六七月份的降水将主要分布在长江以南；而如果积雪薄、面积小，第二年同一时段的降水将主要分布在长江以北的黄淮流域。因此，对青藏高原开展大气科学考察是十分必要的。

▲青藏高原

未来，海拔4672米的青藏高原最高探空试验站将在常规气象观测业务中发挥重要作用，它不仅为今后的各类青藏科考试验收集宝贵的探空资料，还能为高原天气系统演变规律和预报服务做出更大的贡献。

292 为什么高山上会有旗云？

qí yún de gài niàn yóu wǒ guó dì lǐ xué jiā xú jìn zhī xiānsheng yú shì
旗云的概念由我国地理学家徐近之先生于20世
jì nián dài shuài xiān tí chū tā zhǐ chū zài zhū mù lǎng mǎ fēng dǐng fēng suí
纪50年代率先提出。他指出，在珠穆朗玛峰顶峰，随

风飘动的云带远望宛如一面旗帜飘挂在珠穆朗玛峰上空，故称之为旗云。

在珠穆朗玛峰北坡，海拔7000米以上与海拔5500~7000米的下垫面迥然不同，前者主要为碎石表面，后者主要为冰雪表面。日出后，在海拔7000米以上，山坡表面气温大于相同高度上自由大气的温度，北坡海拔7000米左右高度吹上山风，上山风把海拔7000米高度以下冰雪升华的水汽输送向珠穆朗玛峰顶部，为山头云的形成提供了必要条件。而受气温等多种因素的影响，云的凝结高度平均为8846米，与珠穆朗玛峰的海拔高度非常接近。

因此在日出或日落前，生成的云正好位于珠穆朗玛峰顶部附近，旗云飘动的方向则取决于高空风的风向。

▲珠穆朗玛峰上的旗云

旗云是珠穆朗玛峰山头云的一种，由于旗云高挂在世界最高峰的山巅，随风飘动，因此它也被称为“世界最高风标”。

293 青藏高原为什么有干季和雨季之分？

qīng zàng gāo yuán de gān jì hé yǔ jì fēn míng duō yè yǔ zhè shì yóu yú
青藏高原的干季和雨季分明，多夜雨。这是由于
qīng zàng gāo yuán dōng jì xī fēng hé xià jì xī nán jì fēng de yuán dì bù tóng xìng zhì
青藏高原冬季西风和夏季西南季风的源地不同、性质
bù tóng kòng zhì de shí jiān bù tóng zhì shǐ qīng zàng gāo yuán jiàng shuǐ de jì jié fēn
不同、控制的时间不同，致使青藏高原降水的季节分
pèi fēi cháng bù jūn gān jì hé yǔ jì de fēn jiè fēi cháng míng xiǎn
配非常不均，干季和雨季的分界非常明显。

měi nián yuè zhì cì nián yuè gāo yuán gān hàn duō dà fēng dī wēn shǎo
每年10月至次年4月，高原干旱多大风，低温、少
yǔ xuě jiàng shuǐ liàng jǐn zhàn quán nián jiàng shuǐ liàng de yǐ lā sà
雨雪，降水量仅占全年降水量的10%～20%。以拉萨
shì wéi lì yuè zhì cì nián yuè de jiàng shuǐ liàng zhǐ zhàn quán nián jiàng shuǐ liàng de
市为例，10月至次年4月的降水量只占全年降水量的

3%，此时期为干（旱）季。5月至9月，西南季风携带着水汽登上高原，使高原上降水比较丰富，一般会占到全年降水量的90%左右。拉萨市5月至9月降水量占全年总降水量的97%，此时期为雨季或湿季。

青藏高原的雨季多夜雨、雷暴和冰雹。藏南各地以夜雨为主，可占雨季降水量的80%以上。藏北高原雨季中雷暴和冰雹频繁，如那曲、索县等地一年雷暴日在85天以上，而青藏高原降冰雹的日数居全国之冠。

▲夜雨

拉萨的雨季通常出现在5月至9月，其中夏季的夜雨率高达80%。每到傍晚天空云量增多，接着乌云密布，电闪雷鸣，大雨随至，黎明时刻逐渐停止。

294 雪崩为什么被称为“白色死神”？

高山上气候寒冷，若雪层表面没有融化或者融化很缓慢，雪层中就缺少液态水，雪颗粒之间就像沙子一样疏松。当雪层越来越厚，位于坡度较大处的雪就会流动。如果有一处雪层流动，周围的雪层也会被带着一起流动，进而发生雪层坍塌，雪便会向下坡方向快速奔流。这就是我们所说的雪崩。

雪崩的规模越大，其破坏力也越大。除了造成人员伤亡，它还会摧毁大片森林、村庄，堵截河流，阻断交通、通信设施及电力设施等。同时，雪崩还会引起山体滑坡和泥石流等严重自然灾害。

我国是个雪崩多发的国家，雪崩主要发生在甘肃、青海、四川、云南和新疆等地的多雪山区，其中以滇北、川西的雪崩最为严重。因为雪崩的杀伤力极大，所以人们把它称为“白色死神”。

▲雪崩

当雪崩发生时，应寻找遮蔽物，如大树、岩石或凹陷地形，以防止被雪崩冲击。同时应用手保护口鼻，以防止吸入过多的粉雪导致窒息。如果不幸被雪掩埋，尽量保持腿部活动，试着创造一个小空隙以便呼吸，并为救援人员提供可见的标志。

295 哪些因素可能会引起雪崩？

由于山地海拔较高，气温较低，雪花降落后难以融化，便会堆叠在一起，形成积雪。积雪受重力影响会向下运动，而积雪的内聚力则会尽可能让其停留在原地。当这两种力达到一定平衡的时候，哪怕是一点点外界的力量，比如动物的奔跑、山坡上滚落的石块、刮风、轻微的震动（或者是地震），甚至在山谷中大喊一声，只要压力超过了将雪粒凝结成团的内聚力，就足以引发一场灾难性雪崩。

▲雪崩现场

对雪崩可以采取人工控制的方法加以预防。比如对一些危险区域发射炮弹，实施爆破，以提前引发雪崩，并设专人监视并预报雪崩等。

如果积雪过厚也有发生雪崩的可能。积雪经阳光照射以后，温度升高，表层雪融化，雪水渗入积雪和山坡之间，从而使积雪与地面的摩擦力减小；

yǔ cǐ tóng shí jī xuě céng zài zhòng lì zuò yòng xià huì xiàng xià huá dòng cóng ér yǐn
与此同时，积雪层在重力作用下会向下滑动，从而引
qǐ xuě bēng chú cǐ zhī wài rú huá xuě tú bù lǚ xíng děng rén lèi huó dòng yě
起雪崩。除此之外，如滑雪、徒步旅行等人类活动也
jīng cháng huì zài bù jīng yì jiān chéng wéi xuě bēng de dǎo huǒ suǒ
经常会在不经意间成为雪崩的导火索。

296 为什么青藏地区多冰雹？

bīng báo yě jiào báo sú chēng báo
冰雹也叫雹，俗称雹
zi shì yī zhǒng dà qì xiàn xiàng zài xià
子，是一种大气现象，在夏
jì huò chūn xià zhī jiāo zuì wéi cháng jiàn
季或春夏之交最为常见。
tā shì yī xiē xiǎo rú lǜ dòu huáng dòu
它是一些小如绿豆、黄豆，
dà sì jī dàn de bīng lì
大似鸡蛋的冰粒。

zài xià jì huò chūn xià jiāo tì shí
在夏季或春夏交替时，
jìn dì miàn róng yì chǎn shēng dà liàng de shī
近地面容易产生大量的湿
rè kōng qì kōng qì zhōng de shuǐ qì suí
热空气。空气中的水汽随
zhe qì liú shàng shēng dāng yǔ gāo kōng de
着气流上升，当与高空的
ruò lěng kōng qì xiāng yù shí shàng lěng xià
弱冷空气相遇时，“上冷下
nuǎn huì yǐn qǐ kōng qì de qiáng liè duì
暖”会引起空气的强烈对
liú shǐ shī rè kōng qì xùn sù shàng shēng
流，使湿热空气迅速上升，
shuǐ qì zé huì níng jié chéng yè tǐ zhuàng de
水汽则会凝结成液体状的

shuǐ dī yóu yú hǎi bá yuè gāo qì wēn yuè dī suí zhe shuǐ qì shàng shēng de gāo
水滴。由于海拔越高，气温越低，随着水汽上升的高
dù bù duàn zēng jiā yí dàn wēn dù jiàng dào yǐ xià shí shuǐ dī jiù huì níng jié
度不断增加，一旦温度降到0℃以下时，水滴就会凝结
chéng gù tǐ zhuàng de bīng lì bīng lì zài cǐ shí yù dào qiáng
成固体状的冰粒。冰粒在此时遇到强
dà shàng shēng qì liú shǐ qí zài fǎn fù shàng shēng xià jiàng
大上升气流，使其在反复上升、下降
zhōng xī fù níng jié zhōu wéi de bīng lì dǎo zhì bīng lì tǐ
中吸附凝结周围的冰粒，导致冰粒体
jī hé zhòngliàng biàn de yuè lái yuè dà zài méi yǒu zú gòu
积和重量变得越来越大。在没有足够
de shàng shēng qì liú néng gòu jiāng bīng lì wǎng shàng dǐng shí bīng
的上升气流能够将冰粒往上顶时，冰
lì jiù huì jiàng luò xià lái cóng ér xíng chéng bīng báo
粒就会降落下来，从而形成冰雹。

qīng zàng gāo yuán hǎi bá gāo yún céng xī bó qíng tiān
青藏高原海拔高，云层稀薄，晴天
duō xià jì shí bái tiān qì wēn gāo gèng róng yì xíng chéng shī
多，夏季时白天气温高，更容易形成湿
rè shuǐ qì yīn ér qīng zàng dì qū duō
热水汽，因而青藏地区多
bīng báo píng jūn měi nián yǒu tiān
冰雹，平均每年有3～15天
huì xià bīng báo bù fen dì qū hái kě
会下冰雹，部分地区还可
néng chāo guò tiān
能超过15天。

▲下冰雹

中国下冰雹最频繁的地区是西藏自治区东北部的那曲，每年平均有35天下冰雹（最多年曾下过53天冰雹，最少年也下过23天）。

297 贡嘎山为什么深受气象学家喜爱？

贡嘎山，位于四川省甘孜藏族自治州康定市、泸定县、石棉县和九龙县之间。藏语的“贡”是冰雪之意，“嘎”是白色的意思，“贡嘎山”意为白色冰山。贡嘎山主峰海拔7556米，是四川省最高的山峰，被称为“蜀山之王”。贡嘎山气势磅礴，高大险峻，被《中国国家地理》评选为“国内十座最美的雪山”之一。

贡嘎山垂直落差超过6000米，是世界上落差极大的山脉之一，正是由于这巨大的落差，使贡嘎山依次出现亚热带、暖温带、寒温带、亚寒带、寒带和极地气候，因此产生了“山顶白雪皑皑，山腰秋木稀疏，山脚鲜花烂漫”的独特景观，也就形成了“一山有四季，十里不同天”的气候特征。

▲海螺沟冰川

位于贡嘎山风景区内的海螺沟冰川，海拔高度仅为2850米，是亚洲最低海拔的冰川，也是离城市最近的一条现代冰川。

298 为什么日月山两侧的农业差异如此巨大？

日月山是我国自然地理上的一条重要的分界线，地处黄土高原与青藏高原的叠合区，是青海省内外流域的天然分界线，划分了农耕文明与游牧文明。

▲唐蕃古道

日月山历来是入藏的咽喉要道，在汉、魏、晋及隋、唐等朝代，它都是中原王朝辖区的前哨和屏障，故有“西海屏风”“草原门户”之称。

日月山以东属于季风区，降水较为充沛，年平均降水量超过400毫米，是重要的农业区。这里气候宜人，阡陌纵横，植被丰富，水源也比较丰富，是人口密集的地区。而日月山西侧降水量逐渐向西递减，年降水量不足400毫米，甚至部分地区降水量不足50毫米。这里山峦起伏，莽原无际，人烟稀少，是一望无际的牧场草原。

高原上的动植物

高寒缺氧的青藏高原上，
不仅有灵巧的藏羚羊，
还有珍贵的冬虫夏草，
堪称动植物的乐园。

299 可可西里为什么会成为许多野生动植物的乐园？

可可西里位于中国青藏高原上，是世界上海拔最高、面积最大的无人区，以其神圣而壮丽的自然景观和丰富多样的野生动植物资源而闻名。

可可西里平均海拔5000米，最低气温甚至在零下40℃以下，该地因此形成了独特的高寒草甸、高寒草原、高寒荒漠草原等生态系统类型。如此特殊的自然生态系统造就了可可西里动植物的特有性，约30%的植物为青藏高原特有物种，有60%的哺乳动物为青藏高原特有物种。可可西里最具

dài biǎo xìng de wù zhǒng shì yǒu zhe gāo yuán jīng líng zhī chēng de zàng líng yáng qí
代表性的物种是有着“高原精灵”之称的藏羚羊，其
zhǒng qún shù liàng zhàn quán qiú shù liàng de jìn fán zhí dì miàn jī zhàn quán qiú fán
种群数量占全球数量的近40%，繁殖地面积占全球繁
zhí dì miàn jī de jìn zhè lǐ hái shēng huó zhe xī zàng
殖地面积的近80%。这里还生活着西藏
láng yě máo niú hóng xióng děng duō zhǒng bǎo hù dòng wù shì xǔ
狼、野牦牛、红熊等多种保护动物，是许
duō zhēn xī bīn wēi dòng wù de qī xī dì
多珍稀濒危动物的栖息地。

kě kě xī lǐ tè shū de zì rán huán jìng dǎo zhì rén
可可西里特殊的自然环境导致人
lèi wú fǎ zài cǐ cháng qī shēng huó yīn ér tā yòu bèi chēng wéi
类无法在此长期生活，因而它又被称为
shēng mìng de jìn qū yě zhèng shì yīn wèi quē shǎo le rén
“生命的禁区”。也正是因为缺少了人
lèi huó dòng kě kě xī lǐ shùn qí zì rán de chéng le yě shēng
类活动，可可西里顺其自然地成了野生
dòng zhí wù de lè yuán
动植物的乐园。

▲可可西里自然保护区

2017年7月，第41届世界遗产大会上，青海可可西里自然保护区获准列入《世界遗产名录》，成为中国第51处世界遗产。

300 被称为“高原之舟”的是哪种动物？

在青藏高原，人们经常可以看到一种奇特的牛，这就是被人们誉为“高原之舟”的牦牛。它们体形雄壮，四肢短小，身披长毛，尾巴似马，叫声如猪，尤其是它们的腹部和臀部长有30~40厘米长的粗毛，宛如一条特制的“长毛围裙”系在身上。

我国牦牛主要分布在西藏、甘肃、新疆、四川、云

南等省（区）境内的冈底斯山、唐古拉山、昆仑山、天山、阿尔泰山、横断山及岷山等海拔3000米以上的高山草场上，集中分布在喜马拉雅山脉和青藏高原。牦牛是我国青藏高原上的特有物种，在青海的“牦牛沟”就聚集了许多野牦牛。它们夏季大多在海拔五六千米高的山顶荒凉地带活动，冬季则在海拔两三千米以下的草地雪原寻找食物。它们能背负重物翻山越岭、爬坡攀岩，灵活得就像船儿在水中行驶一般，所以就有了“高原之舟”的美称。

▲牦牛

牦牛粪的作用有很多。将新鲜牦牛粪做成饼状并糊在墙面，晒干后不仅能充当燃料，还能起到保温层的作用。特别是高原夜晚湿气大，牛粪吸附性能强，能有效阻隔潮气，为室内提供一个干爽的睡眠环境。

301 人们为什么把藏羚羊称作“高原精灵”？

zàng líng yáng shì qīng zàng gāo yuán shang de tè yǒu zhēn xī dòng wù shì guó jiā yī
藏羚羊是青藏高原上的特有珍稀动物，是国家一
jí bǎo hù dòng wù fēn bù zài qīng hǎi kě kě xī lǐ dì qū xī zàng ā lǐ dì
级保护动物，分布在青海可可西里地区、西藏阿里地
qū de qiāng táng hé xīn jiāng de ā ěr jīn shān děng dì qū zàng líng yáng qī xī yú
区的羌塘和新疆的阿尔金山等地区。藏羚羊栖息于
hǎi bá mǐ de gāo shān cǎo yuán cǎo diàn hé gāo hán huāng mò dì dài
海拔3700～5500米的高山草原、草甸和高寒荒漠地带，
zǎo wǎn mì shí shàn cháng bēn pǎo kě jí jié chéng shàng wàn zhī de dà qún
早晚觅食，擅长奔跑，可集结成上万只的大群。

yóu yú cháng qī shēng huó zài gāo hán huán jìng zhōng zàng líng yáng quán shēn mì bù fēng
由于长期生活在高寒环境中，藏羚羊全身密布丰
hòu de jí jù bǎo nuǎn xìng de róng máo zhǐ yǒu tóu bù tuǐ bù hé wěi bù de máo
厚的、极具保暖性的绒毛，只有头部、腿部和尾部的毛
shāo dān bó xiē zàng líng yáng shēn tǐ de máo sè wéi dàn zōng hè sè liǎn miàn wéi hè
稍单薄些。藏羚羊身体的毛色为淡棕褐色，脸面为褐

bái huī sè wěi jiān wéi bái sè zàng líng yáng yī bān tǐ cháng lí mǐ
白灰色，尾尖为白色。藏羚羊一般体长120~140厘米，

wěi cháng lí mǐ jiān gāo lí mǐ tǐ
尾长14~16厘米，肩高65~70厘米，体

zhòng qiān kè yóu yú zàng líng yáng tǐ xíng yōu měi
重45~60千克。由于藏羚羊体形优美

ér jiàn zhuàng dòng zuò mǐn jié ér jiǎo jiàn yīn ér bèi rén men
而健壮、动作敏捷而矫健，因而被人们

chēng wéi gāo yuán jīng líng
称为“高原精灵”。

zàng líng yáng xìng qíng dǎn qiè cháng yǐn cáng zài yán xué
藏羚羊性情胆怯，常隐藏在岩穴

zhōng huò zhě xǐ huan zài jiào wéi píng tǎn de dì fang wā jué
中，或者喜欢在较为平坦的地方挖掘

yī gè xiǎo qiǎn kēng jiāng zhěng gè shēn zi nì fú qí nèi zhǐ
一个小浅坑，将整个身子匿伏其内，只

lù chū tóu bù zhè yàng jì kě yǐ duǒ bì fēng shā yòu
露出头部。这样既可以躲避风沙，又

yì yú fā xiàn dí hài
易于发现敌害。

▲福娃迎迎

藏羚羊在严酷环境下仍具有顽强的生命力。2008年北京奥运会吉祥物福娃迎迎便以藏羚羊为蓝本，寓意挑战极限的精神，更以“羊”字谐音意喻喜气洋洋。

302 岩羊为什么能在悬崖峭壁上跳来跳去？

yǔ yě shān yáng xiāng bǐ yán yáng de shēng cún huán jìng fēi cháng è liè tā men
与野山羊相比，岩羊的生存环境非常恶劣，它们
zhǔ yào qī xī zài dǒu qiào de shān yá shang bù guò yán yáng shì zuì shàn cháng fēi
主要栖息在陡峭的山崖上。不过，岩羊是最擅长“飞
yán zǒu bì de yáng yīn wèi tā men néng gòu zài dì xíng fù zá de shān yá shang rú
檐走壁”的羊，因为它们能够在地形复杂的山崖上如
lǚ píng dì
履平地。

yán yáng zhī suǒ yǐ yǒu rú cǐ qiáng dà de néng lì
岩羊之所以有如此强大的能力，
yǔ qí tí zi de tè diǎn shì fēn bù kāi de
与其蹄子的特点是分不开的。

▲岩羊

岩羊主要生活在灌木丛中，以吃树叶和枯草度日。到了冬季寒冷时节，由于缺乏食物，它们便会登上悬崖峭壁，舔食附着在岩石表层的矿物质及盐分，从而保持身体所需养分。

岩羊天生具有发达的前肢，这为它们强大的跳跃力提供了保障，且其蹄子上的两只脚趾能分得很开，可以牢牢抓住岩石；它们尖尖的脚指甲还能嵌进细小的裂缝，进一步增强稳定性；而其蹄子上的肉垫则产生了牵引力，悬崖峭壁上只要有岩羊脚掌大小的地方，岩羊便能攀登上去。它们能在山崖上的乱石间迅速跳跃来躲避敌害，往上一跳可达2米，若从高处向下纵身一跃，跨度甚至能超过10米。

303 为什么秃鹫被称为“高原清洁工”？

tū jiù shì dà xíng měng qín
秃鹫是大型猛禽，
chì bǎng zhāng kāi zú yǒu mǐ kuān
翅膀张开足有3米宽。
tā wài xíng shang zuì dà de tè diǎn
它外形上最大的特点
shì luǒ lù de tóu bù hé bó zi
是裸露的头部和脖子
shang yī quān cháng cháng de yǔ máo
上一圈长长的羽毛。
tū jiù luǒ lù de tóu bù néng fēi
秃鹫裸露的头部能非
cháng fāng biàn de shēn jìn shī tǐ de
常方便地伸进尸体的
fù qiāng bó zi shang cháng cháng de
腹腔，脖子上长长的
yǔ máo kě yǐ fáng zhǐ shí shī shí
羽毛可以防止食尸时
nòng zāng zì jǐ de shēn tǐ yóu
弄脏自己的身体。由
yú tū jiù ài chī dòng wù fǔ làn
于秃鹫爱吃动物腐烂
hòu de shī tǐ suǒ yǐ cháng bèi chēng
后的尸体，所以常被称
wéi gāo yuán qīng jié gōng
为“高原清洁工”。

但是，自然界中动物的尸体要远远少于活体，目标不容易被发现。为了解决这一难题，秃鹫选择“单独活动、资源共享”，这样就可以尽可能地扩大搜索范围，进而提高捕食成功率。此外，秃鹫还有一些帮手为它们提供线索，如乌鸦、豺、鬣狗等食尸动物。一旦发现食物，秃鹫就会迅速降落，然后把信号传递出去。届时，周围几十千米外的秃鹫就会纷纷赶来，共享美味。

▲秃鹫

秃鹫分布于中国青海、西藏、甘肃等地，欧洲南部、非洲西北部、中亚等地也均有分布。它们主要栖息于高山荒原、森林中的荒岩草地、山谷溪流和林缘地带等处。

304 为什么大雁飞到落雁山时会迷失方向？

qīng zàng gāo yuán shēn chù yǒu yī zuò luò yàn shān nán lái běi wǎng de dà yàn jīng
青藏高原深处有一座落雁山，南来北往的大雁经
guò zhè lǐ shí cháng cháng huì mí shī fāng xiàng wéi zhe shān tóu rào quān zi zài tiān
过这里时，常常会迷失方向，围着山头绕圈子，在天
kōng pán xuán hěn jiǔ zhí zhì jīn pí lì jìn zhuì dì ér wáng zhè zuò shān yīn cǐ
空盘旋很久，直至筋疲力尽、坠地而亡。这座山因此
bèi chēng wéi luò yàn shān
被称为落雁山。

地质学家仔细分析后认为，落雁山可能是一个地球磁力异常地区，可能由于地下埋藏了磁铁矿而使该地区的磁力产生了异常。大雁长途飞行时通常依靠自身的磁性感应来分辨方向，如果飞过磁力异常地带，就影响了它们的“导航系统”，从而使其迷失方向，陷入绝境。

也有学者认为，大雁在此处迷失方向可能是空气涡流的原因。群山环抱的落雁山，由于不同高度的风向不同，会在交接处形成一个强有力的涡流，闯入其中的雁群因无法抵挡涡旋的冲击，坠地而亡。然而有关落雁山落雁的真正原因，科学界尚无其他结论。

▲大雁

除了大雁之外，大家比较熟悉的鸽子、海龟、鲸鱼、鼹鼠这些动物，也可以利用地球磁场进行导航。

305 藏野驴的生存本领有哪些？

藏野驴极耐干旱，可以数日不饮水。藏野驴喜好集群生活，擅长奔跑，警惕性高，喜欢吃茅草、苔草和蒿类。它们的听觉、嗅觉、视觉均很灵敏，能察觉距离自己数百米外的情况。若发现有人接近或敌害袭击，它们会先静静地抬头观望，凝视片刻，然后便扬蹄疾跑。跑出一段距离后，它们会在自认为安全的地方停下站立观望，然后继续奔跑。

▲藏野驴

在干旱缺水的时候，聪明的藏野驴会在河湾处选择地下水位高的地方“掘井”。它们用蹄在沙滩上刨出深半米左右的大水坑，当地牧民称之为“驴井”。

藏野驴有随季节进行短距离迁徙的习性。它们平时活动很有规律——清晨到水源处饮水，白天在草场上采食、休息，傍晚回到山地深处过夜，每天要奔跑好几十千米。未受到惊扰的藏野驴在移动时喜欢排成一路纵队，鱼贯而行。在草场、水源附近，它们经常沿着固定路线行走，在草地上留下特有的“驴径”，驴径宽约20厘米，纵横交错地伸向各处。

306 为什么藏狐喜欢抢旱獭的洞穴？

藏狐主要分布在中国的新疆、青海和甘肃等地，生活在海拔4000米以上的高山地带。藏狐是一种杂食性动物，它们主要以鸟类、昆虫、果实、种子和其他小型哺乳动物为食。

旱獭集群穴居，挖掘能力非常强。旱獭多在岩石坡和沟谷灌丛下进行挖掘，其挖掘的洞道不仅深邃，而且地形复杂。旱獭与藏狐的个头儿不相上下，甚至

单就体重而言，成年旱獭的体重还超过了藏狐。

藏狐通常会占据旱獭的洞穴，并驱赶走旱獭，特别是在繁殖期间，藏狐会将幼崽产在旱獭的洞穴中以保护它们。这主要是因为藏狐惧怕遇到其他捕食者，且其挖掘洞穴的能力较弱。而旱獭拥有强壮的前爪，善于挖掘和建造巢穴，这种巢穴对体形类似的藏狐来说也十分适宜。

▲藏狐

为了适应青藏高原的寒冷气候，藏狐的耳朵、嘴巴、鼻子和吻部等部位都相对较小，并不突出。这种结构减少了体表散热面积，使藏狐的脸型看起来更加方正。

307 为什么青稞会成为青藏高原特有的农作物?

青稞是大麦属一年生的草本植物，因其种子内外颖与颖果分离，籽粒裸露，故被称为裸大麦，属于大麦的变种，也叫元麦、淮麦、米麦等。

青稞是一种适应性较强的农作物，是我国的原产农作物之一。青藏高原高山耸立，气温较低且耕地有限，因青稞具有耐旱、耐瘠薄、生育期短、适应性强、

chǎn liàng wěn dìng yì zāi péi děng
产量稳定、易栽培等
yōu yì zhǒng xìng yīn cǐ qí chéng
优异种性，因此其成
wéi qīng zàng gāo yuán zuì jù tè
为青藏高原最具特
sè de nóng zuò wù qīng kē
色的农作物。青稞
yī bān zài yuè zhì yuè bō
一般在3月至5月播
zhǒng yuè zhì yuè shōu gē
种，7月至9月收割，
suǒ yǐ tā zài zāi péi shǐ shang
所以它在栽培史上
bèi chēng wéi chūn xìng luǒ dà mài
被称为春性裸大麦。

qīng kē de shēng zhǎng qī yī bān wéi tiān miáo qī
青稞的生长期一般为100~130天，苗期
néng jīng shòu líng xià zuǒ yòu de dī wēn
能经受零下10℃左右的低温。

qīng kē zài qīng zàng dì qū zhòng zhí lì shǐ yǐ cháng dá
青稞在青藏地区种植历史已长达
nián zài qīng zàng gāo yuán dì qū shēng huó de rén men duì
3000年，在青藏高原地区生活的人们对
qīng kē de cháng qī shì yìng shǐ qí chéng wéi dāng dì zhǔ shí dāng
青稞的长期适应使其成为当地主食，当
rán qīng kē bù jǐn jǐn shì yī zhǒng shí wù gèng bèi fù yú zhū
然青稞不仅仅是一种食物，更被赋予诸
duō qíng gǎn jīng shén dì yù mín zú děng wén huà nèi hán
多情感、精神、地域、民族等文化内涵。

▲日喀则

日喀则是西藏自治区青稞的主产区，青稞产量占西藏自治区青稞总产量的一半，素有“世界青稞之乡”的美名。

308 为什么青藏地区的油菜花盛开的时间要比平原地区晚？

在我国，油菜主要分布在长江流域一带，如安徽省、江西省、四川省等地。油菜为两年生作物，在秋季播种育苗，次年5月收获。而春播秋收的一年生油菜主要分布在新疆西南地区、甘肃、青海和内蒙古等地。

油菜种子萌发的最适宜温度为25℃，最低温度为3～4℃，最高温度为36～37℃。不同品种的种子在不同温度条件下，其萌发速度和发芽率有较大差异。通常在田间土壤水分适宜条件下，当日平均气温在

16～20℃时，播后3～5天即可出苗；12℃左右时需7～8天出苗；8℃左右时需10天以上出苗；日平均气温降至5℃以下，虽可萌动，但根芽生长速度极为缓慢，出苗需20天以上。

青藏地区平均海拔4000米以上，海拔高，气温低，因此长江流域的油菜花主要在3月至4月盛开，而青藏高原等高海拔地区的油菜花的盛开时间则要推迟到7月左右。

▲油菜花

油菜花不单只有黄色，在油菜育种专家们的不懈努力下，现在的油菜花还有橘红色、粉红色、紫色、白色等五彩缤纷的色彩。

309 冬虫夏草是虫还是草？

冬虫夏草是一种昆虫与真菌的结合体。其中，虫是蝙蝠蛾的幼虫，菌是真菌。冬虫夏草在我国主要产于青海、西藏、四川、云南、甘肃五省（区）的高寒地带和雪山草原。

▲冬虫夏草

冬虫夏草生于海拔3000~4000米的高寒山区，主要生于草原、河谷、草丛的土壤中。它是中国特有的中药材，与人参、鹿茸并列为三大补品。

蝙蝠蛾为繁衍后代，产卵于土壤中，卵转变为幼虫，真菌侵入幼虫体内，依靠吸收幼虫体内的营养物质生存，并在幼虫体内繁殖，使幼虫体内充满菌丝。受真菌感染的幼虫，逐渐蠕动到距地表2~3厘米的地方，头上尾

xià ér sǐ zhè jiù shì dōng chóng yòu chóng suī sǐ qí tǐ nèi de zhēn jūn què
下而死，这就是“冬虫”。幼虫虽死，其体内的真菌却
rì jiàn shēngzhǎng zhí zhì chōngmǎnzhěng gè chóng tǐ lái nián chūn mò xià chū chóng zi
日渐生长，直至充满整个虫体。来年春末夏初，虫子
de tóu bù huì zhǎng chū yī gēn zǐ hóng sè de xiǎo cǎo gāo lí mǐ dǐng duān
的头部会长出一根紫红色的小草，高2~5厘米，顶端
yǒu bō luó zhuàng de náng ké zhè jiù shì xià cǎo suǒ yǐ dōng chóng xià cǎo suī
有菠萝状的囊壳，这就是“夏草”。所以，冬虫夏草虽
rán yǒu cǎo hé chóng de wài xíng dàn qí fēi chóng fēi cǎo ér shì xiàn chóng cǎo kē xiàn
然有草和虫的外形，但其非虫非草，而是线虫草科、线
chóng cǎo shǔ zhēn jūn
虫草属真菌。

cóng biān fú é chǎn luǎn dào yòu chóng gǎn rǎn zhēn jūn zài dào biàn chéng dōng chóng
从蝙蝠蛾产卵到幼虫感染真菌，再到变成冬虫
xià cǎo zhěng gè guò chéng xū yào wǔ liù nián de shí jiān měi nián yuè dào yuè
夏草，整个过程需要五六年的时间，每年5月到7月，
chóng cǎo fā yù de zuì bǎo mǎn tǐ nèi yǒu xiào chéng fèn zuì gāo fēi cháng shì hé cǎi wā
虫草发育得最饱满，体内有效成分最高，非常适合采挖。

310 你知道地球上最北端的热带雨林在哪里吗？

青藏高原的东南端坐落着世界上最北端的热带雨林——墨脱热带雨林，这里孕育了丰富多样的生物和自然景观，是著名的旅游胜地。

夏季，来自印度洋的湿润季风沿南部的雅鲁藏布江下游峡谷不断深入；冬天，北边的高原和喜马拉雅山脉形成的天然壁垒成功阻挡了寒流来袭，于是墨脱成为地球最北边的热带气候区，形成了一个海拔2500~4200米的垂直气候带。

▲西藏墨脱县

墨脱县隶属西藏林芝市，东邻察隅县。“墨脱”一词在藏语中意为花朵，这里是西藏高原海拔最低、气候最温和、雨量最充沛、生态保存最完好的地方。

墨脱热带雨林里不仅栖息着孟加拉虎、大犀鸟、长尾叶猴等珍稀动物，还生长着成千上万种真菌、苔藓、蕨类和其他珍贵的植物物种。除此之外，墨脱热带雨林还拥有独具特色的自然风光——远处巍峨的雪山和云海交相辉映，近处则溪流潺潺，森林苍翠欲滴，真是人间天堂。同时，墨脱热带雨林还拥有大量的人文景观——这里的傈僳族、藏族等少数民族文化独特、历史悠久，具有浓厚的异域风情。

311 拉萨的市花是什么花？

拉萨的市花是格桑花。格桑花又叫格桑梅朵，在藏语中，“格桑”是美好时光、幸福的意思，“梅朵”是花的意思，所以格桑花也叫幸福花，长期以来一直寄托着藏族人民期盼幸福吉祥的美好情感。格桑花美丽而不娇艳，适应性较强，深受藏族人民的喜爱，被藏族人民视为象征着爱与吉祥的圣洁之花。

格桑花并不是指某种特定的花，而是生长在高

原上生命力顽强的花卉。花为多年生草本植物，茎干和分枝比较细软，叶片也很纤细，花朵类似菊花，花色繁多，给人五彩缤纷的感觉。

格桑花喜欢在温暖、阳光充足的环境中生长，它具有很强的耐旱能力，对水分的需求量不高，所以它成为各地区广泛种植的一种花卉。格桑花对土壤的要求较严，适宜在疏松、肥沃、透气、排水性好的沙壤土中生长。

▲格桑花

格桑花的花期在每年的6月至9月，它的花期较长，观赏价值高。在拉萨每年到了格桑花的花期，地上就像铺了一层五颜六色的地毯，格外绚丽多彩。

312 人们为什么要在高原上设置野生动物保护廊道？

野生动物廊道就类似于交通道路上的过街天桥和地下通道，只是过街的主角换成了动物。它能有效减少生境破碎化带来的影响，提高种群或者局域种群的稳定性和遗传多样性，降低破碎化栖息地中的物种灭绝的风险。在各个孤立生态系统之间建立廊道，可以方便物种扩散、迁移和交换等。生态廊道能将各自孤立的栖息地连通起来，野生动物通过这些廊道

“串门”沟通，进而交配繁衍。一旦走廊范围扩大，栖息地扩大，就能很好地避免近亲繁殖。

除了天然形成的生态廊道外，更为常见的是人造廊道。比如在青藏高原上，为了保障珍贵稀有的藏羚羊、藏野驴、野生单峰骆驼等高原野生动物的生存环境，青藏铁路刻意绕开了它们的主要栖息地，并在多个迁徙路线上设置了“迁徙廊道”，让它们能够自由地在广袤的青藏高原上穿行。

▲迁徙廊道

除了路上的动物廊道，水利水电工程也会导致江河阻隔，使上下游水文条件改变，从而影响鱼类的洄游和繁殖。为此，有关部门设计了专门用于鱼类通行的鱼道。

313 青藏高原上的植物是如何应对极端环境的？

人们常说“一方水土养一方人”，植物也是如此。青藏高原上的植物正是凭借自己的独特本领，在高寒地区顽强地生存繁衍着。一般来说，高原植物通常长得很矮小，这样可以减少风力的影响，也可以降低水分的蒸发；它们的叶片往往很厚实，体表有绒毛，可保持叶片的温度，防止被冻伤或者被晒伤；其根系发达，有些甚至可以深入岩石中来增加抓地力，防止被风吹走，也可以吸收更多的水分和养分。

▲青藏高原上的花

龙胆科植物是高原上的一大家族，与报春、杜鹃并称“世界三大高山花卉”。此外，青藏高原上还有绿绒蒿、风铃草、铁线莲等。

丰富的自然资源

盐湖、温泉、雅鲁藏布江，
这里处处是宝藏；
石油、煤炭、天然气，
这些样样是珍宝。

314 为什么柴达木盆地被誉为“聚宝盆”？

柴达木盆地是一个高原盆地，在青藏高原东北部，主要位于青海省境内，四周被阿尔金山、祁连山和昆仑山包围，总面积约24万平方千米，海拔2600～3000米。

由于深居内陆，加之海拔较高，柴达木盆地内的气候非常干旱，地表一片荒芜，自然环境十分恶劣。

但是其地下蕴藏着丰富的自然资源，目前已经探明的矿点有200多处，矿产种类50余种，其中钠盐探明储量530多亿吨；氯化钾探明储量2亿多吨，占全国总储量的97%；硼探明储量1100多万吨，占全国总储量的一半；氯化镁探明储量约20亿吨。2022年9月，我国首次在柴达木盆地发现黏土型锂矿。此外，柴达木盆地的石油、天然气储量也十分丰富，据统计，药用植物、药用动物、药用矿物等近800种。

▲柴达木沙漠

位于柴达木盆地内的柴达木沙漠在中国八大沙漠中位居第五，面积约3.49万平方千米，海拔2500～3000米，是中国沙漠分布海拔最高的地区。

315 为什么青海地区有那么多盐湖？

青海有100多个盐湖。在地质历史时期，青海省曾是海洋的一部分，经过长期的地壳运动，形成了世界上海拔最高的高原。这里海拔高，气候较为干燥，而盐湖的形成主要受干旱或半干旱气候的影响。

▲大柴旦翡翠湖

青海省大柴旦翡翠湖属硫酸镁亚型盐湖，原是化工厂盐湖采矿队的采矿区，是海西州第三大人工湖。由于湖水含盐量高，四季不冻。湖内富含不同浓度的钾、镁、锂等多种元素，所以呈现出不同的颜色。

在青海地区，湖泊的蒸发量往往超过湖泊的补给量，湖水不断浓缩，含盐量日渐增加，使水中各种元素达到饱和或过饱和的状态，在湖滨和湖底形成了各种不同盐类的沉积矿床。同时，封闭的地形使流域内的径流向湖泊汇集，湖水不会外泄，盐分通过径流源源不断地从流域内向湖泊输送。在

qiáng liè de zhēng fā zuò yòng xià hú shuǐ yuè lái yuè xián yán fèn yuè jī yuè duō
强烈的蒸发作用下，湖水越来越咸，盐分越积越多，

jiǔ ér jiǔ zhī jiù xíng chéng le zhòng duō de yán hú
久而久之，就形成了众多的盐湖。

316 我国最大的盐湖是哪一个？

wǒ guó zuì dà de yán hú shì qīng hǎi chá ěr hàn yán hú chá ěr hàn shì měng
我国最大的盐湖是青海察尔汗盐湖，察尔汗是蒙
gǔ yǔ yì wéi yán zé yán de shì jiè chá ěr hàn yán hú wèi yú chái dá mù
古语，意为盐泽、盐的世界。察尔汗盐湖位于柴达木
pén dì zhōng nán bù shì zhōng guó miàn jī zuì dà shì jiè yán lèi chǔ liàng zuì fēng fù
盆地中南部，是中国面积最大、世界盐类储量最丰富
de tiān rán yán hú yóu yú tā wèi yú chái dá mù pén dì zuì dī wā qiě zuì hé
的天然盐湖。由于它位于柴达木盆地最低洼且最核
xīn de dì dài yě bèi chēng zuò chái dá mù de xīn zàng
心的地带，也被称作“柴达木的心脏”。

chá ěr hàn yán hú dōng xī cháng duō qiān mǐ nán běi kuān qiān mǐ
察尔汗盐湖东西长160多千米，南北宽20～40千米，

yán céng hòu mǐ miàn jī yuē píng fāng qiān mǐ
盐层厚2~20米，面积约5856平方千米，
hǎi bá mǐ yán lèi zī yuán zǒng chǔ liàng dá duō
海拔2670米，盐类资源总储量达600多
yì dūn chá ěr hàn yán hú dì kuà gé ěr mù shì hé dū lán
亿吨。察尔汗盐湖地跨格尔木市和都兰
xiàn yóu dá bù xùn hú nán huò bù xùn běi huò bù xùn
县，由达布逊湖、南霍布逊、北霍布逊、
sè niè děng yán chí huì jù ér chéng yǒu gé ěr mù hé chái dá
涩聂等盐池汇聚而成，有格尔木河、柴达
mù hé děng duō tiáo nèi liú hé zhù rù gāi yán hú chá ěr hàn
木河等多条内流河注入该盐湖。察尔汗
yán hú zhōng hán yǒu dà liàng jiǎ yán hái yǒu měi nà lǐ
盐湖中含有大量钾盐，还有镁、钠、锂、
péng diǎn děng duō zhǒng kuàng chǎn
硼、碘等多种矿产。

▲盐湖的盐花

虽然察尔汗盐湖周边一切绿色植物均难以生存，但该地孕育了晶莹如玉、变化万千的神奇盐花。盐花是盐湖中盐结晶时形成的美丽形状的结晶体的统称。

317 青海省第一个风力发电场是哪一个？

青海省首个风力发电场是日月山风力发电场，位于青海湖东部，地处拉脊山脉山谷中间，海拔约3500米。该风力发电场建成后，不仅优化调整了青海省能源结构，促进了风电和水电的季节性互补，而且成为环青海湖黄金旅游线上的一道风景线。

▲风能发电

青海省风能丰富区包括柴达木盆地西北部和青南高原青藏公路以西地区；风能资源较丰富区包括柴达木盆地中部、西部的察尔汗和冷湖地区、玉树藏族自治州西部青藏公路以东的高平原和山区。

我国有多个大型风电场，如位于内蒙古东部地区的内蒙古风电基地，是国内最大的风力发电场之一，千万千瓦级的风电装机总容量使其在中国乃至全球都占有重要地位；建在甘肃酒泉西南戈壁滩上的千万级风电基地——甘肃酒泉风电基地，是我国目

qián zuì dà de fēng néng fā diàn jī dì zhī yī yě shì quán qiú zuì dà de fēng lì fā
前最大的风能发电基地之一，也是全球最大的风力发
diàn jī dì zhī yī bèi yù wéi fēng diàn sān xiá chú cǐ zhī wài xīn jiāng hā
电基地之一，被誉为“风电三峡”。除此之外，新疆哈
mì fēng diàn jī dì shān dōng hǎi shàng fēng diàn jī dì hé běi fēng diàn jī dì jiāng
密风电基地、山东海上风电基地、河北风电基地、江
sū fēng diàn jī dì nán ào dōng bàn dǎo fēng diàn chǎng hái yǒu hēi lóng jiāng fēng diàn jī
苏风电基地、南澳东半岛风电场，还有黑龙江风电基
dì děng yě wèi liè wǒ guó dà xíng fēng diàn chǎng zhī liè
地等也位列我国大型风电场之列。

318 龙羊峡水电站为什么被誉为“黄河龙头电站”？

龙羊峡位于青海共和县境内的黄河上游，上距黄河发源地1684千米，下至黄河入海口3376千米，是黄河流经青海大草原后进入黄河峡谷区的第一个峡谷。“龙羊”在藏语中是险峻沟谷的意思。

龙羊峡峡口只有30米宽，峡谷全长33千米，坚硬的花岗岩两壁直立近200米高，是建设水电站的绝佳坝址。1976年，国家决定兴建龙羊峡水电站。水电站

建成后，这里成了黄河上游第一座大型梯级电站所在地，水电站也被称为“万里黄河第一坝”，人称“黄河龙头电站”。

电站总装机容量128万千瓦（安装4台32万千瓦水轮发电机组），并入国家电网，强大的电流源源不断地输往西宁、兰州、西安等工业城市，并输入青海西部的柴达木盆地和甘肃西部的河西走廊，以支援中国西部的现代化建设。除发电外，龙羊峡水电站还具有防洪、防凌、灌溉、养殖等综合效益。

▲龙羊峡水库

龙羊峡水库已成为美丽的旅游景点。碧波荡漾，湖光山影，乘游船绕湖一周，苍穹碧野，心旷神怡。清清的黄河水是大自然的赋予，是人们对黄河利用和改造的结果。

319 羊八井为什么能建立起中国规模最大的地热发电站？

羊八井地热电站及地热田位于我国西藏自治区拉萨市西北约90千米的当雄县境内。羊八井地热田地势平坦，海拔4300米左右，南北两侧的山心在海拔5500~6000米处，山峰发育着现代冰川。

地热田出露于羊八井盆地的中部，面积约17.1平方千米。该地地热活动十分强烈，有温泉、热泉、沸泉、热喷泉、热水塘、

▲地热温泉

目前，在羊八井地热的基础上，已开发出了价廉物美的地热温泉，此温泉不含硫黄，温度较高。如果运气好，碰上热水井喷发，更可一睹沸腾的温泉由泉眼直冲云霄的场面，十分壮丽。

热水沼泽、水热矿化等，因而羊八井地热田具有种类多样、水热活动强烈、规模宏大等特点。

1975年，地热小组在羊八井地区进行实地考察，认为该地热田蕴藏着丰富的地热资源，有较好的冷源条件，而且地理位置适中，交通方便。于是工作组便建议优先开发羊八井地热田。羊八井地热电站不仅是我国目前最大的地热试验基地，也是当今世界上唯一利用中温浅层热储资源进行工业性发电的电厂。在20多个地热发电的国家和地区中，只有羊八井电站能够利用地下200米以内、150℃以下的中温浅层热储资源进行发电。

320 为什么西藏自治区要大力发展太阳能产业？

青藏高原位于低纬度区域，太阳辐射强烈。青藏高原的气候类型属于大陆性高原气候，晴朗的天气较多，云雾较少，阳光充足。此外，青藏高原的地形起伏较大，山脉和高原的海拔较高，这使该地空气稀薄，再加上西藏工业污染少，空气中含有的尘埃量较少。另外，由于青藏高原地区大气对太阳辐射的吸收和散射较少，因此该地对太阳能的利用率更高。

据统计，西藏平均每天日照时长达8小时，全年艳阳高照时间达300天，年日照时数超过2500小时，

居全国首位，是世界上太阳能资源非常丰富的地区。这使该地区成为太阳能开发的重要区域，太阳能发电站的运行更加稳定和可靠。西藏光伏可开发规模超7亿千瓦，可利用小时数为1500~2000小时每年。广阔的连片土地、优质的资源禀赋为集中开发创造了条件。利用太阳能解决居住分散的农牧区群众用电问题，对常规能源短缺的西藏具有非常重要的意义。

▲拉萨布达拉宫晨光

西藏自治区的首府拉萨是我国太阳能资源最丰富的城市，被称为“日光城”。四川和贵州两省是我国太阳能资源最少的地区，其中尤以四川盆地为最。

321 为什么西藏自治区的水能资源这么丰富？

西藏有300多条河流，其中流域面积大于10000平方千米的河流有20余条，大于2000平方千米的河流有100多条。众多河流水量充沛，落差大，其天然水能理论蕴藏量达2.006亿千瓦，占全国的30%，在全国各省（区）中居首位。整个西藏自治区500千瓦以上电站可开发水能为5659.3万千瓦，年发电量3300亿度，占全国的17.1%，在全国各省市中居第三位，仅次于四川、云南。西藏南部和东南部河流水量充沛，河床大而宽，蕴藏着极为丰富的水力资源，又以西藏东南地区最为集中，约占全区水能蕴藏量的70%。

▲雅鲁藏布江

雅鲁藏布江绕过喜马拉雅山脉最东端的南迦巴瓦峰转向南流，形成世界第一大峡谷——雅鲁藏布大峡谷。

雅鲁藏布江由西向东横贯西藏南

bù shì xī zàng zuì dà de hé liú yòu shì shì jiè shang hǎi bá zuì gāo de dà hé
部，是西藏最大的河流，又是世界上海拔最高的大河。
yǎ lǔ zàng bù jiāng liú yù yùn cáng zhe jí wéi fēng fù de shuǐ néng zī yuán shì xī zàng
雅鲁藏布江流域蕴藏着极为丰富的水能资源，是西藏
shuǐ néng zī yuán zuì fēng fù de yī tiáo hé qí gàn liú tiān rán shuǐ néng yùn cáng liàng wéi
水能资源最丰富的一条河，其干流天然水能蕴藏量为
wàn qiān wǎ jiā shàng tā de wǔ dà zhī liú duō xióng zàng bù nián chǔ
8000万千瓦，加上它的五大支流——多雄藏布、年楚
hé lā sà hé ní yáng hé hé pà lóng zàng bù tiān rán shuǐ néng zǒng yùn cáng liàng jìn
河、拉萨河、尼洋河和帕隆藏布，天然水能总蕴藏量近
yì qiān wǎ zhàn quán qū shuǐ néng lǐ lùn yùn cáng liàng de qí zhōng kě
1亿千瓦，占全区水能理论蕴藏量的56.22%。其中可
kāi fā liàng wéi wàn qiān wǎ zhàn quán qū kě kāi fā liàng de yǐ
开发量为4837.14万千瓦，占全区可开发量的80%以
shàng jǐn cì yú cháng jiāng liú yù jū quán guó dì èr wèi
上，仅次于长江流域，居全国第二位。

322 西藏自治区的矿产资源有哪些？

西藏自治区位于中国的西南边境，由于其地理位置和地质条件的特殊性，西藏拥有丰富的矿产资源。该地区的主要矿产资源有铜、铅、锌、金、银等金属矿石，以及煤炭、石油和天然气等非金属矿产资源，主要分布在那曲地区、日喀则地区、拉萨地区、昌都地区和林芝地区等地。

▲西藏自治区

西藏自治区位于欧亚板块与印度洋板块碰撞结合处，因此形成复杂的地质构造，岩浆活动频繁，成矿条件优越。西藏的矿产资源具备丰度高、分布广泛、种类多样的特点。

藏区人民的生活

欢迎来到青藏高原，
献上洁白的哈达，
捧上美味的酥油茶，
各族人民一起欢度佳节。

323 青藏高原上的人们大多住在哪里？

我国的青藏高原是世界上平均海拔最高的高原，属于典型的高原山地气候，终年寒冷。在青藏高原地区，人口的分布明显受海拔高度、土地利用情况、交通及河流等因素的影响，这与其他地区的人口分布特点具有相似性。

青藏地区的人口分布具有沿江沿河分布和集中分布在盆地、谷地的特点。沿江沿河分布是因为这里

dì shì jiào wéi píng tǎn bìng qiě kào jìn shuǐ yuán shēng huó shēng
地势较为平坦，并且靠近水源，生活生
chǎn yòng shuǐ fāng biàn ér jí zhōng fēn bù zài pén dì hé gǔ dì
产用水方便；而集中分布在盆地和谷地
zé shì yóu yú pén dì gǔ dì de hǎi bá xiāng duì jiào dī qì
则是由于盆地、谷地的海拔相对较低，气
hòu xiāng duì wēn nuǎn rè liàng chōng zú huáng shuǐ gǔ dì hé yǎ
候相对温暖，热量充足。湟水谷地和雅
lǔ zàng bù jiāng píng yuán jí shān nán píng yuán hái yǒu lā sà hé
鲁藏布江平原及山南平原，还有拉萨河
gǔ dì dōu shì rén kǒu xiāng duì chóu mì de dì qū
谷地都是人口相对稠密的地区。

tóng shí yóu yú qīng zàng gāo yuán dú tè de qì hòu tiáo
同时，由于青藏高原独特的气候条
jiàn hé zì rán dì lǐ huán jìng qí rén kǒu fēn bù yòu jù yǒu
件和自然地理环境，其人口分布又具有
tè shū xìng rén kǒu de fēn bù bìng bù wán quán zūn xún suí hǎi
特殊性。人口的分布并不完全遵循随海
bá zēng jiā ér jiǎn shǎo suí hǎi bá jiàng dī ér zēng jiā de guī
拔增加而减少、随海拔降低而增加的规
lǜ zài xī zàng rén kǒu mì dù hé jū mín diǎn mì dù de fēng zhí chū xiàn zài
律。在西藏，人口密度和居民点密度的峰值出现在
mǐ zuǒ yòu de gāo yuán miàn fù jìn cóng gāo yuán miàn wǎng shàng huò wǎng xià rén
4000米左右的高原面附近。从高原面往上或往下，人
kǒu fēn bù jūn chéng zhú bù jiǎn shǎo de qū shì qīng zàng gāo yuán de rén kǒu zhǔ yào
口分布均呈逐步减少的趋势。青藏高原的人口主要
fēn bù zài yǒu xiàn shù liàng de jū mín diǎn shang yīn cǐ zài zhěng gè qū yù rén
分布在有限数量的居民点上。因此，在整个区域，人
kǒu de diǎn zhuàng fēn bù tè zhēng bǐ jiào míng xiǎn
口的点状分布特征比较明显。

▲祁连山脉

青藏高原人口分布不均衡，存在一条明显的人口分界线——祁连—吉隆线，两侧地域面积大致相同，但是东南半壁与西北半壁人口比例达到 93∶7 的悬殊。

324 为什么低海拔地区的人来到高原上后容易缺氧？

zài gāo yuán shang quē yǎng qí shí jiù shì wǒ men cháng shuō de gāo yuán fǎn yìng
在高原上缺氧，其实就是我们常说的高原反应。
gāo yuán fǎn yìng yì chēng gāo yuán bìng gāo shān bìng yán gé shuō tā shì gāo yuán bìng de
高原反应，亦称高原病、高山病，严格说它是高原病的
yī zhǒng fēn xíng gāo yuán fǎn yìng shì yīn jí sù jìn
一种分型。高原反应是因急速进
rù hǎi bá mǐ yǐ shàng de gāo yuán rén tǐ bào
入海拔3000米以上的高原，人体暴
lù yú dī yā dī yǎng huán jìng hòu chǎn shēng de gè zhǒng
露于低压低氧环境后产生的各种
bù shì cháng jiàn de zhèng zhuàng yǒu tóu tòng shī mián
不适，常见的症状有头痛、失眠、
shí yù jiǎn tuì pí juàn hū xī kùn nan děng
食欲减退、疲倦、呼吸困难等。

zài gāo yuán shang zhī suǒ yǐ huì quē yǎng yǒu yī
在高原上之所以会缺氧，有一
gè zhòng yào de yīn sù nà jiù shì dì xīn yǐn lì
个重要的因素，那就是地心引力。
jiǎn dān de shuō dì xīn yǐn lì jiù shì dì qiú duì yǒu zhì liàng de wù tǐ de xī yǐn
简单地说，地心引力就是地球对有质量的物体的吸引
lì lí dì miàn yuè gāo dì xīn yǐn lì de zuò yòng lì jiù yuè xiǎo shàng céng dà
力。离地面越高，地心引力的作用力就越小，上层大
qì duì xià miàn de yā lì yě jiù yuè xiǎo xiāng duì de kōng qì yě jiù bǐ jiào xī
气对下面的压力也就越小，相对的空气也就比较稀
bó ér yuè kào jìn dì miàn shòu dì xīn yǐn lì de zuò yòng jiù yuè dà kào jìn dì
薄；而越靠近地面，受地心引力的作用就越大，靠近地

miàn shàng céng de kōng qì shòu dào gèng shàng céng dà qì de yā lì
面上层的空气受到更上层大气的压力
xiāng duì zēng dà xiāng duì de kōng qì jiù bǐ jiào chóu mì kōng
相对增大，相对的空气就比较稠密。空
qì xī bó le jǐn zhàn kōng qì zǒng bǐ de yǎng qì zì
气稀薄了，仅占空气总比21%的氧气自
rán yě huì gèng shǎo
然也会更少。

bù guò shì fǒu huì chǎn shēng gāo yuán fǎn yìng yě shì yīn
不过，是否会产生高原反应也是因
rén ér yì de xiāng duì lái shuō píng shí yùn dòng liàng jiào dà
人而异的。相对来说，平时运动量较大、
tǐ xíng pàng yī xiē de rén gāo yuán fǎn yìng yào bǐ yùn dòng liàng xiǎo
体形胖一些的人高原反应要比运动量小、
tǐ gé xiǎo de rén yào míng xiǎn yī xiē yīn wèi tā men de fèi
体格小的人要明显一些，因为他们的肺
huó liàng gèng dà xū yǎng liàng gèng duō
活量更大，需氧量更多。

▲登山

进入高山前应对心理和体质进行适应性锻炼，如有条件最好在低压舱内进行间断性低氧刺激，使机体对从平原转到高原缺氧环境有某种程度的生理调整。

325 青藏高原的人们为什么离不开酥油茶？

酥油茶是一道以酥油、砖茶、盐为主料制作的药膳，含有蛋白质、鞣酸等营养成分，具有御寒、生津止渴、补充能量等功效。酥油茶是藏族人民日常生活所必需的一种饮料，一来可以缓解高原反应，二来可以预防因天气干燥而导致的嘴唇干裂，三来可以起到很好的御寒作用。

酥油茶里的茶汁很浓，有生津止渴、提神醒脑、防止动脉硬化、抗老防衰等作用。生活在西藏高原牧区的藏民，由于缺少新鲜蔬菜和水果，通常以牛羊肉为主食，而酥油茶中的芳香物质能溶解脂肪，帮助消化。另外，由于缺氧，高寒地区的人排尿量要比平原

▲酥油茶

藏族人民喝酥油茶有一套非常讲究的规矩，其中之一便是绝不能一口气喝完，而应每次小口慢饮。若家中来了客人，主人家还会随时为客人碗里的酥油茶续杯。

dì qū rén de pái niào liàng duō yī bèi yīn cǐ tā men zhǐ yǒu kào yǐn chá lái wéi chí
地区人的排尿量多一倍，因此他们只有靠饮茶来维持
tǐ nèi shuǐ fèn de píng héng hé zhèng cháng de dài xiè tóng shí yǐn chá hái kě yǐ bāng
体内水分的平衡和正常的代谢，同时饮茶还可以帮
zhù tā men bǔ chōng quē fá de wéi shēng sù niú yáng ròu shǔ yú suān xìng shí wù jīng
助他们补充缺乏的维生素。牛羊肉属于酸性食物，经
rén tǐ xiāo huà hòu huì chǎn shēng yī dìng liàng de qīng lí zǐ tā huì shǐ rén tǐ xuè yè
人体消化后会产生一定量的氢离子，它会使人体血液
piān suān xìng chū xiàn wèi suān guò duō biàn mì pí láo děng zhèng zhuàng dà liàng yǐn chá
偏酸性，出现胃酸过多、便秘、疲劳等症状，大量饮茶
hòu rén tǐ nèi huì chǎn shēng yī dìng liàng de qīng yǎng gēn lí zǐ zhè néng shǐ rén tǐ
后，人体内会产生一定量的氢氧根离子，这能使人体
nèi de suān jiǎn wéi chí píng héng suǒ yǐ zàng zú rén mín cháng hē sū yóu chá shì
内的酸碱维持平衡。所以，藏族人民常喝酥油茶，是
yī zhǒng jiǎn biàn yǒu xiào de rì cháng bǎo jiàn fāng fǎ
一种简便有效的日常保健方法。

sū yóu chá shì zàng zú rén mín dài kè lǐ yí jì sì děng huó dòng bù kě
酥油茶是藏族人民待客、礼仪、祭祀等活动不可
huò quē de yòng pǐn jí jù mín zú tè sè hé wén huà nèi hán
或缺的用品，极具民族特色和文化内涵。

326 为什么青藏高原地区的水烧不开？

在陆地，只要达到水的沸点，即100℃，水就烧开了。当物体由液态转化为气态，所需要的温度便是沸点。一般情况下，我们认为水的沸点是100℃，这通常是指一个标准大气压下水的沸点。但是，水的沸点会随着气压的变化而变化，气压增大，水的沸点便增高；气压减小，水的沸点便降低。高山上，由于海拔较高，空气较稀薄，因此气压也较低。海拔越高，气压越低，

fèi diǎn yuè dī dà yuē měi shēng gāo mǐ fèi diǎn huì
沸点越低。大约每升高1000米，沸点会
wǎng xià jiàng suǒ yǐ zài qīng zàng gāo yuán shuǐ de fèi
往下降3℃。所以，在青藏高原，水的沸
diǎn dá bù dào zhè jiù shì zài gāo shān shang shuǐ shāo bù
点达不到90℃，这就是在高山上水烧不
kāi de yuán yīn
开的原因。

xiǎng zài gāo yuán shang jiāng shuǐ shāo kāi yào shǐ yòng gāo yā
想在高原上将水烧开，要使用高压
guō gāo yā guō bǎ shuǐ xiāng dāng jǐn mì de fēng bì qǐ lái
锅。高压锅把水相当紧密地封闭起来，
shuǐ shòu rè zhēng fā chǎn shēng de shuǐ zhēng qì bù néng kuò sàn dào kōng
水受热蒸发产生的水蒸气不能扩散到空
qì zhōng zhǐ néng bǎo liú zài gāo yā guō nèi zhè shǐ gāo yā
气中，只能保留在高压锅内，这使高压
guō nèi bù de qì yā gāo yú gè biāo zhǔn dà qì yā zhè
锅内部的气压高于1个标准大气压，这
yàng gāo yā guō nèi bù jiù xíng chéng gāo wēn gāo yā de huán jìng
样高压锅内部就形成高温高压的环境，
shuǐ jiù róng yì shāo kāi le
水就容易烧开了。

▲户外烧水

白开水进入人体后可以立即发挥新陈代谢功能，调节体温、输送养分，增强免疫功能，提高机体抗病能力。习惯喝白开水的人，体内脱氧酶活性高，肌肉内乳酸堆积少，因而不容易产生疲劳。

327 你知道尕面片是怎么制作的吗？

尕面片，又叫面片子，是青海当地的一种既普遍又独特的面食。尕面片的做法非常简单，先将揉好的软面切成粗条，叫“面基基”；然后用湿毛巾盖上片刻（此时称“回面”）；“回”好后，将其拿在手中，用手指捏扁、揪断，每个大小约手指宽，再将其投入沸水中，煮熟便可食用了。

尕面片不仅形状多样，而且配料和烹饪方法也有不同，有做工细致、纤小玲珑的“指甲面片”；有和蘑菇混煮的“蘑菇

面片”；有不带汤而用炸酱拌吃的“烩面片”。回族人民的清真面食中还有和牛羊肉、粉丝、辣椒混炒的“炒面片”。

据世居青海的老人们说，面片乃是长途旅行中的快餐。青海地广人稀，草原辽阔，过去交通不便，汉、回、藏各族人民相互来往时，常奔走于农牧区之间。由于路程遥远，中途又缺少旅店供食宿，日落天黑时，人们往往借水草一隅扎起帐篷，再立起三块石头支一口锅，不用案板、切刀、擀面杖等炊具，只需一个碗，用冷水拌面，将面捏成扁长条形，再将其压平、拉长，然后将其揪成小面片入锅，这样一顿晚餐就制作完成了。这种长途跋涉中的快餐，不仅操作简单、省时省事，而且能及时充饥，干脆利落，兼有旅行野炊之乐。

▲青海尕面片

青海省位于中国西部，雄踞青藏高原的东北部。除了尕面片，当地传统美食还有青海老酸奶、青海酿皮、甜醅、手抓羊肉等。

328 为什么说献哈达是藏族人民最隆重的一种礼节？

hǎ dá shì měn gǔ zú zàng zú rén mín zuò wéi lǐ yí yòng de sī zhī pǐn
哈达是蒙古族、藏族人民作为礼仪用的丝织品，
shì shè jiāo huó dòng zhōng de bì bèi pǐn zài zàng qū xiàn hǎ dá shì yī zhǒng jì pǔ
是社交活动中的必备品。在藏区，献哈达是一种既普
biàn yòu chóng gāo de lǐ jié wú lùn shì hūn sāng jià qǔ mín sú jié qìng bài huì
遍又崇高的礼节。无论是婚丧嫁娶、民俗节庆、拜会
zūn zhǎng yíng sòng bīn kè hái shi cháo jìn fó xiàng yīn xùn wǎng lái qiú qíng bàn shì
尊长、迎送宾客，还是朝觐佛像、音讯往来、求情办事，
huò shì xīn fáng jùn gōng rèn cuò qǐng zuì
或是新房竣工、认错请罪
děng dōu yǒu xiàn hǎ dá de xí guàn
等，都有献哈达的习惯。

xiàn hǎ dá shì yī zhǒng wén míng
献哈达是一种文明
yǔ lǐ mào de biǎo xiàn guò chéng shí fēn
与礼貌的表现，过程十分
jiǎng jiu xiàn hǎ dá zhě yīng jiāng hǎ
讲究。献哈达者应将哈
dá duì dié zài duì zhé chéng sì fú shuāng
达对叠再对折成四幅双
léng bǎ shuāng léng yī biān zhěng qí de duì
棱，把双棱一边整齐地对
zhe bèi xiàn zhě gōng shēn fǔ shǒu shuāng
着被献者，躬身俯首，双
shǒu fèng xiàn biǎo shì gōng jìng bèi xiàn
手奉献，表示恭敬。被献

zhě yě bì xū wān yāo fǔ shǒu shuāng
者也必须弯腰俯首，双

shǒu chéng jiē biǎo shì huí jìng qiè
手承接，表示回敬。切

jì yòng yī zhī shǒu xiāng sòng huò yī zhī
忌用一只手相送或一只

shǒu shòu lǐ
手受礼。

xiàn hǎ dá shì zàng zú rén mín
献哈达是藏族人民

yōu liáng de chuán tǒng xí guàn zài zàng
优良的传统习惯，在藏

mín yǎn zhōng xiàn hǎ dá shì yī zhǒng zhì gāo wú shàng de lǐ yí
民眼中，献哈达是一种至高无上的礼仪。

hǎ dá yǒu jià qíng wú jià tā suī méi yǒu huáng jīn guì zhòng
“哈达有价情无价”，它虽没有黄金贵重，

dàn bǐ huáng jīn gèng jiā shòu dào rén men de chóng jìng yīn wèi tā
但比黄金更加受到人们的崇敬。因为它

xiàng zhēng zhe yī piàn jīn zi bān de xīn dài biǎo zhe zuì zhēn chéng
象征着一片金子般的心，代表着最真诚

de gǎn qíng jì tuō zhe zuì měi hǎo de zhù yuàn biāo zhì zhe zuì
的感情，寄托着最美好的祝愿，标志着最

chóng gāo de jìng yì lìng wài hǎ dá yě yǒu yǒu yì hé
崇高的敬意。另外，哈达也有友谊、和

xié shàn liáng ān kāng zhī yì
谐、善良、安康之意。

▲献哈达

哈达多为白色，也有蓝色、黄色等。此外，还有五彩哈达，颜色为蓝、白、黄、绿、红。蓝色表示蓝天，白色是白云，绿色是江河水，红色是空间护法神，黄色象征大地。

329 藏族服饰有什么特点？

服饰的产生和发展与人类居住的自然环境、气候条件、生产方式和生活方式有着密切关联。西藏地区地域辽阔，由于地理环境气候不同，自然条件差异大，在经过漫长的历史发展后，款式繁多、色彩艳丽、材质独特、形态多样、穿戴考究的藏族服饰就形成了。

▲穿藏装的人们

虽然藏族服饰多种多样，但整体上主要分为三大类：安多服饰、卫藏服饰和康巴服饰。安多服饰雍容华贵，卫藏服饰典雅古朴，康巴服饰粗犷豪放。

藏袍是最能表现藏族风情的服饰，多用羊毛、牦牛毛等天然材料制成。随着社会的发展和人民生活水平的提高，现在很多藏族人民喜欢用真丝面料来制作藏袍。藏袍最奇妙之处是全身不设口袋、不系扣子，而且衣领、襟边、袖口、下摆与腰带等处还会

xiāng shàng guì zhòng de máo pí pǔ lǔ huò sī chóu gǔn biān shì pǐn yě shì zàng zú fú
镶上贵重的毛皮、氆氇或丝绸绲边。饰品也是藏族服
shì bì bù kě shǎo de bù fen zàng mín men de shì pǐn yī bān yóu zhēn zhū mǎ nǎo
饰必不可少的部分，藏民们的饰品一般由珍珠、玛瑙、
jīn yín mì là sōng shí děng tiān rán míng guì cái liào zhì chéng ér qiě bù tóng shì pǐn
金银、蜜蜡、松石等天然名贵材料制成，而且不同饰品
de yù yì yě gè bù xiāng tóng
的寓意也各不相同。

zǒng zhī yóu yú zì rán tiáo jiàn shēng chǎn fāng shì de bù tóng zàng zú fú
总之，由于自然条件、生产方式的不同，藏族服
shì lèi xíng duō zhǒng duō yàng mù qián yǐ fā xiàn de fú shì lèi xíng yǒu duō zhǒng
饰类型多种多样，目前已发现的服饰类型有200多种，
jū zhōng guó shǎo shù mín zú zhī shǒu
居中国少数民族之首。

330 你知道“沐浴节”的由来吗？

“沐浴节”在西藏至少有七八百年的历史，是藏族人民特有的节日。

据说很久以前，草原上有一位名叫宇托的医生。有一年，瘟疫流行，宇托为患病的牧民们治病，人们因此称他为“药王”。不幸的是，宇托医生去世后不久，草原人民又遭到了可怕的瘟疫侵袭。

一天，一个妇女做了一个梦，梦中宇托医生对她

shuō míng tiān wǎn shang
说："明天晚上，
dāng dōng nán fāng de tiān kōng
当东南方的天空
chū xiàn yī kē míng liàng de
出现一颗明亮的
xīng xing shí nǐ kě yǐ
星星时，你可以
xià dào jí qū hé li qù
下到吉曲河里去

xǐ zǎo xǐ wán zǎo hòu bìng jiù huì hǎo qǐ lái guǒ rán
洗澡，洗完澡后病就会好起来。"果然，
zhè ge fù nǚ zài jí qū hé zhōng xǐ zǎo yǐ hòu jí bìng lì
这个妇女在吉曲河中洗澡以后，疾病立
kè xiāo chú le zhè shì chuán kāi yǐ hòu suǒ yǒu de huàn zhě
刻消除了。这事传开以后，所有的患者
dōu lái dào hé zhōng xǐ zǎo rén men shuō yǔ tuō yī shēng bǎ
都来到河中洗澡。人们说，宇托医生把
zì jǐ huà zuò yī kē xīng xing jiè xīng guāng bǎ hé shuǐ biàn chéng
自己化作一颗星星，借星光把河水变成
yào shuǐ ràng rén men zài hé shuǐ zhōng xǐ zǎo yǐ qū chú jí bìng
药水，让人们在河水中洗澡以祛除疾病。
yīn wèi tiān dì zhǐ gěi yǔ tuō qī tiān shí jiān zhè kē xīng xing
因为天帝只给宇托七天时间，这颗星星
yě jiù zhǐ chū xiàn qī tiān cóng cǐ zàng zú rén mín jiù bǎ
也就只出现七天。从此，藏族人民就把
zhè qī tiān dìng wéi mù yù jié
这七天定为沐浴节。

▲晾晒的被褥

在沐浴节七天中，从娃娃到老人，天天都要下河洗澡，还要把家里所有的被褥统统清洗干净，所以沐浴节既是藏族人民所喜爱的传统节日，又是一年一度最彻底的、群众性的卫生活动。

331 藏历新年就是元旦吗？

zàng lì xīn nián shì zàng zú rén mín
藏历新年是藏族人民
de chuántǒng jié rì yǔ hàn zú de nóng
的传统节日，与汉族的农
lì xīn nián dà zhì xiāng tóng zàng lì xīn
历新年大致相同。藏历新
nián shì gēn jù zàng lì tuī suàn chū lái de
年是根据藏历推算出来的。
cóng zàng lì yuán yuè yī rì kāi shǐ dào shí
从藏历元月一日开始到十
wǔ rì jié shù chí xù tiān yīn
五日结束，持续15天。因
wèi quán mín xìn yǎng fó jiào jié rì huó
为全民信仰佛教，节日活
dòng yáng yì zhe nóng hòu de zōng jiào qì fēn
动洋溢着浓厚的宗教气氛，
shì yī gè yú shén hé yú rén qìng zhù hé
是一个娱神和娱人、庆祝和
qí dǎo jiān jù de mín zú jié rì
祈祷兼具的民族节日。

gè dì qìng zhù zàng lì xīn nián de
各地庆祝藏历新年的
fāng shì yǒu suǒ chā yì lā sà zàng lì
方式有所差异。拉萨藏历
xīn nián cóng jiù nián shí èr yuè zhōng xún rén
新年从旧年十二月中旬，人

们便开始准备过年吃、穿、玩、用的东西。风干与新鲜的牛羊肉、酥油茶、人参果、青稞酒等是过年必备的饮食，同时还要准备供品、经幡等祭祀祈福用品。

藏历新年是藏族人民在劳动生产过程中创造的节日，是一年中亲朋好友欢聚的最佳时节。它正值冬春之交的农闲期，体现了人们对秋收的喜悦和春耕的信心，同时也表达了勤劳勇敢的藏族人民对新年的追求与向往。

▲藏族儿童

现在，很多藏族人在新年时开始贴对联和吃饺子，同时，拜年的习惯也在发生改变，很多人会利用电话、网络等方式拜年，有的藏族人还全家出去旅游，到国内其他地方过年。

332 什么是唐卡？

唐卡指用彩缎装裱后悬挂供奉的宗教卷轴画。唐卡是藏族文化中一种独具特色的绘画艺术形式，具有鲜明的民族特点、浓郁的宗教色彩和独特的艺术风格。

唐卡用明亮的色彩描绘出神圣的佛的世界，而且全部采用金、银、珍珠、玛瑙、珊瑚、松石、孔雀石、朱砂等珍贵的矿物宝石和藏红花、大黄、蓝靛等植物为颜料，以示其神圣。这些天然原料保证了所绘制的唐卡色泽鲜艳，璀璨夺目，虽历经几百年的风雨，仍然色泽艳丽明亮。因此，其被誉为

zhōng guó mín zú huì huà yì shù de zhēn pǐn bèi chēng wéi zàng
中国民族绘画艺术的珍品，被称为“藏
zú de bǎi kē quán shū yě shì zhōng huá mín zú mín jiān yì
族的百科全书”，也是中华民族民间艺
shù zhōng mí zú zhēn guì de fēi wù zhì wén huà yí chǎn
术中弥足珍贵的非物质文化遗产。

chuán tǒng táng kǎ de huì zhì yāo qiú yán kē chéng xù jí
传统唐卡的绘制要求严苛、程序极
wéi fù zá bì xū àn zhào jīng shū zhōng de yí guǐ jí shàng shī
为复杂，必须按照经书中的仪轨及上师
de yāo qiú jìn xíng bāo kuò huì qián yí shì zhì zuò huà bù
的要求进行，包括绘前仪式、制作画布、
gòu tú qǐ gǎo zhuó sè rǎn sè gōu xiàn dìng xíng pū jīn miáo
构图起稿、着色染色、勾线定型、铺金描
yín kāi yǎn féng biǎo kāi guāng děng yī zhěng tào gōng yì chéng xù
银、开眼、缝裱开光等一整套工艺程序。
zhì zuò yī fú táng kǎ yòng shí jiào cháng duǎn zé bàn nián wán chéng
制作一幅唐卡用时较长，短则半年完成，
cháng zé xū yào shí yú nián
长则需要十余年。

▲藏族唐卡

以佛教内容为题材的唐卡作为供奉物，必须装藏、开光，在唐卡的背面，佛像之首、颈、心口处用红笔写上梵文“唵”“阿”“吽”三字，并请喇嘛念经加持，予以开光。藏传佛教信徒相信通过装藏、开光的唐卡佛像与真佛无二。

333 藏戏演员为什么要戴着面具表演？

每逢重要节日，藏区人民都要举行大型藏戏会演。面具是藏戏艺术独有的面部化妆手段。不同的面具色彩象征不同的角色特征，如深红色代表国王，浅红色代表大臣，黄色代表活佛，蓝色代表正义、勇敢的勇士等。藏戏演出时，演员妆面比较简单，除戴面具外，就是施以粉面与红脂，没有复杂的脸谱。从面具的造型和色调上区别人物性格的善、恶、忠、奸。

▲藏戏表演

藏戏常演剧目有“八大传统藏戏”之称，演出一般分为“顿”（开场祭神歌舞）、“雄”（正戏传奇）和“扎西”（祝福迎祥）三个部分。其表演手段高度程式化，有唱、舞、韵、白、表、技“六技”。

高原上的交通

从牦牛到汽车，
从飞机到火车，
勤劳的人们用自己的
双手和智慧，
在这被誉为
“世界屋脊”的地方，
开辟出了一条条通天大道。

334 青藏公路为什么被称为“西藏生命线”？

青藏公路东起青海省西宁市，西至西藏拉萨市，于1950年动工、1954年通车，是世界上海拔最高、线路最长的柏油公路，也是通往西藏里程较短、路况最好且最安全的公路。

青藏公路是五条进藏线中最繁忙的公路，一年四季通车。青藏公路通车前，从拉萨到青海西宁，往返一次，路途所需时间长达半年，如遇到恶劣气候，甚至

yǒu shí huì cháng dá yī nián de shí jiān dāng shí de yùn lì quán kào rén lì hé chù
有时会长达一年的时间。当时的运力全靠人力和畜
lì lái tuó yùn jiě jué jìn chū xī zàng chéng wéi yī jiàn shí fēn jiān xīn de shì qing
力来驮运解决，进出西藏成为一件十分艰辛的事情。
ér gōng lù tōng chē hòu cóng lā sà dào qīng hǎi xī níng wǎng fǎn yī cì zhǐ xū shù
而公路通车后，从拉萨到青海西宁往返一次只需数
tiān dà dà suō duǎn le xī zàng lái wǎng yú qí tā dì fang de
天，大大缩短了西藏来往于其他地方的
jiāo tōng shí jiān qīng zàng gōng lù shì xī zàng yǔ zǔ guó qí tā
交通时间。青藏公路是西藏与祖国其他
dì qū lián xì de zhòng yào tōng dào zài gōng lù shí dài tā
地区联系的重要通道，在公路时代，它
chéng dān zhe yǐ shàng jìn zàng wù zī hé yǐ shàng chū
承担着85%以上进藏物资和90%以上出
zàng wù zī yùn shū rèn wu zài xī zàng jīng jì fā zhǎn hé shè
藏物资运输任务，在西藏经济发展和社
huì wěn dìng zhōng fā huī zhe zhòng yào zuò yòng yīn cǐ bèi yù wéi
会稳定中发挥着重要作用，因此被誉为
xī zàng shēng mìng xiàn
“西藏生命线”。

▲青藏公路

青藏公路全长1937千米，最大行车速度达60千米/小时，全线平均海拔在4000米以上，沿途能看到草原、盐湖、戈壁、高山、荒漠等绝美风景。

335 为什么说川藏公路是中国筑路史上工程最艰巨的一条公路？

成都—拉萨公路，通常称川藏公路，简称川藏线，是古代川藏线的现代升级，东起四川省会成都市，西至西藏自治区的首府拉萨市，是中国最险峻的一条公路。

那时没有挖掘机、铲车等大型机械，修建川藏公路是从徒手敲石头开始的。1950年，十多万解放军战士和工人在平均海拔4000米的高原上，克服高原反应、粮食短缺等困难，用铁锤、钢钎、铁锹和镐头这些最原始的工具劈开悬崖峭壁，降服险川大河。在四年多的时间里，川藏公路穿越整个横断山脉的二郎山、折多山、雀儿山、色季拉山等14座

▲川藏公路

修筑川藏公路，共投资2亿多元，历时4年多时间，建筑工程共作业土方、石方约2900万立方米，其中石方就有530多万立方米。

dà shān héng kuà mín jiāng dà dù hé jīn shā jiāng nù jiāng lā sà hé děngzhòng
大山；横跨岷江、大渡河、金沙江、怒江、拉萨河等众

duō jiāng hé héng chuān lóng mén shān qīng ní dòng lán cāng jiāng tōng mài děng tiáo dà
多江河；横穿龙门山、青尼洞、澜沧江、通麦等8条大

duàn liè dài zhù lù zhàn shì hé gōng rén jīng cháng zài zhōng nián jī xuě kōng qì xī bó
断裂带。筑路战士和工人经常在终年积雪、空气稀薄

de gāo shān shang shī gōng bái tiān tā men zài dà xuě fēn fēi de yě wài gōng zuò
的高山上施工。白天，他们在大雪纷飞的野外工作，

hán qì xí rén shān shang hán fēng lǐn liè zhàn shì men hé gōng rén men de shǒu shang cháng
寒气袭人，山上寒风凛冽，战士们和工人们的手上常

cháng liè kāi yī dào dào xuè kǒu láo dòng shí liè kǒu yīn zhèn dòng chū xuè shāng kǒu
常裂开一道道血口，劳动时，裂口因震动出血，伤口

yù hé le yòu liè kāi dàn tā men yī rán jiān chí bù xiè yīn cǐ shì rén cháng
愈合了又裂开，但他们依然坚持不懈。因此，世人常

shuō chuān zàng gōng lù shì zhōng guó zhù lù shǐ shang gōng chéng zuì jiān jù de yī tiáo gōng lù
说川藏公路是中国筑路史上工程最艰巨的一条公路。

336 青藏高原为什么被称为“空中禁区”？

青藏高原历来被视为“空中禁区”，虽然不至于所有飞机都不能飞过此处，但大部分飞机都会选择绕道而行。那么，青藏高原上空到底藏着什么样的秘密，让飞机宁可绕路也要避开呢？从青藏高原的地理特点和气候条件来看，主要有以下几点原因。

第一，青藏高原平均海拔在4000米以上，同时青藏高原多山峰，即使是去掉作为最高峰的珠穆朗玛峰，其他高度在六七千米的高峰也不在少数，复杂的

高山险岭使飞行途中的危险系数大大增加。

第二，青藏高原险峻的山势造成了其气候的多变性，其复杂的山区结构使高空气流变得极其不稳定，极易产生强气流，这会大大增加飞行员的操控难度。即使是在万米的飞行高度，也会因为地表的复杂山势造成不稳定的气流，容易造成飞行事故的发生。

▲青藏高原

青藏高原，亚洲内陆高原，是中国最大、世界海拔最高的高原，被称为“世界屋脊”“第三极”，总面积约250万平方千米。

第三，青藏高原高空的超低温让客机机身大受影响，而机身当中自然也包括了航空煤油储存器，一旦这个机器被低温彻底冻僵，其内的煤油最终都难以继续燃烧，造成非常危险的后果。

337 为什么驼峰航线又叫“死亡航线”？

早在第二次世界大战期间，美国为支援中国抗日战争，在印度驻地向国内运输物资，冒险在西藏开辟了一条运输航线。该航线全长约805千米，沿线山地海拔大多为4500~5000米，最高达7000米，山峰起伏连绵，犹如骆驼峰背，故而得名“驼峰航线”。

▲二战期间的运输飞机

驼峰航线西起印度阿萨姆邦，向东横跨喜马拉雅山脉、高黎贡山、横断山、萨尔温江、怒江、澜沧江、金沙江、丽江白沙机场，进入中国的云南高原和四川省。

从1942年5月初到1945年年底，81%的援助中国的物资是在驼峰航线上完成运输的。这条航线的开通，粉碎了日军对中缅印地区的大规模封锁，对稳定亚洲战场起了重要的作用。不过这条航线也让美国牺牲巨大，即使是已经做好面对复杂山势的准备，

dàn jīng yàn fēng fù de měi jūn fēi xíng yuán zài è liè qì hòu de yǐng xiǎng xià réng rán
但经验丰富的美军飞行员在恶劣气候的影响下仍然
zào chéng le jiào dà de shāng wáng jù zhàn hòu měi guó guān fāng de tǒng jì shù jù zài
造成了较大的伤亡。据战后美国官方的统计数据，在
tuó fēng háng xiàn shang yī gòng sǔn shī le jià fēi jī píng jūn měi yuè dá jià
驼峰航线上一共损失了468架飞机，平均每月达13架；
xī shēng hé shī zōng fēi xíng yuán jí jī zǔ rén yuán gòng jì rén háng xiàn bìng
牺牲和失踪飞行员及机组人员共计1579人。航线并
bù suàn tài cháng nán dù zài yú háng xiàn yán tú dà duō shì hǎi bá
不算太长，难度在于航线沿途大多是海拔5500~7000
mǐ de gāo shān zài gāo shān dǐng shang fēi xíng jì yǒu wèi biāo míng hǎi bá gāo dù de
米的高山。在高山顶上飞行，既有未标明海拔高度的
shān fēng yòu yǒu nán yǐ yù liào de léi diàn děng biàn huà bù dìng de tiān qì lìng wài
山峰，又有难以预料的雷电等变化不定的天气，另外
hái yǒu cóng dōng nán yà qǐ fēi de rì jūn fēi jī jīng cháng jìn xíng lán jié jūn duì yùn
还有从东南亚起飞的日军飞机经常进行拦截，均对运
shū gòu chéng jù dà de wēi xié yīn cǐ tuó fēng háng xiàn yě bèi chēng wéi sǐ wáng
输构成巨大的威胁。因此，驼峰航线也被称为“死亡
háng xiàn
航线”。

338 青藏高原上最大的国际机场是哪一个？

西宁曹家堡国际机场，位于青海省西宁市东南方向的海东市互助土族自治县境内，距西宁市中心28千米。虽然它只是4E级民用国际机场，却是青藏高原上最大的国际机场。

西宁曹家堡国际机场于1991年12月建成通航，其前身为西宁乐家湾机场，2018年9月28日更名为西宁曹家堡国际机场；2005年11月完成一期扩建工程，2013年7月完成二期改扩建工程。2021年12月30日，西宁曹家堡国际机场三期飞行区E、F、G滑行道正式投入使用，标志着西宁机场三期扩建工程飞行区施工迈出了坚实的一步，为后续西宁机场三期扩建工程不停航施工奠定了良好的基础，同时也将有效缓解西宁机场春运期间的保障压力。

▲国际机场

国际机场，或称口岸机场、设关机场，是经一个国家或地区政府批准设立正式对外开放的航空口岸，并运营定期国际或地区商业航线的民用运输机场。

作为青海省对外开放的第一门户，西宁曹家堡国际机场的不断升级建设将进一步提升青海省的国际知名度和影响力，增强国内外交流合作，改善投资环境，带动出入境旅游发展，全面促进当地经济社会发展。

339 你知道哪条铁路是世界上海拔最高、路线最长的铁路吗？

青藏铁路，简称青藏线，是一条连接青海省西宁市至西藏自治区拉萨市的国铁Ⅰ级铁路，是中国新世纪四大工程之一，是通往西藏腹地的第一条铁路，也是世界上海拔最高、线路最长的高原铁路。

青藏铁路分两期建成，一期工程东起青海省西宁市，西至格尔木市，于1958年开工建设，1984年5月

建成通车；二期工程，东起青海省格尔木市，西至西藏自治区拉萨市，于2001年6月29日开工，2006年7月1日全线通车。

青藏铁路由西宁站至拉萨站，线路全长1956千米，其中西宁至格尔木段长814千米，格尔木至拉萨段长1142千米。该铁路沿线共设85个车站，设计的最高速度为160千米/小时（西宁至格尔木段）、100千米/小时（格尔木至拉萨段）。青藏铁路是沟通西藏、青海与国内其他地方联系的大通道，同时也成为西部腹地路网骨架的重要组成部分。随着这条大动脉的延伸，西藏、青海两省（区）的经济将进入一种可持续发展的良好轨道，沿线各族人民的生活将发生翻天覆地的变化。

▲青藏铁路

2023年7月1日，青藏铁路西格段“复兴号”动车组投入运行后，西宁至格尔木的运行时间从6个多小时缩短至5小时30分。

340 建设青藏铁路时要克服的三大世界性难题是什么？

青藏线大部分线路处于高海拔地区和“生命禁区”，青藏铁路建设面临着三大世界性铁路建设难题。

难题之一是千年冻土的地质构造。青藏铁路穿过的冻土区有550千米，真正的较深的冻土地段近400千米。在这一地区施工，带来的问题主要有两方面：一是全球变暖带来的气温升高，会使冻土消融；二是人类工程活动会改变冻土相对稳定的水热环境，使地下水位下降，土壤水分减少，导致植被死亡等，继而涉及更大面积的冻土消融。为了攻克冻土难题，我国科学家采取了以桥代路、碎石和片石护坡、热棒、保温板

děng cuò shī jiě jué le qiān nián dòng tǔ suǒ dài lái de nán tí
等措施，解决了千年冻土所带来的难题。

nán tí zhī èr shì gāo hán quē yǎng de huán jìng qīng
难题之二是高寒缺氧的环境。青
zàng tiě lù hǎi bá mǐ yǐ shàng de dì duàn zhàn quán xiàn
藏铁路海拔 4000 米以上的地段占全线
zuǒ yòu nián píng jūn qì wēn zài yǐ xià dà bù
85%左右，年平均气温在0℃以下，大部
fen dì qū kōng qì hán yǎng liàng zhǐ yǒu guó nèi qí tā dì fang
分地区空气含氧量只有国内其他地方
de zhè lǐ gāo hán quē yǎng fēng shā sì nüè
的50%~60%。这里高寒缺氧，风沙肆虐，
zǐ wài xiàn qiáng zì rán yì yuán duō shì rén lèi shēng cún jí
紫外线强，自然疫源多，是人类生存极
xiàn de jìn qū
限的“禁区”。

▲青藏铁路

冻土是指处于0℃以下并含有冰的各种岩石和土壤。一般可分为短时冻土、季节冻土及多年冻土。

nán tí zhī sān shì cuì ruò de shēng tài qīng zàng tiě lù chuān yuè le kě kě
难题之三是脆弱的生态。青藏铁路穿越了可可
xī lǐ sān jiāng yuán qiāng táng děng zhōng guó guó jiā jí zì rán bǎo hù qū yīn dì
西里、三江源、羌塘等中国国家级自然保护区，因地
chǔ shì jiè dì sān jí shēng tài huán jìng mǐn gǎn ér cuì ruò
处世界“第三极”，生态环境敏感而脆弱。

341 世界上海拔最高的隧道是哪一个？

青藏铁路风火山隧道有“世界第一高隧”之称，它位于青海省格尔木市350千米的青藏高原腹地、可可西里无人区边缘，界于昆仑山与唐古拉山之间。风火山隧道全长1338米，全部位于永久冻土层以内，是世界上海拔最高、冻土区最长的高原永久冻土隧道。隧道所处风火山垭口高寒缺氧、气温低、昼夜温差大，平均海拔4900米左右，空气中氧气含量只有国内其他地方的50%左右，被称为“生命禁区”。

▲风火山隧道

风火山隧道洞身全部位于冻土、冻岩中，地质岩层复杂，集饱冰冻土、富冰冻土、裂隙冰、泥砂岩等恶劣地质环境于一体，施工难度大。

壮美的雪域风光

神圣的布达拉宫，
雄伟的珠穆朗玛峰，
如梦似幻般的青海湖，
美丽的高原令人流连忘返。

342 为什么珠穆朗玛峰被认为是登山者的“圣地”？

rén lèi cóng chéng wéi zhè ge xīng qiú de bà zhǔ zhī hòu jiù cóng lái méi yǒu tíng
人类从成为这个星球的霸主之后，就从来没有停
zhǐ duì dà zì rán de tàn suǒ hé tiǎo zhàn zuò wéi shì jiè dì yī gāo fēng de zhū
止对大自然的探索和挑战。作为世界第一高峰的珠
mù lǎng mǎ fēng gèng shì chéng wéi hěn duō tàn xiǎn jiā hé dēng shān jiā xīn mù zhōng de
穆朗玛峰，更是成为很多探险家和登山家心目中的
shèng dì
“圣地”。

zhū mù lǎng mǎ fēng hǎi bá gāo dá mǐ dì shì xiǎn yào fēng gāo
珠穆朗玛峰海拔高达8848.86米，地势险要，峰高
xióng qí yīn wèi hǎi bá fēi cháng gāo zhū mù lǎng mǎ fēng shang yǎng qì hán liàng hěn
雄奇。因为海拔非常高，珠穆朗玛峰上氧气含量很
dī huì dǎo zhì rén chū xiàn gāo yuán fǎn yìng cóng ér shǐ rén tǐ nèi xuè hóng dàn bái
低，会导致人出现高原反应，从而使人体内血红蛋白
de hán liàng zēng jiā rú guǒ xuè hóng dàn bái guò liàng de huà jiù
的含量增加。如果血红蛋白过量的话，就
huì wēi jí rén de shēngmìng cǐ wài zhū fēng shang cháng nián qì
会危及人的生命。此外，珠峰上常年气

候寒冷，并且时常刮七八级大风，甚至发生无法预测的雪崩。对登山者来说，这种恶劣的条件不光是对个人意志的考验，更是对身体素质的考验。想象一下，在高寒缺氧的情况下，刮着八级大风，行走在满是积雪且山路险峻的珠峰上，那是怎样一种困难？当然，也正是因为攀登珠峰十分艰难，才激起了众多登山者的征服欲。登山者如果能登上珠穆朗玛峰，除能获得征服自然的快感之外，更能证明自己的登山技术。因此，珠穆朗玛峰被认为是登山者的“圣地”，是人类勇气、毅力和探险精神的象征。

▲珠穆朗玛峰

攀登珠穆朗玛峰不仅需要登山者具备良好的体力、耐力和心理素质，还需要准备专业的登山装备、制订详细的路线规划，以及从当地有关部门获得攀登许可证。

343 世界上第一个登上珠穆朗玛峰的人是谁？

第一个登顶珠穆朗玛峰的人是埃德蒙·希拉里。1919年，希拉里出生在新西兰奥克兰市一个养蜂世家。16岁时，他参加了当地的一个登山俱乐部。后来，他和父亲一样成为养蜂人。由于父亲是一名老兵，第二次世界大战期间，希拉里也加入了新西兰皇家空军，在战争结束后他迷恋上了登山。

1953年，希拉里与其他9人组成的英国登山队向珠峰发起冲击。5月29日中午11时30分左右，时年33岁的希拉里和尼泊尔夏尔巴向导丹增·诺尔盖成功站上“世界之巅”。希拉里和诺尔盖在珠峰仅逗留了15分钟，向南、向北分别遥望尼泊尔和中国西藏

▲埃德蒙·希拉里

1958年，埃德蒙·希拉里完成了独自穿越南极的壮举，这是他人生中又一次成功的冒险经历。

zì zhì qū de měi jǐng
自治区的美景。

xī lā lǐ dāng shí zài fēng dǐng wèi nuò ěr gài pāi xià le yī zhāng zhào piàn
希拉里当时在峰顶为诺尔盖拍下了一张照片。
zhè zhāng zhào piàn yīn wèi jì lù le rén lèi shǒu cì dēng shàng zhū mù lǎng mǎ fēng ér wén
这张照片因为记录了人类首次登上珠穆朗玛峰而闻
míng shì jiè zhào piàn zhōng de nuò ěr gài zhàn zài fēng dǐng shǒu jǔ yī kuài bīng shàng miàn
名世界。照片中的诺尔盖站在峰顶手举一块冰，上面
chā zhe suí fēng fēi wǔ de qí zi rán ér yí hàn de shì yóu yú nuò ěr gài bù
插着随风飞舞的旗子。然而遗憾的是，由于诺尔盖不
huì shǐ yòng zhào xiàng jī xī lā lǐ běn rén wèi néng liú xià rèn hé zhào piàn zuò jì
会使用照相机，希拉里本人未能留下任何照片做纪
niàn chú pān dēng zhū fēng yǐ wài xī lā lǐ hái dēng shàng le xǐ mǎ lā yǎ shān mài
念。除攀登珠峰以外，希拉里还登上了喜马拉雅山脉
de suǒ yǒu shān fēng shān fēng hǎi bá quán bù zài mǐ yǐ shàng
的所有山峰，山峰海拔全部在6000米以上。

344 布达拉宫是为谁而建的呢？

jù shuō bù dá lā gōng zuì chū shì tǔ bō wáng cháo zàn pǔ zàng wáng sōng zàn
据说，布达拉宫最初是吐蕃王朝赞普（藏王）松赞
gān bù wèi yíng qǔ wén chéng gōng zhǔ ér xīng jiàn de bù dá lā gōng wèi yú zhōng guó
干布为迎娶文成公主而兴建的。布达拉宫位于中国
xī zàng zì zhì qū shǒu fǔ lā sà shì qū xī běi de mǎ bù rì shān shang shì yī zuò
西藏自治区首府拉萨市区西北的玛布日山上，是一座
gōng bǎo shì jiàn zhù qún yú shì jì chóng jiàn hòu chéng wéi lì dài dá lài lǎ ma
宫堡式建筑群，于17世纪重建后，成为历代达赖喇嘛
de dōng gōng jū suǒ shì xī zàng zhèng jiào hé yī de tǒng zhì zhōng xīn
的冬宫居所，是西藏政教合一的统治中心。

bù dá lā gōng de zhǔ tǐ jiàn zhù wéi bái gōng hé hóng gōng liǎng bù fen qí
布达拉宫的主体建筑为白宫和红宫两部分。其

主体建筑从东到西依次向下，与宏伟的宫墙相连。布达拉宫内原有一千多座宫殿，美轮美奂，但在雷电和战火中被摧毁。经过17世纪两度扩建，才有了今天的规模。

▲文成公主雕塑

唐贞观十四年(公元640年)，唐太宗李世民封李氏为“文成公主”。贞观十五年(公元641年)，文成公主远嫁吐蕃，成为吐蕃赞普松赞干布的王后。

布达拉宫现存许多内容丰富的壁画，如有唐太宗“五难吐蕃婚使”、文成公主入藏时所遭遇的种种困难及其到达拉萨时所受到的热情接待等场景。壁画结构精美，人物形象逼真，颜色鲜艳。

关于布达拉宫是为谁而建的这一问题，也有一种说法认为，松赞干布迁都拉萨后，将布达拉宫作为王宫而兴建。

345 为什么布达拉宫的外墙每年都要粉刷一次？

měi dāng yī nián de yǔ jì guò hòu wèi le shǐ bù dá lā gōng de qiáng tǐ jì
每当一年的雨季过后，为了使布达拉宫的墙体继
xù bǎo chí xiān liang de yán sè xìn zhòng men biàn kāi shǐ le yī nián yī cì de dà xíng
续保持鲜亮的颜色，信众们便开始了一年一次的大型
fěn shuā huó dòng bù dá lā gōng fěn shuā de shí jiān zài měi nián zàng lì de jiǔ yuè
粉刷活动。布达拉宫粉刷的时间在每年藏历的九月，
bìng qiě bì xū yào zài zàng lì jiǔ yuè èr shí èr rì zhī qián wán gōng yīn wèi zàng
并且必须要在藏历九月二十二日之前完工。因为藏
lì jiǔ yuè èr shí èr rì shì xī zàng de jiàng shén jié chuán shuō zhè yī tiān shén xiān huì
历九月二十二日是西藏的降神节，传说这一天神仙会
jiàng lín rén jiān shéi jiā de qiáng miàn shuā de bái ér gān jìng shén xiān jiù huì liú zài
降临人间，谁家的墙面刷得白而干净，神仙就会留在
tā men jiā chú le yǐ měi guān de wài biǎo yíng jiē shén xiān xià fán měi nián fěn shuā
他们家。除了以美观的外表迎接神仙下凡，每年粉刷

一次布达拉宫，更重要的是为了保护建筑本身。

雨季过后，经过雨水冲刷的布达拉宫墙体土质疏松，木质材料容易腐烂。与其他建筑不同，粉刷布达拉宫的涂料中要添加牛奶、白糖、冰糖、蜂蜜、红糖等。其中在涂料中添加糖是为了让涂料更具黏性，更容易附着墙体，不易脱落。在调配涂料时，还要添加红色、黄色矿物质原料，并由专业的粉刷工作人员以适当比例调配。同时，还要在涂料中添加藏红花，这可以去除异味。

▲藏红花

藏红花，中药材名。本品为鸢尾科植物番红花花柱的上部及柱头。每年9月至10月，选晴天早晨采收花朵，摘下柱头并烘干，即为干红花。

近年来，布达拉宫的粉刷工作在延续传统的泼洒方法的同时，还采用了电动喷洒技术，这使粉刷工作时间由原来的一个多月缩短到10多天。远远望去，洁白的外墙显得格外神圣。

346 为什么说日喀则既是城也是庙？

rì kā zé shì shì xī zàng zì zhì qū xiá dì jí shì
日喀则市，是西藏自治区辖地级市，
wèi yú zhōng huá rén mín gòng hé guó xī nán biān chuí shì xī zàng
位于中华人民共和国西南边陲，是西藏
dì èr dà chéng shì jù lā sà yuē qiān mǐ zàng yǔ jiāng
第二大城市，距拉萨约300千米，藏语将
qí chēng wéi xī kā zī xī kǎ sāng zhū zī yì wéi tǔ
其称为“昔喀孜”“昔卡桑珠孜”，意为土
zhì zuì hǎo de zhuāng yuán
质最好的庄园。

rì kā zé shì lì shǐ shang hòu zàng de zhèng zhì zōng jiào
日喀则是历史上后藏的政治、宗教、
wén huà zhōng xīn yě shì lì dài bān chán é ěr dé ní de zhù
文化中心，也是历代班禅额尔德尼的驻
xī dì xiǎng yǒu shèng míng de zhā shí lún bù sì sà jiā sì
锡地。享有盛名的扎什伦布寺、萨迦寺、
bái jū sì xià lǔ sì děng zhòng duō sì miào gòu chéng le zhòng
白居寺、夏鲁寺等众多寺庙，构成了众
duō jiào pài nóng yù de zōng jiào wén huà zhā shí lún bù sì shì gāi dì qū zuì dà
多教派浓郁的宗教文化。扎什伦布寺是该地区最大
de sì miào sì yuàn yī shān ér zhù shì rì kā zé de xiàng zhēng bái jū sì yōng
的寺庙，寺院依山而筑，是日喀则的象征。白居寺拥
yǒu zhòng duō fó tǎ bèi yù wéi xī zàng tǎ wáng sì nèi de bì huà zǒng tǐ kàn
有众多佛塔，被誉为“西藏塔王”，寺内的壁画总体看
lái jié gòu lián guàn jú bù kàn zé zì chéng yī tǐ
来结构连贯，局部看则自成一体。

▲扎什伦布寺

扎什伦布寺占地15万平方米，其建筑融合了藏区传统建筑特色和佛教的特点，充分展现了藏传佛教的佛法艺术与班禅灵塔的庄严肃穆。

sì miào bù jǐn zài zōng jiào shang yǒu zhe zhòng yào de dì wèi hái shì rì kā zé
寺庙不仅在宗教上有着重要的地位，还是日喀则
chéng shì wén huà de zhòng yào zǔ chéng bù fen tǐ xiàn le zōng jiào yǔ chéng shì fā zhǎn de
城市文化的重要组成部分，体现了宗教与城市发展的
jǐn mì lián xì yīn cǐ shuō rì kā zé jì shì chéng yě shì miào
紧密联系，因此说日喀则既是城也是庙。

347 大昭寺为什么那么出名？

提起西藏，可能大多数人第一时间想到的就是布达拉宫，但是拉萨除布达拉宫之外，还有一处非常重要的建筑，那就是大昭寺。大昭寺也拥有非常浓厚的佛教文化和悠久的历史，建于7世纪吐蕃王朝的鼎盛时期，距今已有一千多年的历史了。相传大昭寺修建的时候，多次遭到水淹，文成公主通过卜卦得知，青藏高原是一个仰卧的罗刹女，而修建大昭寺所在的

hú zé shì luó chà nǚ de xīn
湖，则是罗刹女的心
zàng xū yào tián hú jiàn sì cái
脏，需要填湖建寺才
néng zhèn zhù tā yóu cǐ jiù kāi
能镇住她。由此就开
shǐ le dà guī mó de tián hú jiàn
始了大规模的填湖建
sì xíng dòng dà zhāo sì shì xī
寺行动。大昭寺是西
zàng zuì zǎo jiàn lì de sì yuàn zhī yī duì hòu lái zàng chuán fó
藏最早建立的寺院之一，对后来藏传佛
jiào de fā zhǎn yǒu zhe fēi cháng shēn yuǎn de yǐng xiǎng yě wèi hóng
教的发展有着非常深远的影响，也为弘
yáng fó jiào zuò chū le jù dà de gòng xiàn
扬佛教做出了巨大的贡献。

lìng wài zhè lǐ gòng fèng zhe shì jiā móu ní fó zǔ suì
另外，这里供奉着释迦牟尼佛祖12岁
děng shēn xiàng xiāng chuán shì yóu wén chéng gōng zhǔ cóng dà táng dài rù
等身像，相传是由文成公主从大唐带入
tǔ bō de jù shuō zhè zuò fó xiàng shì gēn jù fó zǔ běn zūn
吐蕃的。据说这座佛像是根据佛祖本尊
suì shí de yàng mào diāo sù ér chéng de suǒ yǐ tè bié zhēn
12岁时的样貌雕塑而成的，所以特别珍
guì zhè zuò fó xiàng bù jǐn yǒu fēi cháng zhēn guì de wén wù jià
贵。这座佛像不仅有非常珍贵的文物价
zhí hé lì shǐ jià zhí zuì zhòng yào de shì rén men kàn dào fó
值和历史价值，最重要的是，人们看到佛
xiàng jiù hǎo xiàng kàn dào le dāng nián de fó zǔ yī yàng suǒ yǐ zhòng duō de fó jiào xìn
像就好像看到了当年的佛祖一样，所以众多的佛教信
tú bù xī yī qiè bá shè shù qiān qiān mǐ yī bù yī kē tóu de lái zhè lǐ cháo bài
徒不惜一切，跋涉数千千米，一步一磕头地来这里朝拜。

▲大昭寺

大昭寺，又名祖拉康、觉康（藏语意为佛殿），位于拉萨老城区中心，是一座藏传佛教寺院，由藏王松赞干布建造，拉萨因此有了“圣地”之誉。

348 你知道林芝桃花节吗？

林芝市一年一度的桃花文化旅游节是该地区发展旅游的一张大名片。林芝桃花节自2002年开始举办，每年的3月15日至4月1日，随着第一朵桃花的开放，这个盛大的节日就开始了。

林芝各个县城几乎都有桃花，但是桃花节一般会在巴宜区的嘎拉村开幕，每年桃花遍布林芝的各处，向北延伸到江达县，向南最远延伸到米林县和波密县，整个城市变成了一片粉色的海洋。波密县内的许木乡有着我国最长的桃花沟，绵延30千米，非常壮观。林芝地区的桃花是高原桃花，很多地方山脚下桃花盛开，山上则是雪峰，独有风味。

▲林芝市的桃花

除了“桃花节”，每年的十月份，林芝地区还将举办规模最为盛大、民风最为浓郁的“雅鲁藏布大峡谷文化旅游节”。

林芝地区的桃花异于江南碧桃的风格，学名叫“光核桃”，又名“西藏桃”，树高花繁，开得狂野。光核桃树体高大，寿命可达千年。当地人把光核桃当作水果鲜食，也将其晾晒成干果或作为饲料喂养牲畜。

349 为什么青海湖被誉为“鸟的天堂”？

青海湖周边有许多令人惊叹的自然景观，如鸟岛、刺湖、沙渚等。鸟岛是青海湖最大的岛屿，坐落在青海湖的西北隅，分为一东一西两岛。在距离鸟岛很远的地方，游人就可以听到音色各异的鸟叫，叽叽喳

zhā rè nào fēi fán dēng shàng guān jǐng tái yī kàn zhǐ jiàn
喳，热闹非凡。登上观景台一看，只见
gè zhǒng niǎo lèi jìn qíng xī xì zài tiān kōng yǔ hú shuǐ zhī jiān
各种鸟类尽情嬉戏在天空与湖水之间。
niǎo dǎo qī xī zhe bān tóu yàn chì má yā yù dài jīn diāo děng
鸟岛栖息着斑头雁、赤麻鸭、玉带金雕等
měng qín yǐ jí dài shèng děng pān qín hé bǎi líng yún què děng
猛禽，以及戴胜等攀禽和百灵、云雀等
gè zhǒng xiǎo míng qín gēn jù niǎo lèi zhuān jiā de gū jì zhè
各种小鸣禽。根据鸟类专家的估计，这
lǐ gè lèi hòu niǎo de zǒng shù yǒu wàn yú zhī yīn cǐ
里各类候鸟的总数有10万余只。因此，
qīng hǎi hú niǎo dǎo bèi yù wéi niǎo de tiān táng
青海湖鸟岛被誉为“鸟的天堂”。

▲青海湖

青海湖又名“库库淖尔”，在蒙语中是“青色的海”之意。它既是中国最大的内陆湖泊，也是中国最大的咸水湖。

qīng hǎi hú shuǐ cǎo fēng
青海湖水草丰
mào shí wù chōng zú zhè lǐ xiàng yáng gān zào qiě
茂、食物充足，这里向阳干燥，且
quē shǎo tiān dí fēi cháng shì hé hòu niǎo de shēng cún
缺少天敌，非常适合候鸟的生存、
fán zhí niǎo dǎo zì rán bǎo hù qū shì qīng hǎi shěng
繁殖。鸟岛自然保护区是青海省
duì wài kāi fàng de yī gè chuāng kǒu yě shì zhuān jiā
对外开放的一个窗口，也是专家
xué zhě yán jiū kǎo chá gāo yuán niǎo lèi de yī gè
学者研究、考察高原鸟类的一个
zhòng yào dì diǎn měi nián yuè zhì yuè cóng nán
重要地点。每年3月至4月，从南
fāng qiān xǐ lái de yàn yā hè ōu děng hòu niǎo
方迁徙来的雁、鸭、鹤、鸥等候鸟
lù xù dào dá qīng hǎi hú kāi shǐ zé dì yíng cháo
陆续到达青海湖，开始择地营巢。

350 茶卡盐湖为什么被誉为“天空之镜”？

茶卡盐湖之所以出名，首要的一点就是拥有“天空之镜”的自然奇观。每当天气晴朗时，青藏高原高饱和度的蓝天及天上的朵朵白云倒映在茶卡盐湖宁静的湖面上，色彩绚烂，意境绝美。

茶卡盐湖之所以能够形成“天空之镜”的绝美景观，在于几个特殊的自然条件：第一个条件是茶卡盐湖湖水中矿物质的含量高，加上青藏高原高海拔地区特有的蓝天，使湖水的颜色呈现绝美的蓝色；第二

个条件是封闭式的湖面使湖水大多数时间平静无波，能形成镜面般的效果；第三个条件是高原多云的特点，使棉花状的白云的倒影在湖面上掠过，有一种仙境般的视觉效果。

茶卡盐湖的前身是一座盐矿，整座茶卡镇是因为采盐业的兴起而逐步建立起来的，而茶卡盐湖景区也是在采盐场的基础上建立起来的。因此，盐是这里最主要的存在，盐雕也应运而生。2011年，吉尼斯协会颁发证书，认定茶卡盐湖盐雕为世界最大户外盐雕艺术群。

▲茶卡盐湖

茶卡盐湖，位于青海省海西蒙古族藏族州乌兰县茶卡镇盐湖路9号，“茶卡”是藏语，意为盐池，蒙古语称其为“达布逊淖尔”，也就是青盐的海。

351 你知道塔尔寺“三绝”吗？

tǎ ěr sì wèi yú zhōng guó qīng hǎi shěng xī níng shì nán jiāo shì zhōng guó zhù míng
塔尔寺位于中国青海省西宁市南郊，是中国著名
de zàng chuán fó jiào sì miào zhī yī tǎ ěr sì de jiàn zhù fēng gé dú tè yì shù
的藏传佛教寺庙之一。塔尔寺的建筑风格独特，艺术
zhēn pǐn fēng fù bèi yù wéi qīng hǎi fó jiào wén huà de guī bǎo qí zhōng tǎ
珍品丰富，被誉为“青海佛教文化的瑰宝”。其中，塔
ěr sì de sān jué bì huà duī xiù sū yóu huā gèng shì tǎ ěr sì dú
尔寺的“三绝”——壁画、堆绣、酥油花，更是塔尔寺独
tè mèi lì de tǐ xiàn
特魅力的体现。

bì huà shì tǎ ěr sì zuì wéi zhù míng de yì shù zhēn pǐn zhī yī zhì zuò lèi
壁画是塔尔寺最为著名的艺术珍品之一，制作类
xíng yǒu bù miàn huà bì miàn huà hé bǎn miàn huà zhè xiē bì huà yǐ duō zī de xíng
型有布面画、壁面画和板面画。这些壁画以多姿的形
xiàng fēng fù xiān yàn de sè cǎi jīng zhàn gǔ pǔ de fēng gé xián shú gāo chāo de
象、丰富鲜艳的色彩、精湛古朴的风格、娴熟高超的

画技、别具一格的画面而著称于世，是我国绘画艺术宝库中的一枝瑰丽的奇葩。

堆绣属于唐卡的一种，分平剪堆绣和立体堆绣两种。大经堂内悬挂的《十六罗汉显神通》和《八仙过海》是两幅绝妙的大型堆绣佳作。

酥油花是各种雕塑艺术中独具特色的酥油塑造艺术。酥油是藏、蒙等游牧民族食用的乳白色奶油，是从牛奶中提炼出来的精华，呈凝固状，可塑性强。这种油塑工艺艺术品，具有形象逼真、色彩鲜艳、精巧玲珑等特点。

▲塔尔寺

塔尔寺又名塔儿寺，得名于大金瓦寺内为纪念黄教创始人宗喀巴而建的大银塔，藏语称为“衮本贤巴林”，意思是十万狮子吼佛像的弥勒寺。

352 青海藏医药文化博物馆里都有些什么？

青海藏医药文化博物馆，位于青海省西宁市生物产业园区，建筑面积1.2万平方米，是社会科学类藏医药业专题博物馆。

2007年5月1日，青海藏医药文化博物馆正式开馆，馆内藏品来源有捐赠、收购、采集等方式，藏品包括棉质、皮质、石质、纸质、金属等类别。该馆设有藏医史、曼唐器械、古籍文献、藏药标本、天文历算、彩绘

大观等六大展厅，馆内藏品数量超50000件，珍贵文物1000余件，重要藏品有《中国藏族艺术彩绘大观》《四部医典》等。其中，《中国藏族艺术彩绘大观》长618米、画面达1500平方米，内容囊括藏族人对宇宙的认识、青藏高原的形成及天文、地理、历史、宗教、医学、民俗、文化艺术、生活等方面，堪称“藏族文化的百科全书”。该展品获吉尼斯世界纪录，并受国家版权保护，为镇馆之宝。《四部医典》采用非物质文化遗产传统制作工艺制成，长2米，宽1.2米，重达1.5吨，是一部集藏医药医疗实践和理论精华于一体的藏医药学术权威工具书，被誉为“藏医药百科全书”。

▲青海藏医药文化博物馆

青海藏医药文化博物馆整个建筑气势宏伟，昂扬大气，内涵深邃，借用天圆地方的理念，融藏族传统建筑风格与现代建筑艺术于一体。

你知道吗？

关于青藏地区，还有许多问题值得我们思考和学习。快来看看，你知道这些问题的答案吗？

353

石河属于冰缘地貌的一种。你知道石河是怎样形成的吗？

354

每个地方都有自己的风俗习惯。你知道藏族人民的衣着有什么特点吗？

355

察隅县是西藏自治区林芝市下辖的一个县。这里也被称为“西藏小江南”，你知道这是为什么吗？

356

高原地区的小麦产量要比我国内陆低海拔地区的小麦产量高出许多。这是为什么呢？

357

涩北气田因其地处涩聂湖之北而得名，是中国四大气田之一。你知道除此之外，中国还有哪些气田吗？

358

藏族同胞有自己独特的饮食习俗。你知道“三口一杯”是什么意思吗？

359

布达拉宫是西藏的代表性建筑，具有深厚的宗教和文化意义。你知道藏传佛教的由来吗？

360

“雪顿节”是西藏等地的民族节日。你知道“雪顿节”的由来吗？

361

在怒江两岸，怒族人民会通过溜索的方式往来飞渡。你知道这是为什么吗？

362

牛皮筏是一种水路交通工具。你知道牛皮筏是怎样制作而成的吗？

363

青海省有一个独特的城市，被称为“兵城”。你知道那是哪里吗？

364

在柴达木盆地南部察尔汗盐湖上有一种万丈盐桥。万丈盐桥到底是桥还是路呢？

365

青藏铁路是全球海拔最高、最长的高原铁路。你知道为什么青藏铁路修的是单行轨道而不是双行轨道吗？

游学笔记

每一次旅行都是对书本知识的深刻理解和实践。

快将你在旅行途中的收获与感悟记录下来吧！